中华人民共和国行业标准

收费公路联网收费技术标准

Technical Standards of Network Toll Collection for Toll Highway

JTG 6310—2022

主编单位：北京中交国通智能交通系统技术有限公司
批准部门：中华人民共和国交通运输部
实施日期：2022 年 11 月 01 日

人民交通出版社股份有限公司
北 京

律师声明

本书所有文字、数据、图像、版式设计、插图等均受中华人民共和国宪法和著作权法保护。未经人民交通出版社股份有限公司同意，任何单位、组织、个人不得以任何方式对本作品进行全部或局部的复制、转载、出版或变相出版。

本书封面贴有配数字资源的正版图书二维码，扉页前加印有人民交通出版社股份有限公司专用防伪纸。任何侵犯本书权益的行为，人民交通出版社股份有限公司将依法追究其法律责任。

有奖举报电话：(010) 85285150

北京市星河律师事务所
2020 年 6 月 30 日

图书在版编目（CIP）数据

收费公路联网收费技术标准：JTG 6310—2022 / 北京中交国通智能交通系统技术有限公司主编. — 北京：人民交通出版社股份有限公司, 2022.9
ISBN 978-7-114-18175-7

Ⅰ．①收… Ⅱ．①北… Ⅲ．①公路收费系统—技术标准—中国 Ⅳ．①U412.36-65

中国版本图书馆 CIP 数据核字（2022）第 155682 号

标准类型：中华人民共和国行业标准
标准名称：**收费公路联网收费技术标准**
标准编号：JTG 6310—2022
主编单位：北京中交国通智能交通系统技术有限公司
责任编辑：王海南
责任校对：赵媛媛
责任印制：张 凯
出版发行：人民交通出版社股份有限公司
地　　址：(100011) 北京市朝阳区安定门外外馆斜街 3 号
网　　址：http://www.ccpcl.com.cn
销售电话：(010) 59757973
总 经 销：人民交通出版社股份有限公司发行部
经　　销：各地新华书店
印　　刷：北京市密东印刷有限公司
开　　本：880×1230　1/16
印　　张：19
字　　数：440 千
版　　次：2022 年 9 月　第 1 版
印　　次：2022 年 9 月　第 1 次印刷
书　　号：ISBN 978-7-114-18175-7
定　　价：110.00 元

（有印刷、装订质量问题的图书，由本公司负责调换）

中华人民共和国交通运输部

公 告

第 47 号

交通运输部关于发布《收费公路联网收费技术标准》的公告

现发布《收费公路联网收费技术标准》（JTG 6310—2022），作为公路工程行业标准，自 2022 年 11 月 1 日起施行。

《收费公路联网收费技术标准》（JTG 6310—2022）的管理权和解释权归交通运输部，日常管理和解释工作由主编单位北京中交国通智能交通系统技术有限公司负责。

请各有关单位注意在实践中总结经验，及时将发现的问题和修改建议函告北京中交国通智能交通系统技术有限公司（地址：北京市海淀区西土城路 8 号，邮政编码：100088），以便修订时研用。

特此公告。

中华人民共和国交通运输部
2022 年 8 月 24 日

交通运输部办公厅　　　　　　　　　　　　　　　2022 年 8 月 25 日印发

前　言

根据《交通运输部关于下达2019年度公路工程行业标准制修订项目计划的通知》（交公路函〔2019〕427号）的要求，北京中交国通智能交通系统技术有限公司承担《收费公路联网收费技术标准》（JTG 6310—2022）的制定工作。

本标准在全面总结多年来我国收费公路联网收费系统建设和运营服务经验的基础上，系统梳理了已颁布实施的相关行业技术标准和工程技术文件，对联网收费系统总体架构、部省两级系统以及配套的通信、密钥、网络安全等支撑保障系统等作出规定，以指导全国收费公路联网收费系统的规划、设计、建设和运行维护。

本标准分为14章和14个附录，分别是：1 总则、2 术语和符号、3 基本规定、4 总体架构、5 部联网收费中心系统、6 省联网收费中心系统、7 区域/路段中心系统、8 ETC门架系统、9 收费站系统、10 收费车道系统、11 客户服务系统、12 密钥系统、13 编码与数据传输、14 网络安全要求、附录A 收费车道处理流程、附录B 发行流程、附录C ETC门架系统处理流程、附录D ETC门架系统关键设备技术要求、附录E RSU技术要求、附录F IC卡读写器技术要求、附录G 手机支付技术要求、附录H 便携式收费终端技术要求、附录J OBU技术要求、附录K CPC技术要求、附录L ETC用户卡技术要求、附录M OBE-SAM技术要求、附录N PSAM/PCI密码卡技术要求、附录P 智能卡应用安全机制。

本标准由李爱民负责起草第1章，刘鸿伟负责起草第2章，刘鸿伟、陈丙勋负责起草第3章，刘鸿伟、王刚、宫福军负责起草第4章，梅乐翔负责起草第5章，金文彪、曹小峰负责起草第6章，何培舟负责起草第7章，肖迪、王宏丹负责起草第8章，何培舟负责起草第9章，罗庆异、李汉魁负责起草第10章，陈喆负责起草第11章，王刚负责起草第12章，陈丙勋、田晓庄负责起草第13章，周洲负责起草第14章，罗庆异负责起草附录A，王刚负责起草附录B，田晓庄负责起草附录C，肖迪负责起草附录D，李汉魁负责起草附录E，肖迪负责起草附录F，宫福军负责起草附录G，李汉魁负责起草附录H，陈丙勋负责起草附录J，田晓庄负责起草附录K，王刚负责起草附录L、附录M、附录N、附录P。

请各有关单位在执行过程中，将发现的问题和意见函告本标准日常管理组，联系人：刘鸿伟（地址：北京市海淀区西土城路8号，北京中交国通智能交通系统技术有限公司，邮编：100088；电话：010-62079721-208；传真：010-62079724；电子邮箱：lhw@itsc.cn），以便修订时参考。

主 编 单 位：北京中交国通智能交通系统技术有限公司
参 编 单 位：交通运输部公路科学研究院
　　　　　　交通运输部路网监测与应急处置中心
　　　　　　浙江省公路与运输管理中心
　　　　　　江苏交通控股有限公司
　　　　　　广东联合电子服务股份有限公司

主　　　编：刘鸿伟
主要参编人员：陈丙勋　金文彪　曹小峰　梅乐翔　李爱民　肖　迪
　　　　　　陈　喆　何培舟　罗庆昇　周　洲　王　刚　宫福军
　　　　　　田晓庄　李汉魁　王宏丹

主　　　审：黄汝存
参与审查人员：王　太　顾志峰　张慧彧　于　光　王燕弓　臧赤丁
　　　　　　王　军　赵书丽　毕马宁　易　术　张明月　杨晓东
　　　　　　张北海　邢万勇　徐　鹏　黄来荣　武宏伟

参 加 单 位：北京交科公路勘察设计研究院有限公司
　　　　　　招商华软信息有限公司

参 加 人 员：周　斌　苗麦英　曹书凯　邵征达　王凌霄　李　斌
　　　　　　朱　键　李世轩　徐东彬　王　倩　谭裕安　林　立
　　　　　　白　惇　史绪蓬　李俐锋　张巍汉　杨　勇　陈刘伟

目　次

1　总则 … 1
2　术语和符号 … 2
　2.1　术语 … 2
　2.2　符号 … 5
3　基本规定 … 7
4　总体架构 … 9
　4.1　系统框架 … 9
　4.2　计费与收费 … 10
　4.3　拆分结算 … 10
　4.4　网络系统 … 11
5　部联网收费中心系统 … 13
　5.1　系统构成 … 13
　5.2　系统功能 … 13
　5.3　系统性能 … 14
　5.4　其他要求 … 15
6　省联网收费中心系统 … 16
　6.1　系统构成 … 16
　6.2　系统功能 … 16
　6.3　系统性能 … 18
7　区域/路段中心系统 … 20
　7.1　系统构成 … 20
　7.2　系统功能 … 20
　7.3　系统性能 … 21
8　ETC门架系统 … 23
　8.1　系统构成 … 23
　8.2　布设原则 … 23
　8.3　系统功能 … 23
　8.4　系统性能 … 24
　8.5　供配电及防雷接地要求 … 25
　8.6　ETC门架结构及安装 … 25
　8.7　交通安全设施 … 26

8.8 ETC 门架系统设备技术要求	27
8.9 其他要求	27
9 收费站系统	**29**
9.1 系统构成	29
9.2 系统功能	29
9.3 系统性能	31
10 收费车道系统	**32**
10.1 一般规定	32
10.2 ETC 入口专用收费车道系统	32
10.3 ETC 出口专用收费车道系统	33
10.4 ETC/MTC 混合入口收费车道系统	34
10.5 ETC/MTC 混合出口收费车道系统	35
10.6 收费车道系统处理流程	37
10.7 收费车道系统设备技术要求	37
11 客户服务系统	**38**
11.1 一般规定	38
11.2 咨询与投诉	38
11.3 ETC 发行与服务	39
12 密钥系统	**42**
12.1 一般规定	42
12.2 部密钥管理与服务中心系统	42
12.3 省级在线密钥系统	44
13 编码与数据传输	**45**
13.1 关键信息编码	45
13.2 数据传输	55
14 网络安全要求	**56**
14.1 一般规定	56
14.2 部联网收费中心系统安全要求	56
14.3 部密钥管理与服务中心系统和省级在线密钥系统安全要求	57
14.4 省联网收费中心系统安全要求	57
14.5 区域/路段中心系统安全要求	57
14.6 ETC 门架系统安全要求	58
14.7 收费站系统安全要求	59
14.8 ETC 发行与服务系统安全要求	61
附录 A 收费车道处理流程	**62**
附录 B 发行流程	**70**
附录 C ETC 门架系统处理流程	**79**

附录 D	ETC 门架系统关键设备技术要求	84
附录 E	RSU 技术要求	89
附录 F	IC 卡读写器技术要求	123
附录 G	手机支付技术要求	125
附录 H	便携式收费终端技术要求	130
附录 J	OBU 技术要求	132
附录 K	CPC 技术要求	146
附录 L	ETC 用户卡技术要求	170
附录 M	OBE-SAM 技术要求	194
附录 N	PSAM/PCI 密码卡技术要求	238
附录 P	智能卡应用安全机制	259

本标准用词用语说明 …… 267

附件 《收费公路联网收费技术标准》（JTG 6310—2022）条文说明 …… 269

- 1 总则 …… 271
- 4 总体架构 …… 272
- 5 部联网收费中心系统 …… 277
- 6 省联网收费中心系统 …… 279
- 7 区域/路段中心系统 …… 281
- 8 ETC 门架系统 …… 282
- 9 收费站系统 …… 285
- 10 收费车道系统 …… 286
- 11 客户服务系统 …… 289
- 12 密钥系统 …… 290
- 13 编码与数据传输 …… 291
- 14 网络安全要求 …… 292

1 总则

1.0.1 为规范和指导全国收费公路联网收费系统的规划、设计、建设和运行维护，制定本标准。

1.0.2 本标准适用于新建或改扩建收费公路联网收费系统的建设及既有设施的升级改造。

1.0.3 收费公路联网收费系统应遵循成熟稳定、安全可靠、适度超前的原则，坚持系统协调、信息共享、资源节约和环境保护的理念。

1.0.4 收费公路联网收费系统应积极稳妥地采用新技术、新材料、新设备和新工艺。

1.0.5 收费公路联网收费系统除应符合本标准的规定外，尚应符合国家和行业现行有关标准的规定。

2 术语和符号

2.1 术语

2.1.1 联网收费 network toll collection

将不同收费公路经营单位管理的若干条收费公路纳入统一的收费系统，收取车辆通行费的服务方式和运营管理方式。

2.1.2 通行介质 traffic medium

车辆通行收费公路时，用于记录车辆信息及通行信息的介质。

2.1.3 电子不停车收费 electronic toll collection

利用车辆自动识别技术实现不停车收费的全电子收费方式。

2.1.4 人工收费 manual toll collection

由人工进行收费操作，计算机系统对车道设备进行控制，并对收费数据进行自动统计管理的收费方式。

2.1.5 车载单元 on-board unit

安装在车辆上并且支持与路侧单元进行信息交换的设备。

2.1.6 路侧单元 roadside unit

安装在路侧收费设施上的用于同过往车辆上的车载单元进行通信的天线及相应的控制设备。

2.1.7 分段计费 segmented billing

将收费公路全线划分为若干计费单元，各计费单元内分别计算通行费额的收费方式。

2.1.8 介质计费 medium billing

不依赖后台系统，通过路侧系统与车载设备、CPC 等通行介质交互并完成计费的方式。

2.1.9 在线计费 online billing
根据在途车辆通行记录、车牌识别结果等信息，由后台系统进行拟合计费的方式。

2.1.10 ETC 门架系统 ETC gantry system
在收费公路沿线断面建设的具备通行费分段计费、车牌图像识别等功能的专用系统及配套设施。

2.1.11 复合通行卡 compound pass card
集 5.8GHz 和 13.56MHz 通信功能于一体，具备无线读写功能，可重复使用的通行介质，简称 CPC。

2.1.12 纸质通行券 paper pass ticket
车辆通行收费公路时，用于记录车辆入口信息的纸质通行凭证。

2.1.13 ETC 交易流水 ETC transaction records
通过 ETC 账户支付通行费产生的具有不可抵赖性的交易数据。

2.1.14 MTC 交易流水 MTC transaction records
通过现金支付、手机支付等交易产生的交易数据。

2.1.15 通行凭证 pass voucher
ETC 门架系统对单片式 OBU 完成分段计费，所产生的具有不可抵赖性的用于后台记账和结算的凭证。

2.1.16 ETC/MTC 混合车道 ETC/MTC hybrid lane
同时支持 ETC 和 MTC 收费方式的车道。

2.1.17 自助交易设备 self-assistant transaction equipment
用于向用户提供自主领取 CPC 或交还 CPC 并缴费等服务的设备。

2.1.18 PCI 密码卡 PCI cryptocard
基于 PCI 或 PCI-E 接口的一种密码卡，可模拟多张独立的 PSAM 卡。

2.1.19 便携式收费终端 portable collection terminal
能支持 ETC 和 MTC 的便携式收费设备。

2.1.20 二维码　two-dimensional code

在平面上使用若干个与二进制相对应的图形来表示记录数据信息的几何形体。

2.1.21 手机支付　mobile payment

适用于 ETC/MTC 混合出口车道，用户在停车状态下通过手机、平板电脑等个人终端采用二维码、NFC 等支付通行费的方式。

2.1.22 第三方支付平台　third-party payment platform

银行或具备支付业务许可证的非银行支付机构的支付系统。

2.1.23 手机支付平台　mobile payment platform

收费系统为满足手机支付应用建设的、用于对接第三方支付平台完成对账的前置系统或功能模块。

2.1.24 数字证书　digital certificate

由证书认证机构签名的包含公开密钥拥有者信息、公开密钥、签发者信息、有效期以及扩展信息的一种数据结构，也称公钥证书。按类别可分为个人证书、机构证书和设备证书，按用途可分为签名证书和加密证书。

2.1.25 手机支付受理终端　point of interaction for mobile payment

参与手机支付交易的专用设备，类型包括扫码终端、只读扫码终端、金融 POS 终端等。

2.1.26 冲正　reversal

由车道发起，通知后端系统对前一笔状态未明的交易发起取消的一种交易。

2.1.27 撤销　cancellation

由车道或手机支付平台发起，将车道已成功完成扣费，尚未完成结算的某条交易记录所涉及全部金额按原路径退还用户的一种交易。

2.1.28 安全单元　security element

负责关键数据的安全存储和运算功能的部件。

2.1.29 数字签名　digital signature

附加在数据单元上的数据，或是对数据单元所做的密码变换，这种数据或变换允许数据单元的接收者用以确认数据单元的来源和完整性，并保护数据防止被人伪造或抵赖。

2.2 符号

APDU——应用协议数据单元（Application Protocol Data Unit）；
COS——卡片操作系统（Chip Operating System）；
CPC——复合通行卡（Compound Pass Card）；
CPU——中央处理器（Central Processing Unit）；
CRC——循环冗余校验（Cyclic Redundancy Check）；
DEA——数据加密算法（Data Encrpytion Algorithm）；
DSRC——专用短程通信（Dedicated Short Range Communication）；
ETC——电子不停车收费（Electronic Toll Collection）；
GIS——地理信息系统（Geographic Information System）；
HTTPS——超文本传输安全协议（Hyper Text Transfer Protocol over SSL/TLS）；
I/O——输入/输出（Input/Output）；
IC——集成电路（Integrated Circuit）；
ID——身份标识号码（Identity）；
IP——因特网协议（Internet Protocol）；
JPEG——联合图像专家组（Joint Photographic Experts Group）；
MAC——信息鉴别码（Message Authentication Code）；
MF——主控文件（Master File）；
MTBF——平均故障间隔时间（Mean Time Between Failure）；
MTTR——平均维护时间（Mean Time to Repair）；
MTC——人工收费（Manual Toll Collection）；
NFC——近场通信（Near Field Communication）；
OBE——车载设备（On Board Equipment）；
OBU——车载单元（On Board Unit）；
OD——交通起止点（Origin Destination）；
PCI——外设部件互联（Peripheral Component Interconnect）；
PCI-E——高速外设部件互联（Peripheral Component Interconnect-Express）；
PICC——接近式卡片（Proximity Integrated Circuit Card）；
PSAM——消费安全访问模块（Payment Security Access Module）；
RAID——磁盘阵列（Redundant Arrays of Independent Drives）；
RSU——路侧单元（Road Side Unit）；
SAM——安全访问模块（Security Access Module）；
SE——安全单元（Security Element）；
SIP——会话初始协议（Session Initialization Protocol）；
SNMP——简单网络管理协议（Simple Network Management Protocol）；

SSH——安全外壳（Secure Shell）；

TAC——交易认证码（Transaction Authorization Cryptogram）；

TCP——传输控制协议（Transmission Control Protocol）；

TPS——每秒处理的事务数目（Transactions Per Second）；

UPS——不间断电源（Uninterruptible Power Supply）；

USB——通用串行总线（Universal Serial Bus）；

VLAN——虚拟局域网（Virtual Local Area Network）；

VPDN——虚拟拨号专用网络（Virtual Private Dial-up Network）；

3DES——三重数据加密标准（Triple Data Encryption Standard）。

3 基本规定

3.0.1 高速公路以及其他封闭式的收费公路，除两端入/出口外，不得在主线上设置收费站。

3.0.2 收费公路应按交通流量可能发生变化的区段实行分段计费，单独收费的桥梁或隧道可作为独立区段计费。

3.0.3 收费公路联网收费系统应采用 ETC 方式为主、MTC 方式为辅，并支持多种支付方式。

3.0.4 收费公路联网收费系统应通过设置 ETC 门架系统、采用介质计费或在线计费，实现对通行车辆按实际路径收费。

3.0.5 收费公路联网收费系统应按车型收费。车型分类标准应符合现行《收费公路车辆通行费车型分类》（JT/T 489）的规定。

3.0.6 收费公路联网收费通行介质宜使用 ETC 车载设备、CPC，特殊情况下可使用纸质通行券。

3.0.7 收费公路联网收费系统网络安全保护能力、数据安全保护能力及个人信息保护措施应符合国家相关法律法规要求，密码应用应符合国家密码管理的有关规定。

3.0.8 收费公路联网收费系统建设应与超限检测系统协同设计，实现与入口称重检测联动。

3.0.9 收费公路联网收费系统及设备设施时钟应与北斗授时时间保持一致。

3.0.10 收费公路联网收费系统应实现部、省两级数据交换与共享，加强与路政执法等基础数据交互，支持构建相关信用体系。

3.0.11 收费公路联网收费系统应具备迭代升级能力，支持向自由流收费演进和车路协同拓展应用。

3.0.12 收费公路联网收费系统应与路网运行监测、调度管理、应急处置等系统联动，逐步提升收费公路的精细化管理和服务能力。

3.0.13 宜利用联网收费系统基础设施和数据资源为智慧公路发展提供支持。

4 总体架构

4.1 系统框架

4.1.1 收费公路联网收费系统应由部、省两级系统组成。部、省两级系统应相互协同配合，完成收费、结算、发行、客户服务、稽核、运行监测等业务。

4.1.2 部级系统应包括部联网收费中心系统、部密钥管理与服务中心系统等。

4.1.3 省级系统应包括省联网收费中心系统、省级在线密钥系统、区域/路段中心系统（可选）、收费站系统、ETC门架系统、收费车道系统、客户服务系统等。根据各省（区、市）联网收费系统运营管理架构的差异，可选建区域/路段中心系统，也可在区域/路段中心系统实现收费站系统功能。

4.1.4 收费公路联网收费系统主要业务所涉及的系统应满足下列要求：
  1 收费业务由部联网收费中心系统、省联网收费中心系统、收费站系统、ETC门架系统、收费车道系统以及部密钥管理与服务中心系统、省级在线密钥系统等协同完成。
  2 结算业务由部联网收费中心系统、省联网收费中心系统、ETC发行与服务系统、区域/路段中心系统（可选）、银行等协同完成。
  3 ETC发行服务业务由ETC发行与服务系统、部联网收费中心系统以及部密钥管理与服务中心系统、省级在线密钥系统等协同完成。
  4 客户服务由ETC发行与服务系统、咨询与投诉系统等协同完成。
  5 稽核业务由部联网收费中心系统、省联网收费中心系统、区域/路段中心系统（可选）、ETC门架系统、收费站系统、收费车道系统、ETC发行与服务系统等协同完成。
  6 系统运行监测由部联网收费中心系统、省联网收费中心系统、区域/路段中心系统（可选）、ETC门架系统、收费站系统、收费车道系统等协同完成。

4.1.5 联网收费系统数据存储时间应满足表4.1.5的要求。

表 4.1.5 联网收费系统数据存储最短时间要求

序号	数据类型	部联网收费中心系统	省联网收费中心系统	区域/路段中心系统	收费站系统	ETC门架系统	收费车道系统
1	原始数据	2年	2年	2年	2年	1年	40天
2	抓拍图片	—	—	6个月	6个月	6个月	40天
3	视频图像	—	—	—	1个月	1个月	—
4	班次报表	—	—	—	18个月	—	—
5	日报表	2年	2年	2年	2年	—	—
6	旬、月报表	长期	长期	长期	2年	—	—
7	年报表	长期	长期	长期	5年	—	—

注：1. 原始数据包括入/出口收费车道系统产生的ETC交易流水、MTC交易流水、日志等，以及ETC门架系统产生的ETC交易流水、通行凭证、通行记录、MTC通行记录、图像流水记录、日志等。
2. 抓拍图片的存储位置可以根据实际情况选择在区域/路段中心系统或收费站系统。

4.2 计费与收费

4.2.1 收费公路通行费的征收应按政府部门批准的通行费收费标准和相关政策执行。

4.2.2 入口车道系统应将车辆入口信息写入ETC车载设备或CPC等通行介质。

4.2.3 ETC门架系统应按本计费单元收费标准及通行介质中的车型等信息对通行车辆计费，并将计费信息写入通行介质。

4.2.4 出口车道系统应依据通行介质记录的计费信息确定通行费并收取；当通行介质中的计费信息异常时，出口车道系统宜通过在线计费计算通行费并收取；在线计费无法实现等特殊情况下，可通过最小费额计费方式计算通行费并收取。

4.2.5 当部分ETC门架系统计费缺失时，宜通过后序ETC门架系统或出口收费车道系统代为计费。

4.3 拆分结算

4.3.1 收费公路联网收费拆分结算应包括ETC通行费记账、对账、拆分、结算和MTC通行费对账、拆分、结算。

4.3.2 收费公路联网收费省际拆分结算应由部、省两级系统协同完成；省（区、市）内拆分结算应由省级拆分结算系统完成。

4.3.3 收费公路联网收费各相关系统进行通行费拆分结算时，应符合下列规定：

1 出口车道系统应生成出口交易流水，并逐级上传至省级拆分结算系统。

2 省级拆分结算系统应将出口交易流水分为省（区、市）内 ETC 交易流水、省际 ETC 交易流水、省（区、市）内 MTC 交易流水和省际 MTC 交易流水，并进行下列处理：

1）将省（区、市）内 ETC 交易流水发送至本省（区、市）发行服务系统进行记账。

2）将省际 ETC 交易流水和省际 MTC 交易流水发送至部级拆分结算系统。

3）将省（区、市）内 MTC 交易流水完成拆分结算。

4）对来自本省（区、市）发行服务系统或部级拆分结算系统的记账结果进行对账，并完成按路段拆分。

3 部级拆分结算系统应将收到的 ETC 出口交易流水分发至发行方所属省（区、市）的省级拆分结算系统，由相应发行服务系统进行记账，接收并将记账结果下发至出口省（区、市）和途经省（区、市）结算系统，完成对账后按省（区、市）将拆分数据发送至相关省级拆分结算系统。部级拆分结算系统应将收到的省际 MTC 出口交易流水按省（区、市）拆分，将拆分数据发送至相关省级拆分结算系统。部级拆分结算系统发送至相关省级拆分结算系统的拆分数据，应包括通行费减免优惠的拆分记账结果。

4 发行服务系统应对出口交易流水进行校验，确认记账或拒绝记账，并将记账结果发送至省级拆分结算系统。

4.4 网络系统

4.4.1 联网收费网络系统宜采用开放式的网络体系结构。

4.4.2 联网收费系统组网应符合下列规定：

1 部联网收费中心系统到省联网收费中心系统应建立主备通信链路，主备通信链路应采用不同的物理路由。

2 部联网收费中心系统到收费站系统、ETC 门架系统宜建立主备通信链路，主备通信链路应采用不同的物理路由。主备通信链路可采用第三方提供的专用链路。

3 部密钥管理与服务中心系统到省级在线密钥系统应建立主备通信链路，主备通信链路应采用不同物理路由。主备通信链路可采用第三方提供的专用链路。

4 省联网收费中心系统、区域/路段中心系统、收费站系统、ETC 门架系统之间应建立主备通信链路，主用通信链路应采用联网收费通信专用网络，备用通信链路可采用第三方提供的专用链路。

5 部联网收费中心系统、部密钥管理与服务中心系统、省联网收费中心系统、区域/路段中心系统、收费站系统、ETC 门架系统局域网应采用千兆及千兆以上以太网。

6 省联网收费中心系统与 ETC 发行与服务系统应建立主备通信链路，主备通信链路应采用不同的物理路由。

4.4.3 当联网收费系统的主用通信链路中断时，系统应自动切换至备用通信链路。当主用通信链路恢复后，系统宜自动切换为主用通信链路；当条件不具备时，可人工切换使用主用通信链路。

4.4.4 联网收费系统网络带宽应不低于所承载业务高峰所需带宽的 1.5 倍。

4.4.5 联网收费系统网络应采用 TCP/IP 网络协议，并应支持 IPv6。

4.4.6 部联网收费中心系统、部密钥管理与服务中心系统、省联网收费中心系统应按统一规划使用 IP 地址。

5 部联网收费中心系统

5.1 系统构成

5.1.1 部联网收费中心系统应由部级拆分结算系统、部级交易对账系统、全网费率管理与计费系统、发票服务系统、稽核管理系统、全网运行监测系统、数据管理与服务系统、基础信息管理系统、预约通行系统、MTC 通行介质管理系统、发行认证与监管系统、咨询与投诉系统等构成。

5.1.2 部联网收费中心系统宜采用云计算技术，统筹规划计算、存储、网络、操作系统、数据库和中间件等资源。

5.2 系统功能

5.2.1 部级拆分结算系统应具备省际交易数据的清分、拆分，结算通知书及统计报表生成，省际资金归集划拨、省际交易数据查询等功能。

5.2.2 部级交易对账系统应具备省际交易数据对账、省际交易对账通知书生成、省际交易对账结果查询服务等功能。

5.2.3 全网费率管理与计费系统应具备全网费率基线管理、计费信息管理、计费模块参数验算、全网在线计费支撑、全网最小费额计算、跨省通行车辆入口收费站信息查询、数据交互等功能，宜具备将指定车辆的计费信息和行驶路径在 GIS 地图上进行展示的功能。

5.2.4 发票服务系统应具备通行费发票开具、查询、数据核查及监测分析等功能。

5.2.5 稽核管理系统应为内部稽核、外部稽核、现场稽核处置等提供接口，并具备稽核工单管理等功能；宜构建全网通行车辆档案，并提供查询服务。

5.2.6 全网运行监测系统应具备对收费车道系统和 ETC 门架系统的关键设备状态、

运行参数、软件版本、费率版本、通信传输状态等的实时监测以及异常或故障跟踪处理等功能。

5.2.7 数据管理与服务系统应具备部省数据汇聚、部站数据汇聚、数据校核、数据安全治理、数据归集管理，以及执行抢险救灾任务等特殊车辆名单管理等功能，宜具备数据交换、数据挖掘分析和可视化展示等功能。

5.2.8 基础信息管理系统应具备对收费公路信息、收费公路经营管理单位信息、发行方信息、路段断面信息、收费站信息、车道信息、ETC门架信息、收费广场信息、拓展服务信息等运行参数的管理功能。

5.2.9 预约通行系统应具备绿通车辆预约通行功能、集装箱车辆预约通行功能以及其他预约通行功能，具体应符合下列规定：
1 绿通车辆预约通行功能应包括绿通车辆预约、查验记录管理、基础数据管理等，宜包括绿通车辆积分分析统计及免检业务管理。
2 集装箱车辆预约通行功能应包括集装箱车辆预约、集装箱运输企业服务、集装箱车辆管理、集装箱车辆预约数据共享等。

5.2.10 MTC通行介质管理系统应具备MTC通行介质录入和核销、在网状态监测、省级及站级CPC库存监测、异常CPC监测、CPC使用情况分析预测、纸质通行券发行报备等功能。

5.2.11 发行认证与监管系统应具备全网发行唯一性校验、ETC用户信息汇总、安全接入和数据共享等功能。

5.2.12 咨询与投诉系统应符合本标准第11.2节的有关规定。

5.3 系统性能

5.3.1 部联网收费中心系统性能应符合下列规定：
1 应满足系统7d×24h不间断服务的要求；除地震等不可抗力的自然灾害外，系统可用率应不小于99.9%。
2 交互类业务平均响应时间应不大于3s，峰值响应时间应小于5s；查询类业务简单查询响应时间应小于5s，复杂查询响应时间应小于10s。
3 原始交易处理能力应不小于1 000万条/h；清算统计结果生成时间应不大于15min；车道特情查询响应时间应不大于3s。

5.4 其他要求

5.4.1 部联网收费中心系统除应符合本标准第5.1、5.2、5.3节的有关规定外，尚应符合下列规定：

1 系统中使用的小型机、服务器、交换机、安全设备等关键硬件应采用具备3C认证的产品。

2 系统应符合关键信息基础设施保障相关要求。

3 系统中关键数据应保证存储在分布式存储之上，保证关键数据至少存写3份。

4 计算资源和存储资源分配率不应超过70%；平峰时已分配计算资源的CPU使用率不宜超过25%、内存使用率不宜超过70%，存储使用率不宜超过70%；高峰时已分配计算资源的CPU使用率不宜超过50%、内存使用率不宜超过90%，存储使用率不宜超过90%。

5 系统应实现本地数据备份及异地数据灾备。

6 核心应用系统及关键设备应做好冗余措施。

6 省联网收费中心系统

6.1 系统构成

6.1.1 省联网收费中心系统宜由省级拆分结算系统、省级交易对账系统、省级费率管理与计费系统、通行费手机支付系统、省级稽核管理系统、省级运行监测系统、省级数据管理与服务系统、CPC 发行系统、省级在线密钥系统、省级时钟校时系统等构成。

6.1.2 省联网收费中心系统功能可由一个或多个机构承担。

6.1.3 省联网收费中心系统宜采用云计算技术，统筹规划计算、存储、网络、操作系统、数据库和中间件等资源。

6.2 系统功能

6.2.1 省级拆分结算系统应符合下列规定：
1 应具备与各参与方的清分对账、统计汇总功能，具体包括下列内容：
1）应将省际交易流水发送至部拆分结算系统，接收部拆分结算系统记账数据并完成对账。
2）应将省（区、市）内 ETC 交易流水发送至本省（区、市）发行服务系统，接收本省（区、市）发行服务系统记账数据并完成对账。
3）应对省（区、市）内 MTC 交易流水进行对账。
4）应将省（区、市）内 ETC 和 MTC 交易拆分、记账结果发送至部联网收费中心数据管理与服务系统。
2 应具备将经过清分处理的本省（区、市）通行费按拆分规则分配至收费公路经营管理单位的功能。
3 应具备根据清分及拆分结果，实现各参与方的资金结算，提供资金结算报表及对账功能。
4 应具备争议交易的数据查证、处理及清分结算功能。
5 应具备以指令方式与结算银行实现账户资金划拨、查询操作的功能。
6 应具备为各参与方提供相关结算数据的功能。

6.2.2 省级交易对账系统应符合下列规定：
1 应具备本省（区、市）交易对账功能。
2 应与部交易对账系统对接，并具备省际交易对账和对省际追偿数据的处理、追偿金额的计算和统计的功能。
3 应具备交易对账通知书生成、交易对账结果查询服务等功能。

6.2.3 省级费率管理与计费系统应符合下列规定：
1 应具备费率基线版本的新增、删除、修改、查询、归档功能。
2 应对路网节点信息、收费单元信息、连通关系信息、费用种类信息、费用标准信息、计费方式信息等进行管理。主要功能应包括：参数新增、删除、修改、查询、版本管理等。
3 应具备生成可达路径和费率数据的功能，并根据收费政策要求和基线版本定义，采用相应费率基础数据参数进行计算。
4 应具备生成费率模块的功能，将费率参数、算法及相关逻辑封装为独立动态链接库，为ETC门架系统、收费车道系统及其他相关系统提供本地计费支撑能力。
5 应具备根据待发布的费率基线将全网站点信息、最小费额、费率参数、费率模块分发至相应平台及系统，实现费率基线发布的功能。
6 应具备支撑车道现场收费、收费稽核业务发起的在线计费请求，实现在线计费的功能。

6.2.4 通行费手机支付系统应符合下列规定：
1 应支持对接第三方支付平台、手机终端App共同完成手机支付过程。
2 应具备与第三方支付平台进行数据交互，完成手机支付交易的对账、结算功能。
3 应支持冲正/撤销/退费交易，交易流程应符合本标准附录A的规定。
4 应具备对手机支付受理终端信息管理功能。
5 应具备手机支付流水数据查询、统计和备份管理功能。
6 宜具备手机支付通道手续费结算功能。

6.2.5 省级稽核管理系统应符合下列规定：
1 应具备跨省稽核工单交换、稽核工单处理与流转等功能，并对工单处理情况进行统计分析。
2 应具备对稽核工单中疑似通行费差错的数据核实、进行补缴或退费处理等功能。
3 应为稽核业务提供数据查询、分析功能。
4 应实现与部稽核管理系统的业务联动。
5 建有区域/路段中心稽核系统时，应实现与其进行业务联动。
6 可为现场稽核、现场车辆档案查询、现场稽核特情登记、现场车辆路径复核、现场欠费核算、现场通行费补缴、补缴发票数据生成等现场稽核处置提供接口。
7 可具备与客户服务系统进行工单数据、稽核查询数据等数据交换的功能。

6.2.6 省级运行监测系统应符合下列规定：

1 应具备监测对象、指标、事件、组织和人员配置管理功能，具体包括参数配置、对象关系配置管理、基础系统参数管理、监测事件分类、告警参数设置等。

2 应具备对 ETC 门架系统、收费车道系统、各级业务系统监测数据的采集功能。

3 应具备运行监测指标统计分析功能。

4 应具备监测事件管理和预警功能。

6.2.7 省级数据管理与服务系统应符合下列规定：

1 应具备本省（区、市）基础数据维护管理功能，包括发行服务设施数据和收费服务设施数据。

2 应实现对状态名单、重点关注名单的维护、发布等。

3 应具备执行抢险救灾任务等特殊车辆名单的接收和发布功能。

4 应与部联网收费中心系统的数据管理与服务系统、本省（区、市）内各级联网收费系统、ETC 发行与服务系统等相关系统对接，实现本省（区、市）数据汇聚与处理功能，并对传输内容的合规性、准确性、及时性、安全性进行校核。

5 应具备支持本省（区、市）各收费公路经营管理单位自主查询、下载涉及本路段交易明细、清分明细、通行费减免优惠明细等数据的功能。

6 宜具备与相关部门及单位建立安全可靠的数据共享渠道，在满足相关法律法规的前提下，实现省级数据交换功能。

7 应具备根据收费公路统计调查相关要求，以路段为单位定期生成相关统计调查报表的功能。

8 应具备根据收费公路经营管理单位需求，提供数据服务的功能。

9 应具备向收费公路监控系统提供脱敏数据的功能。

10 宜建立历史数据存储系统，实现对有关原始数据的长期保存和大数据分析。

6.2.8 CPC 发行系统应能通过省级在线密钥系统调用部在线密钥管理与服务平台接口实现 CPC 发行功能，发行流程应符合本标准附录 B 的规定。

6.2.9 省级在线密钥系统功能应符合本标准第 12.3 节的有关规定。

6.2.10 省级时钟校时系统应基于北斗时钟源进行校时，实现系统及设备设施的时间保持一致。

6.3 系统性能

6.3.1 省联网收费中心系统总体性能应符合下列规定：

1 应满足系统 7d×24h 不间断服务的要求。

2 除地震等不可抗力的自然灾害外,系统可用率应不小于99.9%。
3 数据传输成功率应不低于99.99%。
4 应满足与各级相关系统进行衔接和扩展要求。

6.3.2 省联网收费中心系统响应时间应满足下列要求:
1 交互类业务平均响应时间应不大于3s,峰值响应时间应不大于5s。
2 简单查询响应时间应不大于3s,复杂查询响应时间应不大于10s。
3 客户端响应时间应不超过3s。

6.3.3 省联网收费中心系统数据存储与备份应满足下列要求:
1 数据存储时间要求应符合本标准第4.1.5条的有关规定。
2 应建立同城或异地数据备份系统。

7 区域/路段中心系统

7.1 系统构成

7.1.1 区域/路段中心系统可根据管理需要设置。

7.1.2 区域/路段中心系统可由收费管理系统、特情管理系统、稽核管理系统、系统运行状态监测系统、收费视频监控系统、统计报表管理系统、数据传输系统等构成。

7.1.3 区域/路段中心系统构成宜采用星型开放网络结构，应配置计算和存储设备、网络设备、网络安全设备、管理工作站、打印机、UPS 等，计算和存储可采用云计算技术实现。

7.1.4 区域/路段中心的收费业务与监控业务可共用大屏幕显示系统、数据存储设备。

7.1.5 区域/路段中心系统应与办公系统等其他信息系统物理隔离。

7.2 系统功能

7.2.1 收费管理系统应符合下列规定：
1 应具备票据管理、MTC 通行介质管理、系统参数管理、收费查询等功能。
2 应具备操作权限管理功能，实现分级分权限操作的功能。
3 宜具备数据校验功能，实现数据一致性、完整性管理的功能。

7.2.2 特情管理系统应符合下列规定：
1 应具备下级系统特情请求接收、处理并响应功能。
2 应具备维护管理、配置管理等功能。

7.2.3 稽核管理系统应符合下列规定：
1 应具备对所辖路段通行车辆的行驶行为进行分析，对通行车辆视频图像、图片进行特征提取、挖掘分析，筛选漏缴费嫌疑车辆数据的功能。

2 应具备通行费核算、稽核结论填报的功能。

3 宜具备系统参数查询、流水查询、图像查询、名单查询、本省（区、市）及外省（区、市）车辆发行信息查询、通行费查询等功能。

4 应具备上传业务数据至省级稽核管理系统的功能。

5 应具备稽核任务状态追踪、管理功能。

6 应具备配合部、省开展基于通行车辆的图像、视频搜索取证的功能。

7.2.4 系统运行状态监测系统应符合下列规定：

1 应具备对所辖收费车道系统、ETC 门架系统核心功能及关键设备进行状态监测与预警功能。

2 应具备对异常情况进行报警提示的功能。

7.2.5 收费视频监控系统应符合下列规定：

1 应具备对所辖收费站关键设备状态、操作状态、特殊事件报警处理状态的实时监控功能。

2 应具备实时监视、录像、回放、检索、调阅、切换等功能。

3 宜具备与报警信号实现视频联动的功能。

4 可具备通过网络对视频监控设备进行远程控制与管理功能。

7.2.6 统计报表管理系统应符合下列规定：

1 应具备对所辖路段收费数据进行整合、处理、统计和生成报表功能。

2 应具备统计报表打印功能。

3 应具备精确匹配检索、区段间隔匹配检索、多重匹配检索功能。

4 应具备个性化报表功能。

7.2.7 数据传输系统应建立与省联网收费中心系统、收费站系统的通信连接，传输本区域/路段的联网收费数据。

7.3 系统性能

7.3.1 区域/路段中心系统总体性能应满足下列要求：

1 应具备 7d×24h 不间断工作能力。

2 可对收费站收费车道进行监控，车道操作信息应按需上传至区域/路段中心系统。

3 各业务系统的可靠性和可维护性应符合现行《计算机软件可靠性和可维护性管理》（GB/T 14394）的规定。

4 时钟同步精度应不大于 1s。

7.3.2 区域/路段中心系统响应时间应满足下列要求：

1 一般查询的响应时间宜小于1s，带有数据图表的响应时间宜小于2s。

2 最大并发用户数达到系统设计要求的并发用户数时，各事务响应时间不超过单用户平均响应时间的5倍。

7.3.3 区域/路段中心系统数据存储与备份应满足下列要求：

1 数据存储时间要求应符合本标准第4.1.5条的有关规定。

2 应建立数据备份和恢复机制，并定期对数据进行全量备份和增量备份，系统数据恢复时间应不超5h。

8 ETC门架系统

8.1 系统构成

8.1.1 ETC门架系统应由车道控制器、RSU、高清摄像机、车牌图像识别设备、补光灯、门架服务器、网络安全设备等构成，可选择配置车辆检测器。

8.2 布设原则

8.2.1 ETC门架系统的布设应符合下列规定：

1 在交通流量发生变化位置（如入/出口匝道、互通立交）前的路段区间应设置ETC门架。在交通流量仅增加或仅减少，收费金额不发生变化时，结合路段交通流量变化和OD情况，可不设置ETC门架。

2 ETC门架宜设置在平直路段，且来车方向50m范围内平曲线半径宜大于或等于不设超高的平曲线半径值。

3 ETC门架与互通立交、入/出口匝道端部、被交道路直线距离宜不小于1km，不具备条件的路段可根据实际情况适当调整。

4 ETC门架的布设位置应综合考虑，优选供电、安装、通信方便的地点，靠近附近的收费站房。

5 ETC门架的布设位置应避免来车方向200m内存在设施遮挡，宜避开5.8GHz相近频点干扰源、交通拥堵严重的路段以及逆光等干扰，并应布设在与相邻非收费公路距离较远的收费公路主线位置。

6 同一断面的ETC门架系统应由上、下行双方向门架组成，上、下行双方向门架宜背向错开设置，距离宜不小于100m。

7 在省界设置ETC门架时，应由相邻两省分别设置，原则上中间无入/出口，上、下行方向宜各设置两个门架，其最小间距应不小于500m。对于同向不具备设置两个门架条件的路段，可根据实际情况设置单门架。

8.3 系统功能

8.3.1 ETC门架系统功能应符合下列规定：

1 应支持与双片式OBU、单片式OBU和CPC的交易处理流程，形成ETC通行记录、MTC 通行记录并上传，同时具备并发交易处理能力。交易处理流程应符合本标准附录 C 的有关规定。

　　2　应自动识别所有通行车辆车牌颜色和车牌号码，将所有识别出的车牌信息及车辆图像信息以及通行时间、ETC 门架系统相关信息等形成图像流水记录并上传。

　　3　应具备支持上级系统对 ETC 门架系统上传流水记录及时性、完整性、准确性进行监测的功能。

　　4　应具备对生成的通行记录、图像流水记录、车牌图像识别原始图片及视频图像进行存储、查询的功能，存储应具有容错及备份机制。

　　5　宜具备去重机制，并实现对通行记录、图像流水记录的自动匹配。

　　6　宜具备前序 ETC 门架计费缺失拟合功能。

　　7　应具备接收并更新部、省联网收费中心系统下发的 ETC 门架系统相关系统参数和文件功能。

　　8　应允许远程授权登录，调整关键设备参数，获取 ETC 门架日志，备份流水和图片，支持系统在线升级。

　　9　应具备通过设备接口实现对 ETC 门架系统及设备的状态监测功能，应实时监测并上传设备运行状态。

　　10　应具备自我恢复功能。当软件异常时，应能自动恢复至正常运行状态，无须人为介入。

8.3.2　ETC 门架系统的 RSU 和车牌图像识别设备宜进行冗余设计，并具备主备切换功能。

8.3.3　ETC 门架系统应能以独立作业的方式工作，在通信网络出现异常时，可脱机离线操作，待网络恢复后自动将本地滞留数据上传，同时保证数据的完整性、一致性、真实性、不可抵赖性和安全性不受破坏。

8.3.4　ETC 门架系统应与北斗授时时间保持一致，并具备授时状态监控功能。

8.3.5　ETC 门架系统宜向收费公路监控系统提供车辆通行数据（除计费信息外）、图像及视频等相关信息，实现数据共享和多重应用。

8.3.6　ETC 门架系统应具备将 ETC 通行记录、MTC 通行记录、图像流水记录等上传至所属区域/路段中心的功能。

8.4　系统性能

8.4.1　ETC 门架系统性能应符合下列规定：

1 能实时上传流水及通行记录数据。
2 单片式 OBU 交易成功率：在车速不高于 120km/h 的条件下，交易成功率不小于 99.9%；车辆信息获取成功率不小于 99.99%。
3 双片式 OBU 交易成功率：在车速不高于 120km/h 的条件下，交易成功率不小于 98.0%；车辆信息获取成功率不小于 99.5%。
4 CPC 计费成功率：在车速不高于 120km/h 的条件下，计费成功率不小于 99.9%。
5 车牌图像识别正确率：在车速不高于 120km/h 的条件下，正确率不小于 95%。
6 系统运行能力：满足 7d×24h 不间断运行的要求。

8.5 供配电及防雷接地要求

8.5.1 ETC 门架系统供配电应符合下列规定：
1 ETC 门架侧应设置后备电源，满足 7d×24h 不间断供电。应对供电情况进行实时监测。
2 输入、输出电压范围应符合现行《标准电压》（GB/T 156）的有关规定。
3 应具有远程控制电源输入输出通断功能。
4 应具有过欠压、过流、过载自动报警和保护功能。

8.5.2 ETC 门架系统及供配电的防雷接地应符合现行《高速公路机电系统防雷技术规范》（GB/T 37048）的有关规定。

8.6 ETC 门架结构及安装

8.6.1 ETC 门架结构应符合下列规定：
1 ETC 门架结构应采用桁架式，所有构件均宜采用闭口截面。
2 桁架下弦杆中心距离路面最高点间的高度应不小于 6.0m；桁架宜满足人员检修通行需要，其前后弦管中心宽度宜为 1.0~1.5m，其上下弦管中心高度宜为 1.8m；栏杆高度应不小于 1.2m。

8.6.2 ETC 门架系统安装应符合下列规定：
1 ETC 门架安装应满足下列要求：
1）门架安装施工时应采用预制拼装结构。
2）门架安装拼接节点宜设置在柱顶，并用法兰连接；桁架范围内不宜设置拼接节点。
3）门架的施工质量应符合现行《钢结构工程施工质量验收标准》（GB 50205）的相关要求。
2 ETC 门架设备安装应满足下列要求：

1）ETC 门架预留设备安装横杆。

2）RSU、车牌图像识别、补光灯等设备安装高度不低于6.5m，净空高度不低于6m。

3）ETC 门架系统 RSU 的通信区域宽度应调整在本方向行车道及应急车道宽度范围内，纵向距离应调整到40m 内。

8.6.3 ETC 门架应设置检修爬梯，检修爬梯应设置在路侧，全幅门架两侧应均设置检修爬梯。检修爬梯距离地面高度应不小于2.1m。

8.6.4 ETC 门架应具备防止工具等坠落影响交通安全的措施。

8.6.5 ETC 门架应满足下列环境条件要求：

1 ETC 门架结构应考虑地震作用，控制参数应符合现行《钢结构设计标准》（GB 50017）和《建筑抗震设计规范》（GB 50011）中的有关规定，并应具有足够的刚度，以满足使用要求。

2 ETC 门架结构及关键设备（RSU、车牌图像识别设备等）环境适应性要求：风荷载标准值应根据现行《公路桥梁抗风设计规范》（JTG/T 3360-01）的规定计算，基本风压重现期应采用50 年。在风荷载作用下，ETC 门架结构水平方向变形值不应大于 ETC 门架顶部高度的1/100，关键设备应能正常工作。

3 ETC 门架横梁应设置一定的预拱度，其在自重条件下不应发生下垂。

4 ETC 门架结构防腐处理应符合现行《公路交通工程钢构件防腐技术条件》（GB/T 18226）的有关规定。

8.7 交通安全设施

8.7.1 ETC 门架系统应设置相关标志及标线，并满足下列要求：

1 在 ETC 门架迎车面右上角应设置 ETC 门架标志，宜设置在硬路肩上方门架的上下弦管间，标志宜采用非金属材料。

2 ETC 门架标志编号应由高速公路路线编号、出口编号、方向编号、顺序编号组成，其中高速公路路线编号应采用 ETC 门架所在高速公路路线编号，高速公路路线编号应符合现行《公路路线标识规则和国道编号》（GB/T 917）的有关要求。ETC 门架标志编号结构应符合8.7.1-1 的规定。

3 ETC 门架标志版面示例见图8.7.1-2，版面为白底、黑字、黑边框，阿拉伯数字和拉丁字母采用 B 型交通标志专用字体，高度为35cm，边框和线条的使用应满足符合现行《道路交通标志和标线》（GB 5768）的有关规定。

4 ETC 门架前100m、后50m 范围内，同向车行道分界线应设置为实线。

5 ETC 门架前100m、后50m 范围内，设置反光突起路标时，间距宜为8m。

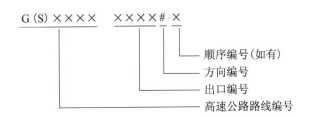

图 8.7.1-1　ETC 门架标志编号结构

注：1. 高速公路路线编号采用 ETC 门架所在高速公路路线编号，一般为 1 位、2 位或 4 位数字，如 G1、G15、S20、G1512 等。
2. 位置编号采用沿着行车方向 ETC 门架下一个高速公路出口编号，一般为 1 位、2 位、3 位或 4 位数字，宜与该出口标志的出口编号保持一致。
3. 方向编号为 ETC 门架方向，A 表示沿当前高速公路里程桩号增大方向，B 表示沿当前高速公路里程桩号减小方向。
4. 顺序编号，当 ETC 门架系统包含多个 ETC 门架时使用，按当前行车方向顺序设置为 1、2……ETC 门架系统只有一个 ETC 门架时不设置顺序编号。

图 8.7.1-2　ETC 门架标志版面示例

8.7.2　ETC 门架系统应设置相关护栏，并符合下列规定：

1　ETC 门架左右侧立柱应设置护栏，且护栏防护等级应不低于四（SB）级。

2　ETC 门架设置位置原有护栏防护等级不足四（SB）级时，应进行改建提升。

3　ETC 门架设置位置原先无护栏时，应增设护栏，且护栏设置最小结构长度应同时满足防护需求和结构要求，并符合现行《公路交通安全设施设计规范》（JTG D81）的有关规定。

8.8　ETC 门架系统设备技术要求

8.8.1　ETC 门架系统相关设备技术要求应符合本标准附录 D 的有关规定。

8.9　其他要求

8.9.1　ETC 门架系统计费应通过计费模块完成，计费模块宜根据门架计费请求中的车辆信息和上一门架信息，输出本门架应收费额信息。计费模块计费运算耗时应小于 10ms，计费模块加载参数后的运行过程占用内存应不超过 300MB。

8.9.2 ETC 门架系统不应与对向车道、相邻道路行驶的车辆产生误交易。

8.9.3 ETC 门架系统上可安装其他监控等设备，但不应干扰 ETC 门架系统关键设备的正常工作。

9 收费站系统

9.1 系统构成

9.1.1 收费站系统可由收费管理系统、站级运行监测系统、特情管理系统、MTC通行介质管理系统、交接班管理系统、统计分析系统、票据管理系统、站级传输系统等构成。

9.1.2 收费站系统网络宜采用星型开放网络结构，应配置计算和存储设备、网络设备、网络安全设备、管理工作站、打印机、UPS等，计算和存储可采用云计算技术实现。

9.1.3 当上级系统实现收费站系统功能时，宜简化收费站系统。

9.1.4 收费站系统网络应与本级办公系统等其他信息系统进行物理隔离。

9.2 系统功能

9.2.1 收费管理系统应符合下列规定：
1 应具备接收上级系统下发的系统参数并下发到收费车道系统的功能。
2 应具备查询、浏览、打印现有收费系统参数功能。
3 应具备接收所辖收费车道系统产生的数据，并进行查询、统计、存储和管理的功能。
4 应具备对收费车道进行开启/关闭管理的功能。
5 应具备通行费额查询功能。

9.2.2 站级运行监测系统应符合下列规定：
1 应具备监测所辖收费车道系统在线状态（开启/关闭）、操作系统版本、车道软件版本、关键设备运行状态等功能。
2 应具备系统参数与部联网收费中心系统的版本一致性监测功能。
3 应具备按需显示所辖收费车道系统产生的收费数据、操作日志、事故日志以及登录日志等数据信息的功能。

4 应具备对所辖收费车道系统上传数据的及时性、完整性、准确性监测功能。
5 宜具备授时状态监测功能。

9.2.3 特情管理系统应符合下列规定：
1 应具备接收所辖收费车道系统特情请求并上传的功能。
2 应具备接收上级系统特情处理响应并下发的功能。

9.2.4 MTC 通行介质管理系统应符合下列规定：
1 应具备本站 CPC 入库、出库、调拨管理功能。
2 应具备所辖收费车道系统在用 CPC、库存 CPC 信息查询/统计功能。
3 应具备纸质通行券发放、统计、查询功能。

9.2.5 交接班管理系统应符合下列规定：
1 应具备对收费员交接班所涉及的 MTC 通行介质、票证、款项按班次统一进行管理的功能。
2 应具备收费站日常交接班业务登记、清账、打印基本业务报表等功能。

9.2.6 统计分析系统应符合下列规定：
1 应具备交易明细数据查询功能。
2 应具备车流量、通行费统计等报表查询功能。
3 宜具备报表统计功能，支持个性化报表生成。

9.2.7 票据管理系统应具备本站票据入库、发放、核销和调拨记录的管理功能。

9.2.8 站级传输系统应符合下列规定：
1 建立与区域/路段中心系统（可选）、省联网收费中心系统、部联网收费中心系统的通信连接，实现数据传输。
2 建立与所辖收费车道系统的通信连接，实现 ETC 交易流水或通行凭证、MTC 交易流水、车牌图像识别信息等相关数据的传输。
3 应确保数据的完整性、准确性、真实性、一致性。

9.2.9 收费站系统时间应与北斗授时时间保持一致。

9.2.10 收费站系统宜设置视频监控系统，在收费车道、收费亭、收费广场、机房、财务室等重点区域设置摄像机，在收费站对联网收费业务进行实时监控以及核查。

9.2.11 收费站系统应具备对讲、报警等功能，可实现报警信号与视频图像的联动。

9.2.12 收费站系统在通信网络出现异常时,应将所有数据存储在本地,待网络恢复后自动将本地滞留数据上传。

9.2.13 收费站系统应具备状态自检和软件在线更新功能。

9.3 系统性能

9.3.1 收费站系统总体性能应满足下列要求:
1 应具备 7d×24h 不间断工作能力。
2 应实时接收所辖收费车道系统产生的收费数据,并实时上传。
3 应实时接收上级系统下发的系统参数,并实时下发。
4 各业务系统的可靠性和可维护性应符合现行《计算机软件可靠性和可维护性管理》(GB/T 14394)的规定。
5 时钟同步误差应不大于 1s。

9.3.2 收费站系统响应时间应满足下列要求:
1 一般查询的响应时间宜小于 1s。
2 复杂查询响应时间宜小于 2s。

9.3.3 收费站系统数据存储与备份应满足下列要求:
1 数据存储时间应符合本标准第 4.1.5 条的有关规定。
2 应建立数据备份机制,定期对数据进行全量备份。

10 收费车道系统

10.1 一般规定

10.1.1 收费广场应根据交通量及服务需求合理配置 ETC 专用车道和 ETC/MTC 混合车道。

10.1.2 收费站宜配置便携式收费终端。

10.1.3 收费车道系统应具备 PSAM 卡授权功能。

10.1.4 出口收费车道系统宜具备前序 ETC 门架计费缺失拟合功能。

10.1.5 ETC/MTC 混合车道可具备自助（取卡、缴费）功能。

10.1.6 在收费站广场前可设置具备对 ETC 车辆进行提前交易功能的系统，与收费车道系统联动。

10.1.7 承载 ETC 门架系统功能时，收费站所辖收费车道系统应具备接收、更新 ETC 门架系统费率，计算通行费，生成 ETC 门架系统通行记录等功能。

10.1.8 收费车道系统可适当简化，不设收费亭，缩减收费岛宽度，通过集成安装或由上级系统实现集中控制和管理。

10.1.9 收费车道系统应具备对集装箱车、货车列车或半挂汽车列车、大件运输车辆等车种判别，以及对鲜活农产品运输车辆、执行抢险救灾任务车辆等通行名单车辆判别，并按业务规则处理等功能。

10.2 ETC 入口专用收费车道系统

10.2.1 ETC 入口专用收费车道系统组成和布局应符合下列规定：
1 应由车道控制器、RSU、高清车牌图像识别设备、自动栏杆、信息显示屏、雨棚信号灯、雾灯、通行信号灯、车辆检测器、车道摄像机、手动栏杆等设备设施及车道收费软件组成。

2 可选配 IC 卡读写器、车型自动识别设备、便携式收费终端、可变信息标志。

3 应结合收费广场及车道等土建设施条件，合理布设 ETC 入口专用车道设备设施。

10.2.2 ETC 入口专用收费车道系统功能应符合下列规定：

1 具备自动识别 ETC 车辆的功能。

2 支持双片式 OBU 交易，将入口信息写入 OBU 和 ETC 用户卡。

3 支持单片式 OBU 交易，将入口信息写入 OBU。

4 判断 ETC 车载设备有效性、ETC 业务有效性，判断结果为无效时系统应置于车辆拦截状态，并转人工处理。

5 具备从上级系统接收收费参数及向上级系统上传收费数据的功能。

6 具备接收入口称重检测数据功能。

7 当从 OBU 中读出的车型为货车时，需要根据入口称重检测数据，将车型、轴数、总质量写入 OBU 和 ETC 用户卡内。

8 具备对车道连接状态、参数状态和关键设施状态进行监测，生成运行监测数据的功能。当通信网络产生异常时，具备提醒功能。

9 具备交易数据、车牌识别数据和车辆抓拍图片的生成及自动关联功能。

10.2.3 ETC 入口专用收费车道系统可具备下列扩展功能：

1 具备车型自动识别功能。

2 具备对被拦截的 ETC 车辆提供快速处理的功能。

10.2.4 ETC 入口专用收费车道系统性能应符合下列规定：

1 ETC 车辆通行能力：不少于 900 辆/(ln·h)。

2 车牌图像识别正确率（含车牌颜色）：不低于 95%；捕获率：不低于 99%。

3 双片式 OBU 交易成功率：在车速不高于 20km/h 的条件下，不低于 98.0%。

4 单片式 OBU 交易成功率：在车速不高于 20km/h 的条件下，不低于 99.9%。

5 系统运行能力：满足 7d×24h 不间断运行的要求。

10.3 ETC 出口专用收费车道系统

10.3.1 ETC 出口专用收费车道系统组成和布局应符合下列规定：

1 应由车道控制器、手动栏杆、RSU、高清车牌图像识别设备、自动栏杆、信息显示屏、雨棚信号灯、雾灯、通行信号灯、车辆检测器、车道摄像机等设备设施及车道收费软件组成。

2 可选配 IC 卡读写器、车型自动识别设备、便携式收费终端、可变信息标志。
3 应结合收费广场及车道等土建设施条件，合理布设 ETC 出口专用车道设备设施。

10.3.2 ETC 出口专用收费车道系统功能应符合下列规定：
1 具备自动识别 ETC 车辆的功能。
2 支持双片式 OBU、单片式 OBU 交易，进行扣费处理，并清除入口信息。
3 判断 ETC 车载设备有效性、ETC 业务有效性，判断结果为无效时系统应置于车辆拦截状态，并转人工处理。
4 具备从上级系统接收收费参数及向上级系统上传收费数据的功能。
5 具备对车道连接状态、参数状态和关键设施状态进行监测，生成运行监测数据的功能。当通信网络产生异常时，应具备提醒功能。
6 具备交易数据、车牌识别数据和车辆抓拍图片的生成及自动关联功能。

10.3.3 ETC 出口专用收费车道系统可具备下列扩展功能：
1 具备车型自动识别功能。
2 当通行介质记录车型与出口判别车型不一致时，按出口判别车型进行计费和收取，同时应保证上传交易记录中的出口车型与实际收费车型一致。
3 具备对被拦截的 ETC 车辆提供快速处理的功能。

10.3.4 ETC 出口专用收费车道系统性能应符合下列规定：
1 ETC 车辆通行能力：不少于 900 辆/(ln·h)。
2 车牌图像识别正确率（含车牌颜色）：不低于 95%；捕获率：不低于 99%。
3 双片式 OBU 交易成功率：在车速不高于 20km/h 的条件下，不低于 98.0%。
4 单片式 OBU 交易成功率：在车速不高于 20km/h 的条件下，不低于 99.9%。
5 系统运行能力：满足 7d×24h 不间断运行的要求。

10.4 ETC/MTC 混合入口收费车道系统

10.4.1 ETC/MTC 混合入口收费车道系统组成和布局应符合下列规定：
1 应由车道控制器、RSU、高清车牌图像识别设备、自动栏杆、信息显示屏、雨棚信号灯、雾灯、通行信号灯、车辆检测器、车道摄像机、收费员终端（显示器、专用键盘）、IC 卡读写器、手动栏杆等设备设施及车道收费软件组成。
2 可选配车型自动识别设备、称重设备、自助交易设备、便携式收费终端、可变信息标志。
3 应结合收费广场及车道等土建设施条件，合理布设 ETC/MTC 混合入口车道设备设施。

10.4.2 ETC/MTC 混合入口收费车道系统功能除应符合本标准第 10.2.2 条的有关规定外，尚应符合下列规定：

1 具备对异常 ETC 车辆及 MTC 车辆发放 CPC 并放行的功能。
2 具备对已交易的 ETC 车辆清除入口信息、发放 CPC 并放行的功能。
3 具备发放纸质通行券并放行的功能。
4 具备车牌自动识别、人工输入/校正车牌（含临时车牌）功能，将车型、车牌、车辆用户类型、入口信息等写入 CPC 内，并将过站信息和计费信息清除。
5 具备 CPC 低电量判定的功能。

10.4.3 ETC/MTC 混合入口收费车道系统可具备下列扩展功能：

1 具备车型自动识别功能。
2 具备对被拦截的 ETC 车辆提供快速处理的功能。
3 对于具备入口自助取卡功能的车道，支持自动发放 CPC，并支持远程控制及特情处理。
4 具备切换为 ETC 入口专用车道的功能。

10.4.4 ETC/MTC 混合入口收费车道系统性能应符合下列规定：

1 MTC 车辆通行能力：不少于 300 辆/(ln·h)。
2 车牌图像识别正确率（含车牌颜色）：不低于 95%，捕获率：不低于 99%。
3 双片式 OBU 交易成功率：在车速不高于 5km/h 的条件下，不低于 98.0%。
4 单片式 OBU 交易成功率：在车速不高于 5km/h 的条件下，不低于 99.9%。
5 系统运行能力：满足 7d×24h 不间断运行的要求。
6 对于具备入口自助取卡功能的车道，车型检测识别准确率不低于 99%，车牌识别正确率不低于 99%。

10.5 ETC/MTC 混合出口收费车道系统

10.5.1 ETC/MTC 混合出口收费车道系统组成和布局应符合下列规定：

1 应由车道控制器、RSU、高清车牌图像识别设备、自动栏杆、信息显示屏、雨棚信号灯、雾灯、通行信号灯、车辆检测器、车道摄像机、收费员终端（显示器、专用键盘）、IC 卡读写器、票据打印机、手机支付受理终端、手动栏杆等设备设施及车道收费软件组成。
2 可选配车型自动识别设备、称重设备、自助交易设备、便携式收费终端、可变信息标志。
3 应结合收费广场及车道等土建设施条件，合理布设 ETC/MTC 混合出口车道设备设施。

10.5.2 ETC/MTC混合出口收费车道系统功能除应符合本标准第10.3.2条的有关规定外，尚应符合下列规定：

1 支持对正常CPC车辆计算、收取通行费，并清除CPC内入口信息、过站信息、计费信息，完成CPC回收处理的功能。

2 支持无CPC、坏卡、低电卡、CPC无入口信息、CPC内计费信息不合规等特情处理的功能。

3 支持对持纸质通行券车辆完成收费的功能。

4 具备车牌自动识别、人工输入/校正车牌（含临时车牌）功能。

5 当通行介质记录车型与出口判别车型不一致时，应按出口判别车型进行计费和收取，同时应保证上传交易记录中的出口车型与实际收费车型一致。

6 具备介质计费、在线计费和最小费额计费的能力。

7 支持ETC用户卡、现金、手机支付等支付方式。

8 具备手机支付冲正/撤销交易的能力，冲正/撤销流程应符合本标准附录A的规定。

9 具备为MTC交易用户开具发票的功能。

10.5.3 ETC/MTC混合出口收费车道系统可具备下列扩展功能：

1 具备车型自动识别功能。

2 具备对被拦截的ETC车辆提供快速处理的功能。

3 具备通过称重设备获取货车重量进行载重复核功能。

4 对于具备出口自助缴费功能的车道，支持自助交还CPC和缴费功能，并支持远程控制及特情处理。

5 具备支撑MTC交易开具电子发票的功能。

6 支持手机支付，手机支付交易流程符合本标准附录A的规定。

7 具备切换为ETC出口专用车道的功能。

10.5.4 具有绿通车辆查验功能的ETC/MTC混合出口收费车道系统除应符合本标准第10.5.1、10.5.2、10.5.3条的有关规定外，尚应符合下列规定：

1 具备接收绿通车辆预约信息的功能。

2 具备查验并将查验结果上传的功能。

10.5.5 ETC/MTC混合出口收费车道系统性能应符合下列规定：

1 MTC车辆通行能力：不少于120辆/(ln·h)。

2 车牌图像识别正确率（含车牌颜色）：不低于95%；捕获率：不低于99%。

3 双片式OBU交易成功率：在车速不高于5km/h的条件下，不低于98.0%。

4 单片式OBU交易成功率：在车速不高于5km/h的条件下，不低于99.9%。

5 系统运行能力：满足7d×24h不间断运行的要求。

6 具备出口自助缴费功能的车道，车型检测识别准确率不低于99%，车牌识别正确率不低于99%。

10.6 收费车道系统处理流程

10.6.1 收费车道系统处理流程应符合本标准附录 A 的有关规定。

10.7 收费车道系统设备技术要求

10.7.1 收费车道系统设备技术要求应符合下列规定：
1 RSU 应符合本标准附录 E 的有关规定。
2 IC 卡读写器应符合本标准附录 F 的有关规定。
3 固定式手机支付受理终端应符合本标准附录 G 的有关规定。
4 便携式收费终端应符合本标准附录 H 的有关规定。

10.7.2 相关通行介质及密钥介质技术要求应符合下列规定：
1 OBU 技术要求应符合本标准附录 J 的有关规定。
2 CPC 技术要求应符合本标准附录 K 的有关规定。
3 ETC 用户卡技术要求应符合本标准附录 L 的有关规定。
4 OBE-SAM 技术要求应符合本标准附录 M 的有关规定。
5 PSAM/PCI 密码卡技术要求应符合本标准附录 N 的有关规定。

11 客户服务系统

11.1 一般规定

11.1.1 客户服务系统应具备向收费公路联网收费用户提供服务的功能，具体应符合下列规定：
1 应具备受理和处理 ETC 用户和 MTC 用户的咨询与投诉功能。
2 应具备 ETC 用户发行、使用、售后、记账扣款、注销等功能。

11.1.2 客户服务系统应支持线上和线下等服务方式。

11.1.3 客户服务系统应满足系统 7d×24h 不间断服务的要求。

11.2 咨询与投诉

11.2.1 咨询与投诉系统应由服务接入系统、客户服务工单系统、客户服务信息支撑系统、知识库管理系统、坐席工作台等构成。

11.2.2 服务接入系统应具备热线电话、App、网站等渠道接入、转发和反馈的功能。

11.2.3 客户服务工单系统应符合下列规定：
1 应具备受理服务接入系统的请求，生成工单的功能。
2 应具备按设定流程执行工单流转的功能。
3 应具备与客户服务信息支撑系统、知识库管理系统对接，完成工单处理、反馈、办结的功能。
4 应具备工单的查询、统计分析功能。
5 应具备工单流程自定义功能。

11.2.4 客户服务信息支撑系统应具备用户信息、交易信息、发票信息、发行信息、售后信息、签约信息、状态名单信息等查询功能。

11.2.5 知识库管理系统应具备基础知识或特色知识的录入、更新、审核、上传、下发、查询等功能。

11.2.6 坐席工作台宜配置专用 IP 电话、坐席工作终端及相关软件等。

11.2.7 咨询与投诉系统应具备客户回访功能，宜建设智能回访系统。

11.2.8 咨询与投诉功能可由部、省协同完成，并符合下列规定：
　1　热线电话服务可通过 SIP 协议实现部、省话务的双向互通。
　2　客户服务工单可通过实时接口实现部、省工单流转。
　3　部、省知识库可通过实时接口实现知识点共享。

11.2.9 咨询与投诉系统软硬件应具备良好的扩展性。

11.2.10 咨询与投诉系统性能应符合下列规定：
　1　应具备 7d×24h 不间断服务的能力。
　2　除地震等不可抗力的自然灾害外，系统可用率应不低于 99.9%。
　3　普通使用时段，系统响应时间应不大于 1s；在高峰使用时段，系统响应时间应不大于 1.5s；操作准确性应不低于 99.99%。
　4　热线电话接通时间应不大于 15s。

11.3 ETC 发行与服务

11.3.1 ETC 发行与服务系统应由 ETC 一次发行系统、ETC 服务系统、数据交换系统等构成。

11.3.2 ETC 一次发行系统应具备 OBU 和 ETC 用户卡一次发行功能，并符合下列规定：
　1　OBU 一次发行应具备灌装密钥、写入系统信息文件等功能，发行流程应符合本标准附录 B 的规定。
　2　ETC 用户卡一次发行应具备建立卡片结构、灌装密钥、写入卡片基本信息等功能，发行流程应符合本标准附录 B 的规定。
　3　应具备发行正确性检测的功能。
　4　应具备对 OBU 和 ETC 用户卡内密钥销毁和数据擦除的功能。

11.3.3 ETC 服务系统应由 ETC 二次发行系统、ETC 客服系统、ETC 交易记账系统、请款处理系统等构成。

11.3.4 ETC 二次发行系统应具备 OBU 和 ETC 用户卡二次发行的功能，并应符合下列规定：

1 应具备向 OBU 和 ETC 用户卡正确写入车辆信息、有效期等信息的二次发行功能，发行流程应符合本标准附录 B 的规定。
2 应对接部在线密钥管理与服务平台实现二次发行功能。
3 应具备 ETC 开户、支付账户签约、车户绑定、扣款渠道关联等 ETC 账户信息登记功能。
4 应对接部发行认证与监管系统，进行唯一性验证。
5 宜提供支撑客户实名制认证和车辆信息真实性认证的功能。
6 应具备对车辆和用户信息的增减、修改、查询等服务功能。
7 应具备 OBU 激活功能，宜具备激活过程存证功能。
8 宜具备消费验证功能。

11.3.5 ETC 客服系统应符合下列规定：

1 应具备热线电话、App、网站、服务网点等渠道接入并响应的功能。
2 应具备 OBU 的更换、重新激活、挂失和解挂、补办、续期、启用和停用、过户、注销等功能。
3 应具备 ETC 用户卡的更换、补办、续期、挂起、储值卡充值和圈存、调整卡内金额、注销等功能。
4 无须写 ETC 用户卡或 OBU 文件信息的业务，应具备无设备办理功能。
5 应具备主动推送和客户自主查询账户信息、ETC 用户卡和 OBU 的状态信息、消费明细、账单信息等功能。
6 应具备通行费补缴、退费、修正对应发票等处理功能。
7 宜具备用户和车辆信息准确性验证功能。
8 宜具备积分应用相关功能。

11.3.6 服务网点宜配置应用工作站、OBU 二次发行设备、IC 卡读写器、圈存机、网络设备、网络安全设备、复印机等设备，可配置自助服务设备，并具备 ETC 二次发行、售后服务等功能。

11.3.7 ETC 交易记账系统应符合下列规定：

1 应具备接收本发行服务机构用户产生的 ETC 交易流水的功能。
2 应具备对接收的 ETC 交易流水进行交易真实性和业务有效性校验、生成记账结果的功能。
3 应具备 TAC 校验的功能。
4 应具备向省联网收费中心系统上传记账结果的功能。
5 应具备本发行服务机构 ETC 争议交易处理的功能。

  6 应具备对接请款处理系统发送请款请求和接收请款结果的功能。
  7 应具备依据记账情况生成用户交易清单和扣款账单的功能。

11.3.8 请款处理系统应符合下列规定：
  1 应具备将记账交易数据按对应渠道分发给支付机构的功能。
  2 应具备对接各支付机构系统，实现记账交易数据交互的功能。
  3 应具备接收各支付机构请款划账结果返回的功能。
  4 应具备与各支付机构进行对账的功能。
  5 应具备接收各支付机构上传状态名单的功能。

11.3.9 数据交换系统应符合下列规定：
  1 应具备部省ETC发行数据、状态名单、基础服务等数据的交互与处理功能。
  2 应具备与省级清分结算系统进行ETC交易数据、状态名单、交易记账结果等数据的交互与处理功能。
  3 宜具备对接金融机构实现签约、解约、银行账号有效性验证、激活通知、扣款、退费、代扣账户变更等数据交互处理功能。
  4 宜具备对接有关部门相关系统，获取用户身份信息和车辆信息的功能。

11.3.10 系统响应速度应符合下列规定：
  1 用户打开界面和提交事务的响应时间应小于1.5s。
  2 用户进行在线实时查询1个月内数据的处理时间应小于2s。

12 密钥系统

12.1 一般规定

12.1.1 联网收费密钥体系应采用部、省两级，逻辑架构如图 12.1.1 所示。联网收费业务根密钥应由交通运输行业根密钥分散获得，联网收费部级主密钥应由联网收费业务根密钥分散获得，省级密钥应由部级主密钥分散获得。

图 12.1.1 联网收费密钥体系逻辑架构示意图

12.1.2 设备子密钥应由省级密钥分散获得，并装载至 OBU、ETC 用户卡、CPC 等通行介质。用于与通行介质进行安全认证的部级主密钥可装载至 PSAM、PCI 密码卡等密钥介质。

12.1.3 联网收费密钥系统应分为部密钥管理与服务中心系统和省级在线密钥系统。

12.2 部密钥管理与服务中心系统

12.2.1 部密钥管理与服务中心系统应包括密钥管理系统和在线密钥管理与服务平台。

12.2.2 密钥管理系统功能应符合下列规定：

1 应具备部级密钥生成及管理功能。

2 应具备省级密钥生成及托管功能。

3 应具备分发、管理 PSAM/PCI 密码卡、加密机等密钥载体功能。

4 应具备对 OBE-SAM 和多逻辑通道 OBE-SAM 初始化功能。

12.2.3 在线密钥管理与服务平台功能应符合下列规定：

1 应具备接收省级在线密钥系统或 ETC 发行与服务系统上传的 OBU 和 ETC 用户卡一次发行服务请求，进行密码计算后返回结果，实现 OBU 和 ETC 用户卡一次发行功能。

2 应具备接收省级在线密钥系统或 ETC 发行与服务系统上传的 OBU 和 ETC 用户卡二次发行服务请求，进行密码计算后返回结果，实现 OBU 和 ETC 用户卡二次发行功能。

3 应具备接收省级在线密钥系统或 ETC 发行与服务系统上传的 OBU 和 ETC 用户卡客户服务密钥服务请求，进行密码计算后返回结果，实现 OBU 和 ETC 用户卡客户服务功能。

4 应具备接收省级在线密钥系统或 ETC 发行与服务系统上传的 TAC 校验密钥服务请求，进行密码计算后返回结果，实现 TAC 校验功能。

5 应具备接收省级在线密钥系统上传的 CPC 发行服务请求，进行密码计算后返回结果，实现 CPC 发行功能。

6 应具备接收省级在线密钥系统上传的 PSAM/PCI 密码卡授权服务请求，根据状态名单判定，对正常状态的 PSAM/PCI 密码卡进行密码计算后返回结果，实现 PSAM/PCI 密码卡授权，对异常状态的 PSAM/PCI 密码卡拒绝授权功能。

7 应具备接收省级在线密钥系统上传的 PSAM/PCI 密码卡签到服务请求，根据状态名单判定，对正常状态的 PSAM/PCI 密码卡进行签到，对异常状态的 PSAM/PCI 密码卡拒绝签到功能。

8 应具备接收省级在线密钥系统或 ETC 发行与服务系统上传的消费验证服务请求，进行密码计算后返回结果，实现消费验证功能。

9 应具备向省级在线密钥系统提供该省（区、市）PSAM/PCI 密码卡信息、授权及签到等数据的功能。

12.2.4 在线密钥管理与服务平台应具备 7d×24h 工作能力。

12.2.5 在线密钥管理与服务平台性能应符合下列规定：

1 OBU 和 ETC 用户卡一次发行密码计算服务能力：TPS 不低于 2 800。

2 OBU 和 ETC 用户卡二次发行密码计算服务能力：TPS 不低于 2 800。

3 OBU 和 ETC 用户卡客户服务业务密码计算服务能力：TPS 不低于 2 000。

4　CPC 发行密码计算服务能力：TPS 不低于 2 800。

　　5　PSAM/PCI 密码卡在线授权密码计算服务能力：TPS 不低于 30 000。

　　6　PSAM/PCI 密码卡在线签到服务能力：TPS 不低于 30 000。

　　7　消费验证：TPS 不低于 2 800。

12.3　省级在线密钥系统

12.3.1　省级在线密钥系统功能应符合下列规定：

　　1　应具备向部在线密钥管理与服务平台上传 OBU 和 ETC 用户卡一次发行服务请求，接收返回结果，实现 OBU 和 ETC 用户卡一次发行功能。

　　2　应具备向部在线密钥管理与服务平台上传 OBU 和 ETC 用户卡二次发行服务请求，接收返回结果，实现 OBU 和 ETC 用户卡二次发行功能。

　　3　应具备向部在线密钥管理与服务平台上传 OBU 和 ETC 用户卡客户服务密钥服务请求，接收返回结果，实现 OBU 和 ETC 用户卡客户服务功能。

　　4　宜具备向部在线密钥管理与服务平台上传 TAC 校验密钥服务请求，接收返回结果，实现 TAC 校验功能。

　　5　应具备向部在线密钥管理与服务平台上传 CPC 发行服务请求，接收返回结果，实现 CPC 发行功能。

　　6　应具备向部在线密钥管理与服务平台上传 PSAM/PCI 密码卡授权服务请求，接收返回结果，实现对正常 PSAM/PCI 密码卡授权，并发现 PSAM/PCI 密码卡异常状态的功能。

　　7　应具备向部在线密钥管理与服务平台上传 PSAM/PCI 密码卡签到服务请求，接收返回结果，实现对正常 PSAM/PCI 密码卡签到，并发现 PSAM/PCI 密码卡异常状态的功能。

　　8　应具备向部在线密钥管理与服务平台准确上传密钥使用位置、系统运行状态等数据的功能。

　　9　应具备对本省（区、市）加密机和 PSAM 授权设备的应用、管理功能，以及 PSAM/PCI 密码卡申请、审核、发放、调拨、故障、回收、监控的管理功能。

12.3.2　省级在线密钥系统性能应符合下列规定：

　　1　OBU 和 ETC 用户卡一次发行密码计算服务能力：TPS 不低于 280。

　　2　OBU 和 ETC 用户卡二次发行密码计算服务能力：TPS 不低于 280。

　　3　OBU 和 ETC 用户卡客户服务业务密码计算服务能力：TPS 不低于 200。

　　4　CPC 发行密码计算服务能力：TPS 不低于 280。

　　5　PSAM/PCI 在线授权密码计算服务能力：TPS 不低于 1 000。

　　6　PSAM/PCI 在线签到密码计算服务能力：TPS 不低于 1 000。

　　7　消费验证：TPS 不低于 280。

13 编码与数据传输

13.1 关键信息编码

13.1.1 联网收费关键信息编码除特别说明外应采用二进制编码方式，其他需求及应用可在此基础上进行扩展。

13.1.2 OBU 相关编码应符合下列规定：

1 OBU 的 MAC 地址应由 2 字节"OBU 制造商代码"和 2 字节"OBU 制造商内部编码"组成，并符合图 13.1.2-1 的规定。

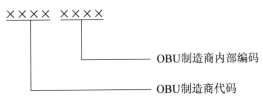

图 13.1.2-1 OBU 的 MAC 地址编码规则

注：1. OBU 制造商代码由收费公路联网收费密钥管理单位统一管理，OBU 制造商要提交书面申请，经核准后获取其制造商代码。根据使用情况同一 OBU 制造商可获取多个制造商代码。取值范围为：0x0000～0x9FFE，其中 0x9FFF 保留做测试等用途。

2. OBU 制造商内部编码由 OBU 制造商根据其生产、管理等方面的需要自行定义，应确保其唯一性，其取值范围为：0x0000～0xFFFF。

2 OBU 序号编码应由 1 字节"省级行政区划代码"、1 字节"运营商序号"、1 字节"生产年份"和 5 字节"自定义"组成，用于 OBU 表面打印时采用 2 字节为一组的方式，组与组之间用一个空格隔开，编码规则应符合图 13.1.2-2 的规定。

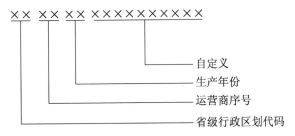

图 13.1.2-2 OBU 序号编码规则

注：1. 省级行政区划代码、运营商序号、生产年份均采用压缩 BCD 编码方式。

2. 省级行政区划代码应符合现行《中华人民共和国行政区划代码》（GB/T 2260）的规定。

3. 运营商序号由收费公路联网收费密钥管理单位分配并登记。

3 OBU 的合同序列号编码规则应符合现行《电子收费 专用短程通信 设备应用》（GB/T 20851.4）的有关规定，其 ASN.1 数据类型应为：

ContractSerialNumber :: = SEQUENCE {
esamProviderID   OCTET STRING（SIZE（2）），
obeProviderID   OCTET STRING（SIZE（2）），
esamIndividulID   OCTET STRING（SIZE（4））
}

注：1. esamProviderID 由收费公路联网收费密钥管理单位统一分配。
2. obeProviderID 由收费公路联网收费密钥管理单位统一分配。
3. esamIndividulID 由 ESAM 厂商提供，要求同一厂商产品的编码不能重复。

13.1.3 ETC 用户卡相关编码应符合下列规定：

1 ETC 用户卡网络编号应由 1 字节"省级行政区划代码"和 1 字节"运营商序号"组成，编码规则应符合图 13.1.3-1 的规定。

图 13.1.3-1 ETC 用户卡网络编号

注：1. 省级行政区划代码，应符合现行《中华人民共和国行政区划代码》（GB/T 2260）的规定。
2. 运营商序号由收费公路联网收费密钥管理单位统一分配并登记备案。

2 ETC 用户卡内部编号应由 1 字节"初始化年份"、1 字节"初始化星期"、1 字节"卡片类型"和 5 字节"卡片序列号"组成，编码规则应符合图 13.1.3-2 的规定。

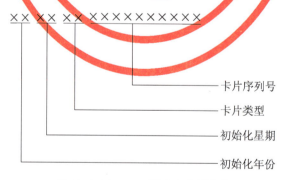

图 13.1.3-2 ETC 用户卡内部编号

注：1. "初始化年份"和"初始化星期"用于表示卡片的批次。"初始化星期"指初始化时间处于当年度的第几个星期。
2. "卡片序列号"采用顺序编号的方式。

3 ETC 用户卡卡号应整体采用 BCD 编码方式，由上述规定的 2 字节"ETC 用户卡网络编号"和8字节"ETC用户卡内部编号"组成，用于卡片表面光刻打印时采用2字节为一组的方式，组与组之间用一个空格隔开。

13.1.4 CPC相关编码应符合下列要求：

1 CPC的MAC地址应由1字节"CPC制造商代码"和3字节"CPC制造商内部编码"组成，编码规则应符合图13.1.4-1的规定。

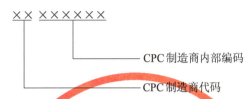

图13.1.4-1 CPC的MAC地址编码规则

注：1. CPC制造商代码由收费公路联网收费密钥管理单位统一管理，CPC制造商要提交书面申请，经核准后获取其制造商代码。根据使用情况同一CPC制造商可获取多个制造商代码。取值范围为：0xA0~0xFE，其中0xFF保留做测试等用途。

2. CPC制造商内部编码由CPC制造商根据其生产、管理等方面的需要自行定义，应确保其唯一性，其取值范围为：0x000000~0xFFFFFF。

2 CPC的ID编码是系统信息文件（EF01）的第9~16字节。CPC的ID由1字节"省级行政区域代码"、1字节"运营商序号"、2字节"卡片提供商标识"和4字节"卡片序列号"组成。用于CPC表面光刻打印时采用2字节为一组的方式，组与组之间用一个空格隔开，编码规则应符合图13.1.4-2所示要求。

图13.1.4-2 CPC的ID编码规则

注：1. 省级行政区划代码、运营商序号、卡片提供商标识、卡片序列号均采用压缩BCD编码方式。

2. 省级行政区划代码应按现行《中华人民共和国行政区划代码》（GB/T 2260）的执行，运营商序号由收费公路联网收费密钥管理单位分配并登记；卡片提供商标识由收费公路联网收费密钥管理单位统一管理。

3. 卡片序列号采用顺序编号的方式。

3 CPC计费信息编码应由1字节"省级行政区域代码"、1字节"本省（区、市）ETC门架通行个数"、3字节"本省（区、市）累计计费金额"、3字节"本省（区、市）累计计费里程"、3字节"本省（区、市）入口门架信息"、4字节"本省（区、市）入口门架通行时间"、3字节"最新ETC门架编码"、4字节"最新通行时间"、1字节"最新ETC门架拟合成功/失败标识"组成，编码规则应符合表13.1.4的规定。

表 13.1.4 CPC 计费信息编码

名 称	字 节	说 明
省级行政区域代码	1	符合 GB/T 2260 规定采用 BCD 编码
本省（区、市）ETC 门架通行个数	1	—
本省（区、市）累计计费金额	3	—
本省（区、市）累计计费里程	3	单位：m
本省（区、市）入口门架信息	3	—
本省（区、市）入口门架通行时间	4	UNIX 时间
最新 ETC 门架编码	3	—
最新通行时间	4	UNIX 时间
最新 ETC 门架拟合成功/失败标识	1	0x00 成功 0x01 失败

13.1.5 纸质通行券内容应包含入口收费站所在收费路网号、入口收费站号、入口收费站名称、车型、车牌号码、入口日期等信息。

13.1.6 RSU 的 Beacon ID 应由 2 字节"RSU 制造商代码"和 2 字节"RSU 制造商内部编码"组成，编码规则应符合图 13.1.6 的规定。

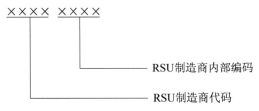

图 13.1.6 RSU 的 BeaconID 编码规则

注：1. RSU 制造商代码由收费公路联网收费密钥管理单位统一分配和管理。取值范围为：0x0000～0xFFFF，其中：0x0000～0x9FFE 分配给 ETC 收费车道系统 RSU 制造商，0xA000～0xFFFE 分配给 ETC 门架系统 RSU 制造商，0x9FFF、0xFFFF 保留做测试等用途。

2. RSU 制造商内部编码由 RSU 制造商根据其生产、管理等方面的需要自行定义，应确保其唯一性。其取值范围为：0x0000～0xFFFF。

13.1.7 ETC 门架编号应由 6 位"省级行政区划压缩代码"、1 位"ETC 门架类型"、1 位"ETC 门架方向"和 2 个字节"ETC 门架序号"组成，编码规则应符合图 13.1.7 的规定。

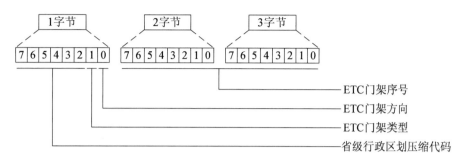

图 13.1.7 ETC 门架编号规则

注：1. 省级行政区划压缩代码定义见表 13.1.7。
   2. ETC 门架类型定义：0 为路段 ETC 门架，1 为省界 ETC 门架。
   3. ETC 门架方向定义：0 为上行，1 为下行。
   4. ETC 门架序号由各省级行政区自行定义，本行政区内唯一。

表 13.1.7 省级行政区划压缩代码定义

序号	省级行政区名称	编 码 值
1	北京市	000001_2
2	天津市	000010_2
3	河北省	000011_2
4	山西省	000100_2
5	内蒙古自治区	000101_2
6	辽宁省	000110_2
7	吉林省	000111_2
8	黑龙江省	001000_2
9	上海市	001001_2
10	江苏省	001010_2
11	浙江省	001011_2
12	安徽省	001100_2
13	福建省	001101_2
14	江西省	001110_2
15	山东省	001111_2
16	河南省	010000_2
17	湖北省	010001_2
18	湖南省	010010_2
19	广东省	010011_2
20	广西壮族自治区	010100_2
21	海南省	010101_2
22	重庆市	010110_2
23	四川省	010111_2
24	贵州省	011000_2
25	云南省	011001_2

续表13.1.7

序号	省级行政区名称	编码值
26	西藏自治区	011010_2
27	陕西省	011011_2
28	甘肃省	011100_2
29	青海省	011101_2
30	宁夏回族自治区	011110_2
31	新疆维吾尔自治区	011111_2
32	台湾省	100000_2
33	香港特别行政区	100001_2
34	澳门特别行政区	100010_2

注：台湾省、香港特别行政区、澳门特别行政区压缩代码为预留编码。

13.1.8 发行方标识为OBE-SAM和CPC中"系统信息文件"（EF01）的第1~8字节，以及ETC用户卡中卡片发行基本数据文件（0015）的第1~8字节，发行方标识由收费公路联网收费密钥管理单位统一分配并登记备案。发行方标识由4字节"省级行政区划代码"、2字节"运营商标识"、1字节"保留"和1字节"密钥分散标识"组成，编码规则应符合图13.1.8所示要求。

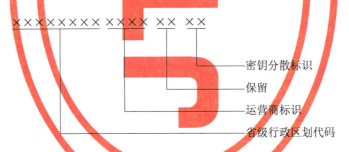

图13.1.8 发行方标识编码规则

注：1. 省级行政区划代码为各省（区、市）的唯一标识，用2个汉字（4个字节）表示。

2. 运营商标识为省（区、市）内运营商的唯一标识，采用压缩BCD编码方式，由2个字节组成；第1字节为省级行政区划代码，应符合现行《中华人民共和国行政区划代码》（GB/T 2260）的规定；第2字节为运营商序号，由收费公路联网收费密钥管理单位分配并登记。

3. 保留字节暂定一个字节0x00。

4. 密钥分散标识定义：

0x01 通过两级分散得到卡片密钥，第一级采用区域代码（复制一次变为8个字节）作为分散因子，第二级采用ETC用户卡内部编号作为分散因子。

0x02 通过三级分散得到卡片密钥，第一级采用区域代码（复制一次变为8个字节）作为分散因子，第二级采用运营商标识（补"F"变为8个字节）作为分散因子，第三级采用ETC用户卡内部编号作为分散因子。

0x03 通过三级分散得到卡片密钥，第一级采用运营商标识（补"0xFF"变为8个字节）作为分散因子，第二级采用区域代码（复制一次变为8个字节）作为分散因子，第三级采用ETC用户卡内部编号作为分散因子。

0x00及0x04~0xFF保留。

13.1.9 PSAM 序列号及终端机编号应由收费公路联网收费密钥管理单位统一编码。

13.1.10 省级和运营商级分散代码应由收费公路联网收费密钥管理单位统一规定，ETC 用户卡分散应采用 ETC 用户卡内部编号，OBE-SAM 分散应采用合同序列号。

13.1.11 手机支付交易类型编码规则应符合表 13.1.11 的规定。

表 13.1.11 交易类型编码规则

序 号	交 易 类 型	代码（长度1字节）
1	扣费	0x01
2	冲正	0x02
3	撤销	0x03
4	退费	0x04
5	行业预留	0x05～0x1F
6	省级自定义	0x20～0xFF

13.1.12 手机支付受理终端编号编码规则应符合图 13.1.12 的规定。

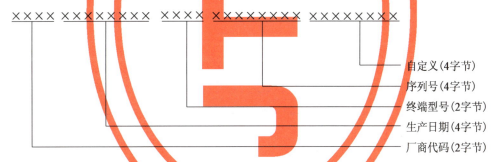

图 13.1.12 手机支付受理终端编号编码规则

注：1. 厂商代码采用十六进制，由交通运输行业密钥管理系统承担单位统一管理。
  2. 生产日期采用压缩 BCD 编码方式，格式为 YYYYMMDD。
  3. 终端型号采用十六进制，由厂商自行定义。
  4. 序列号采用 BCD 编码方式，由厂商编码管理，要求同一厂商、同一生产日期、同一终端型号的产品序列号不能重复。

13.1.13 第三方支付平台代码编码规则应符合表 13.1.13 的规定。

表 13.1.13 第三方支付平台代码编码规则

序 号	平 台 名 称	代码（长度1字节）
1	银联支付	0x01
2	微信支付	0x02
3	支付宝	0x03

续表 13.1.13

序 号	平 台 名 称	代码（长度 1 字节）
4	百度支付	0x04
5	京东支付	0x05
6	行业预留	0x06 ~ 0x1F
7	省级自定义	0x20 ~ 0xFF

13.1.14 支付方式标识编码规则应符合表 13.1.14 的规定。

表 13.1.14 支付方式标识编码规则

序 号	支 付 方 式	代码（长度 1 字节）
1	现金	0x01
2	ETC 用户卡	0x02
3	银行卡	0x03
4	二维码	0x04
5	虚拟卡	0x05
6	行业预留	0x06 ~ 0x1F
7	省级自定义	0x20 ~ 0xFF

13.1.15 手机支付平台订单号应具有唯一性，可采用 GUID 编码。

13.1.16 联网收费其他关键信息编码应符合下列要求：

1 收费路网号、收费站号、收费车道号编码应符合表 13.1.16-1 的要求。

表 13.1.16-1 收费路网、收费站、收费车道系统相关编码

名 称		字 节	约 定 说 明
收费路网号	省级行政区划代码	1	采用 GB/T 2260 规定，采用 BCD 编码
	省（区、市）内网络编码	1	由各省（区、市）统一定义
收费站号	网内公路序号	1	1 ~ 255
	收费站编号	1	0 ~ 255
收费车道号		二进制位	
	车道编号	0	0：中央通道； 1~31：车道编号 （由中心向两侧编排）
		1	
		2	
		3	
		4	
	入出口属性	5	0：入口；1：出口
	上下行属性	6	0：上行；1：下行
	站属性	7	0：集中式；1：分散式

2 联网收费数据通用编码定义应符合表 13.1.16-2 的规定。

表 13.1.16-2 联网收费数据通用编码定义

名　　称	字节	约定与说明
卡片类型	1	0x00：正常通行卡； 0x01：测试通行卡； 0x02：预编码通行卡； 0x03：公务卡； 0x04：预付卡； 0x05：电子标签； 0x06~0x14：自定义； 0x15：年/月票卡； 0x16：储值卡； 0x17：记账卡； 0x18：PSAM 卡； 0x19：ISAM 卡； 0x1A~0x32：保留； 0x33：收费员工作卡； 0x34：值班员工作卡； 0x35：维修员工作卡； 0x36：维护员工作卡； 0x37：高级维护员卡； 0x38~0xFF：保留
车型	1	车型，应符合现行《收费公路车辆通行费车型分类》（JT/T 489）的有关规定，定义如下： ①客车车型： 0x01：一类客车； 0x02：二类客车； 0x03：三类客车； 0x04：四类客车； 0x05~0x0A：自定义 ②货车车型： 0x0B：一类货车； 0x0C：二类货车； 0x0D：三类货车； 0x0E：四类货车； 0x0F：五类货车； 0x10：六类货车； 0x11~0x14：自定义 ③专项作业车车型： 0x15：一类专项作业车； 0x16：二类专项作业车； 0x17：三类专项作业车； 0x18：四类专项作业车； 0x19：五类专项作业车； 0x1A：六类专项作业车； 0x1B~0xFF：保留

续表 13.1.16-2

名　　称	字节	约定与说明
车辆用户类型	1	0x00：普通车； 0x06：公务车； 0x08：军警车； 0x0A：紧急车； 0x0C：免费； 0x0E：车队； 0x00~0x14 内其他：自定义； 0x15：绿通车； 0x16：联合收割机； 0x17：抢险救灾； 0x18：J1 集装箱车［对于道路运输证经营范围为"货物专用运输（集装箱）"的车辆］； 0x19：大件运输； 0x1A：应急保障车； 0x1B：货车列车或半挂汽车列车； 0x1C：J2 集装箱车［对于道路运输证经营范围为"货物专用运输（集装箱）"还有"普通货运"等其他项目的车辆］； 0x1D~0xFF：保留
入/出口状态	1	0x00：保留； 0x01：封闭 ETC/MTC 混合入口； 0x02：封闭 ETC/MTC 混合出口； 0x03：封闭 ETC 入口； 0x04：封闭 ETC 出口； 0x05：ETC/MTC 混合开放式； 0x06：ETC 开放式； 0x07~0x0F：自定义； 0x10：自助发卡； 0x11~0xFF：保留
车牌号码	12	车牌号，全牌照信息，采用字符型存储，汉字采用 GB2312 码；牌照信息不足 12 字节，后补 0x00
车牌颜色	1	车牌颜色 0x00：蓝色； 0x01：黄色； 0x02：黑色； 0x03：白色； 0x04：渐变绿色； 0x05：黄绿双拼色； 0x06：蓝白渐变色； 0x07：临时牌照； 0x0B：绿色； 0x0C：红色； 其他：保留

续表 13.1.16-2

名　称	字节	约定与说明
车辆状态标识	1	当此通行状态标识 0x00：用于大件运输； 0x01：非优惠车辆； 0x03~0xFE：保留； 默认为 0xFF
证件类型	1	0x00：身份证； 0x01：军官证； 0x02：护照； 0x03：入境证（限港澳台居民）； 0x04：临时身份证； 0x05~0x10：自定义； 0x11~0xFE：保留

13.2　数据传输

13.2.1　部联网收费中心系统与省联网收费中心系统、ETC门架系统、收费站系统的数据传输协议、格式、内容等应通过技术指南等方式具体规定。

13.2.2　部在线密钥管理与服务平台与省级在线密钥系统的数据传输协议、格式、内容等应通过技术指南等方式具体规定。

14 网络安全要求

14.1 一般规定

14.1.1 联网收费系统应根据其不同重要程度将安全区域划分为部联网收费中心系统、部密钥管理与服务中心系统、省联网收费中心系统、区域/路段中心系统、ETC门架系统、收费站系统、ETC发行系统和省级在线密钥系统。

14.1.2 联网收费系统在整体上应保持收费专网的专用属性。

14.1.3 部联网收费中心系统和省联网收费中心系统可提供出口与外部网络进行连接，出口应配备边界防护设备并设置严格的边界防护策略。

14.1.4 联网收费系统应建立体系化的联网收费密钥管理系统，支撑省联网收费中心系统、区域/路段中心系统、收费站系统及ETC门架系统的访问控制、鉴权识别、数据安全等方面的密码技术应用需求。

14.1.5 联网收费系统中采用的密码技术和产品应符合国家密码管理相关要求和现行《信息安全技术　信息系统密码应用基本要求》（GB/T 39786）规定。

14.1.6 联网收费系统中的重要个人信息保护应符合现行《信息安全技术　个人信息安全规范》（GB/T 35273）规定。

14.2 部联网收费中心系统安全要求

14.2.1 部联网收费中心系统应符合现行《信息安全技术　网络安全等级保护基本要求》（GB/T 22239）规定的三级安全等级保护要求，部拆分结算系统（清分结算中心系统）还应按国家关键信息基础设施保护相关要求进行增强保护。

14.2.2 应建立基于统一策略的安全管控措施，形成部省一体化的网络安全态势感知协同能力。

14.3 部密钥管理与服务中心系统和省级在线密钥系统安全要求

14.3.1 部密钥管理与服务中心系统和省级在线密钥系统应根据已确定的安全等级保护第三级要求，依据现行《信息安全技术 网络安全等级保护基本要求》（GB/T 22239）的规定，进行安全保护能力建设。

14.4 省联网收费中心系统安全要求

14.4.1 省联网收费中心系统应根据已确定的安全等级保护第三级要求，依据现行《信息安全技术 网络安全等级保护基本要求》（GB/T 22239）的规定，进行安全保护能力建设。

14.4.2 省联网收费中心系统宜建立覆盖收费站系统及ETC门架系统的网络安全态势感知平台，与部联网收费中心系统态势感知平台实现对接，按统一要求交换安全相关数据。

14.4.3 省联网收费中心系统网络区域应按业务分类和重要程度进行分区分域管理，单独划定测试区域，并采用适当的防护策略与其他区域隔离，与部联网收费中心系统通信应采用白名单固定IP方式。

14.5 区域/路段中心系统安全要求

14.5.1 区域/路段中心系统应按现行《信息安全技术 网络安全等级保护基本要求》（GB/T 22239）中规定的安全通信网络、安全区域边界及安全计算环境方面的三级要求，进行安全保护能力建设。

14.5.2 区域/路段中心系统安全通信网络应满足下列要求：
1 应保证关键网络设备的业务处理能力，满足业务高峰期需要。应保证区域/路段中心系统与省联网收费中心系统、收费站系统等传输线路网络的带宽满足业务高峰期需要。
2 网络区域应至少划分为收费业务、收费站接入和运维管理等区域。
3 应利用VLAN、防火墙区域设置等技术手段，配备SSL网关（IPSec VPN或SSL VPN）或其他具有相同功能的设备等措施，实现网络架构安全、通信传输安全等通信网络安全要求。

14.5.3 区域/路段中心系统安全区域边界应满足下列要求：

1 应通过配置防火墙策略或其他具有相同功能的设备，实现边界防护。
2 应通过配置防火墙策略实现访问控制。
3 应配备具有入侵检测及防范功能的设备实现入侵防范。
4 应配备具备防病毒功能的防火墙或其他具有相同功能的设备实现恶意代码防范。
5 应配备相关审计系统实现安全审计。

14.5.4 区域/路段中心系统安全计算环境应满足下列要求：
1 路段中心管理人员、运维人员应采用双因子认证方式实现用户身份鉴别。
2 应通过安全配置加固方式实现访问控制。
3 应启用网络、服务器、中间件、数据库、终端及应用等设备的安全审计功能，审计覆盖到每个用户，对重要的用户行为和重要安全事件进行审计。可配备堡垒机和日志审计系统等设备实现安全审计。
4 应对设备进行合理配置，定期对服务器、终端等设备进行漏洞扫描，并及时修补漏洞。可配备漏洞扫描、入侵检测等功能设备，完善相关设备安全策略实现入侵防范。
5 应通过安装防恶意代码软件等方式实现恶意代码防范。
6 应实现区域/路段中心重要数据完整性校验，并在数据完整性受到破坏时实施数据重传，对存储的数据采取多重备份，实现数据的完整性保护。应对入库重要数据利用密码技术实现数据保护。

14.5.5 区域/路段中心系统安全管理应满足下列要求：
1 应通过配置堡垒机等访问控制设备实现权限管理。
2 宜通过配备网管软件等方式实现集中管控。

14.6 ETC 门架系统安全要求

14.6.1 ETC 门架系统应按现行《信息安全技术 网络安全等级保护基本要求》（GB/T 22239）中规定的安全通信网络、安全区域边界及安全计算环境方面的三级要求，同时充分考虑外场设备的物联网属性，进行安全保护能力建设。

14.6.2 ETC 门架系统安全通信网络应满足下列要求：
1 ETC 门架相关通信设备的业务处理能力应具备冗余空间，满足业务高峰期需要。应保证部站、省站等传输线路网络的带宽满足业务高峰期需要。
2 应通过 VLAN、防火墙区域设置等技术手段，实现区域间隔离。
3 应配备具备接入认证、加密传输等功能的安全网关设备实现通信传输安全。

14.6.3 ETC 门架系统安全区域边界应满足下列要求：

1 应通过配置防火墙策略或其他具有相同功能的设备，实现边界防护。
2 应根据安全需求配属相应的访问控制策略。
3 应根据安全需求设置相应的入侵防范机制实现入侵防范。

14.6.4 ETC 门架系统安全计算环境应满足下列要求：

1 ETC 门架系统布设的 RSU、车牌图像识别设备、服务器和计算机终端等设施的管理员应进行身份标识和鉴别，且保证在系统整个生存周期用户名具有唯一性。
2 远程管理时，应采取 SSH、HTTPS 等方式防止鉴别信息在网络传输过程中被窃听。
3 应对管理人员、运维人员等采用双因子认证方式实现用户身份鉴别。
4 应通过在交换机中配置访问控制列表方式实现访问控制。
5 应通过启用边界防护设备日志审计功能，对远程连接、管理的用户进行审计。可通过将日志上传至区域/路段中心系统或省联网收费中心系统实现安全审计。
6 应通过完善相关设备安全策略，对设备进行合理配置，至少每半年对网络设备、服务器、数据库、中间件、RSU、车牌图像识别设备和终端等进行一次漏洞扫描，并及时进行系统加固和漏洞修补，实现入侵防范。
7 终端、服务器等应通过安装恶意代码防范软件等方式实现恶意代码防范。
8 应实现 ETC 门架数据完整性校验，并在数据完整性受到破坏时实施数据重传，对存储的数据采取多重备份，实现数据的完整性保护。应对入库重要数据利用密码技术实现数据保护。
9 应通过本地存储或传输至路段中心方式进行备份，实现数据可用性。

14.6.5 ETC 门架系统物联网安全扩展应满足下列要求：

1 应具备防水、防潮、防尘设计，防护等级应不低于 IP55。
2 ETC 门架系统的关键设备应通过部署接入防护设备实现 IP/MAC 地址等属性信息注册管理，实现基于国产密码算法统一的数字证书接入控制。
3 应通过设备源 IP/MAC 地址、目的 IP/MAC 地址等属性实现管控，或部署入侵防范功能设备实现入侵防范。

14.6.6 ETC 门架系统物联网安全扩展应满足下列安全计算环境要求：

1 ETC 门架系统设备应支持远程集中管控。
2 应保证只有授权的用户可以对设备上的软件应用进行配置或变更。

14.7 收费站系统安全要求

14.7.1 收费站系统应按现行《信息安全技术 网络安全等级保护基本要求》（GB/T 22239）中规定的安全通信网络、安全区域边界及安全计算环境方面的三级要求，同时充分考虑外场设备的物联网属性，进行安全保护能力建设。

14.7.2 收费站系统安全通信网络应满足下列要求：

1 应保证通信网络的业务处理能力，满足业务高峰期需要。应保证收费站系统与部联网收费中心系统、省联网收费中心系统、区域/路段中心系统等传输线路网络的带宽满足业务高峰期需要。

2 网络区域应至少划分为收费业务、运维管理等区域。

3 应利用 VLAN、防火墙区域设置等技术手段，配备 SSL 网关（IPSec VPN 或 SSL VPN）或其他具有相同功能的设备等措施，实现网络架构安全、通信传输安全等通信网络安全要求。

14.7.3 收费站系统安全区域边界应满足下列要求：

1 应通过配置防火墙策略或其他具有相同功能的设备，实现边界防护。

2 应通过配置防火墙策略实现访问控制。

3 应配备具有入侵检测及防范功能的设备实现入侵防范。

4 收费站区域收费专网应采用证书认证技术确保便携式收费终端等可信接入。

14.7.4 收费站系统安全计算环境应满足下列要求：

1 应对管理人员、运维人员等采用双因子认证方式实现用户身份鉴别。

2 远程管理时，应采取 SSH、HTTPS 等方式防止管理数据、鉴别信息在网络传输过程中被窃听。

3 应配备边界防护设备实现访问控制。

4 应启用网络、服务器、中间件、数据库、终端及应用等设备安全审计功能，审计覆盖到每个用户，对重要的用户行为和重要安全事件进行审计。可通过将日志上传至区域/路段中心系统或省联网收费中心系统实现备份，也可配备日志审计系统，实现安全审计。

5 应通过完善相关设备安全策略，配备具有入侵检测及防范功能的设备实现入侵防范。

6 终端、服务器等应通过安装防恶意代码软件等方式实现恶意代码防范。

7 应实现收费站数据完整性校验，并在数据完整性受到破坏时实施数据重传，对存储的数据采取多重备份，实现数据的完整性保护。应对入库重要数据利用密码技术实现数据保护。

14.7.5 收费站的关键设备（车道控制器、站级服务器等）应通过部署接入防护设备完成 IP/MAC 地址等属性信息注册管理，实现基于国产密码算法统一的数字证书接入控制。

14.8 ETC 发行与服务系统安全要求

14.8.1 ETC 发行与服务系统应根据已确定的安全等级保护第三级要求，依据现行《信息安全技术 网络安全等级保护基本要求》（GB/T 22239）的规定，进行安全保护能力建设。

14.8.2 ETC 发行与服务系统应通过严格的网络访问控制策略管控其与省联网收费中心系统的网络连接和数据交互，针对互联网访问边界应进行严格管控。

14.8.3 ETC 发行与服务系统应按现行《信息安全技术 个人信息安全规范》（GB/T 35273）要求进行个人信息安全保护。

附录 A 收费车道处理流程

A.1 ETC 专用收费车道系统处理流程

A.1.1 ETC 入口专用收费车道系统处理流程应符合图 A.1.1 的规定。

图 A.1.1 ETC 入口专用收费车道系统处理流程

A.1.2 ETC 出口专用收费车道系统处理流程应符合图 A.1.2 的规定。

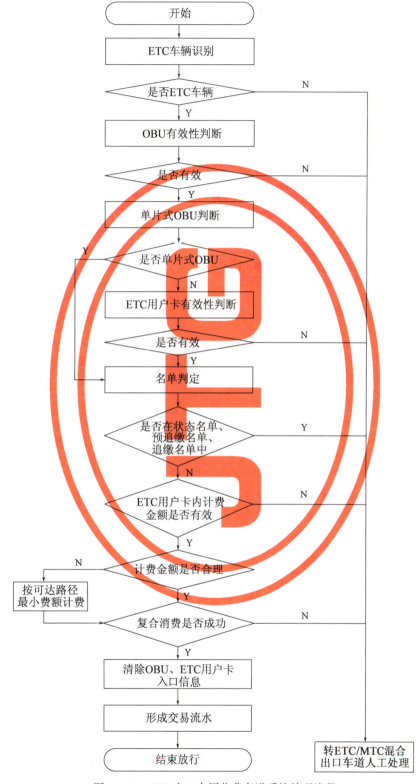

图 A.1.2 ETC 出口专用收费车道系统处理流程

A.2 ETC/MTC 混合收费车道系统处理流程

A.2.1 ETC/MTC 混合入口收费车道系统处理流程应符合图 A.2.1 的规定。

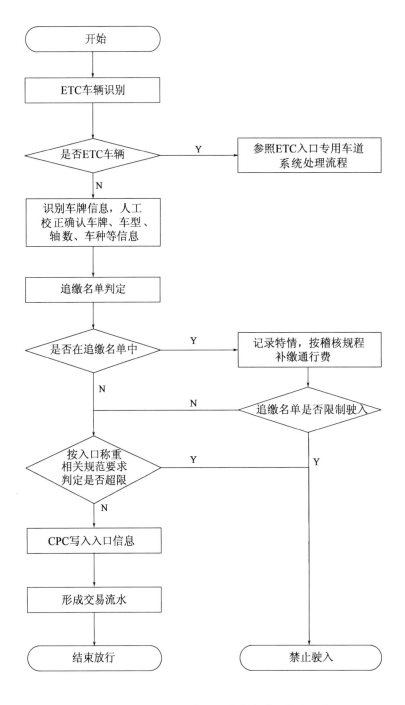

图 A.2.1 ETC/MTC 混合入口收费车道系统处理流程

A.2.2 ETC/MTC 混合出口收费车道系统处理流程应符合图 A.2.2 的规定。

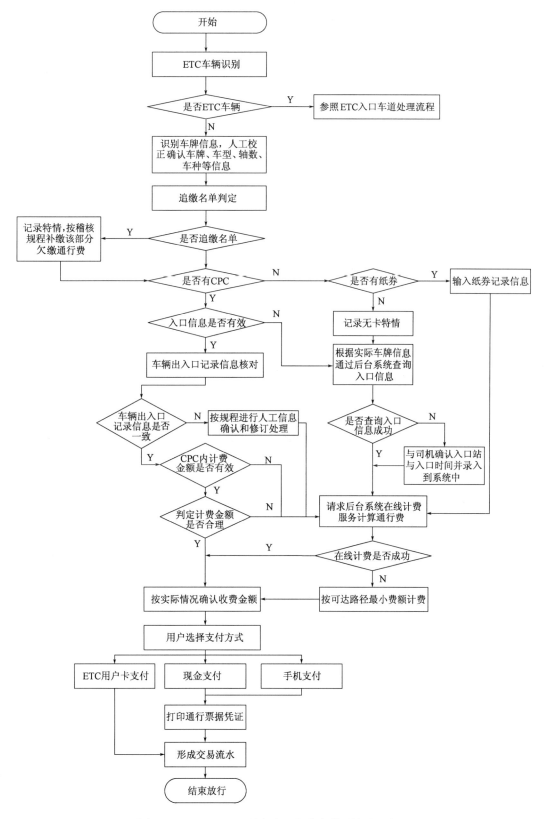

图 A.2.2 ETC/MTC 混合出口收费车道系统处理流程

A.2.3 ETC/MTC 混合入口自助收费车道系统处理流程应符合图 A.2.3 的规定。

图 A.2.3 ETC/MTC 混合入口自助收费车道系统处理流程图

注：在 ETC/MTC 混合入口自助收费车道系统中，若转人工介入处理，提供两种处理方式，一种是通过远程控制系统进行远程处理，另一种是通过便携式收费终端进行现场处理。

A.2.4 ETC/MTC 混合出口自助收费车道系统处理流程应符合图 A.2.4 的规定。

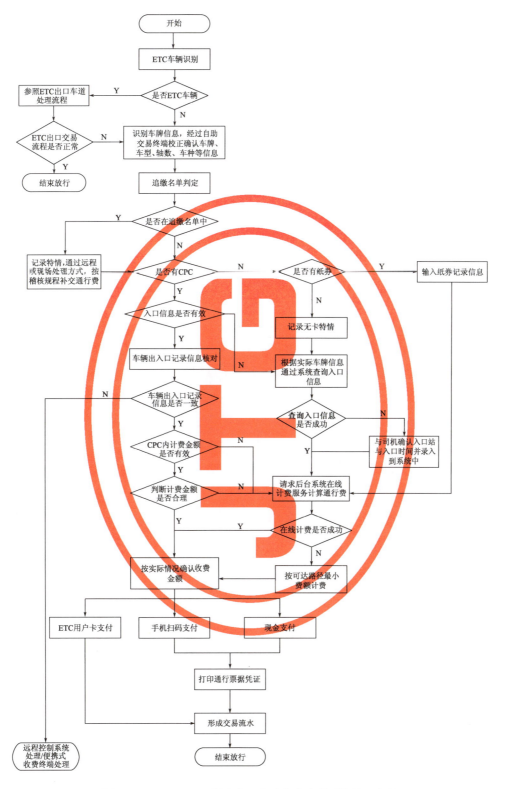

图 A.2.4 ETC/MTC 混合出口自助收费车道系统处理流程

注：在 ETC/MTC 混合出口自助收费车道系统中，若转人工介入处理，提供两种处理方式，一种是通过远程控制系统进行远程处理，另一种是通过便携式收费终端进行现场处理。

A.3 手机支付交易流程

A.3.1 手机支付扣费流程应符合图 A.3.1 的规定，按下列步骤处理：

1 用户使用手机终端展示支付二维码，或刷虚拟卡支付。

2 手机支付受理终端识读支付二维码，或读取虚拟卡信息。收费系统根据收费车道系统计算的收费金额，向第三方支付平台发起扣费请求。

3 第三方支付平台处理扣费交易，发送扣费结果至手机终端，同时发送至收费车道系统/手机支付受理终端。

4 收费车道系统接收并显示扣费结果；手机终端接收并显示扣费结果。

5 结束。

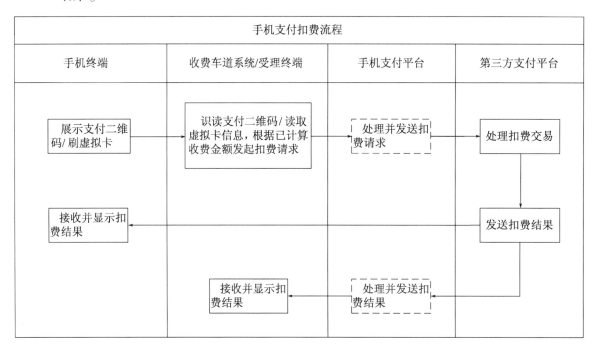

图例：▭▭▭ 表示当手机支付平台参与交易过程时采取的操作步骤。

图 A.3.1 扣费流程

A.3.2 收费车道系统/手机支付受理终端识读支付二维码，或读取虚拟卡信息后，向第三方支付平台发起支付请求至收到支付结果，时间不应超过 3s。

A.3.3 收费车道系统/手机支付受理终端发起的冲正/撤销流程应符合图 A.3.3 的规定，按下列流程处理：

1 收费车道系统/手机支付受理终端核实相关信息，向第三方支付平台发起冲正/撤销请求。

2 第三方支付平台处理冲正/撤销交易，发送冲正/撤销处理结果至手机终端，同时发送至收费车道系统/手机支付受理终端。

3 收费车道系统/手机支付受理终端接收并记录冲正/撤销结果；手机终端接收冲正/撤销结果。

4 结束。

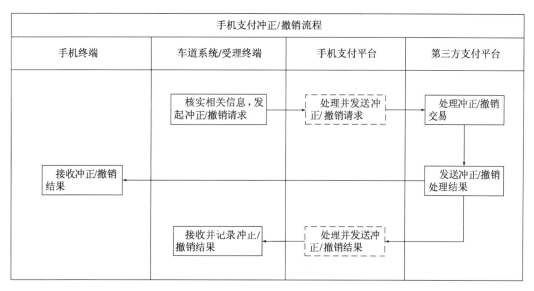

图例：┌ ─ ─ ─ ┐ 表示当手机支付平台参与交易过程时采取的操作步骤。
      └ ─ ─ ─ ┘

图 A.3.3 冲正/撤销流程

A.3.4 手机支付平台发起的撤销/退费流程应符合图 A.3.4 的规定，按下列流程处理：

1 手机支付平台核实相关信息，向第三方支付平台发起撤销/退费请求。

2 第三方支付平台处理撤销/退费交易，并发送撤销/退费处理结果至手机支付平台和手机终端。

3 手机支付平台接收并记录撤销/退费结果；手机终端接收撤销/退费结果。

4 结束。

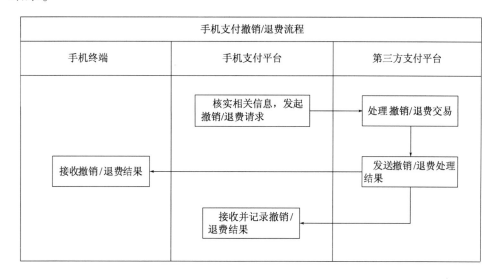

图 A.3.4 撤销/退费流程

附录 B 发行流程

B.0.1 双片式 OBU 及多逻辑通道 OBU 的 OBE-SAM 通道一次发行流程应符合图 B.0.1 的规定。

图 B.0.1 双片式 OBU 及多逻辑通道 OBU 的 OBE-SAM 通道一次发行流程

B.0.2 双片式 OBU 及多逻辑通道 OBU 的 OBE-SAM 通道二次发行流程应符合图 B.0.2 的规定。

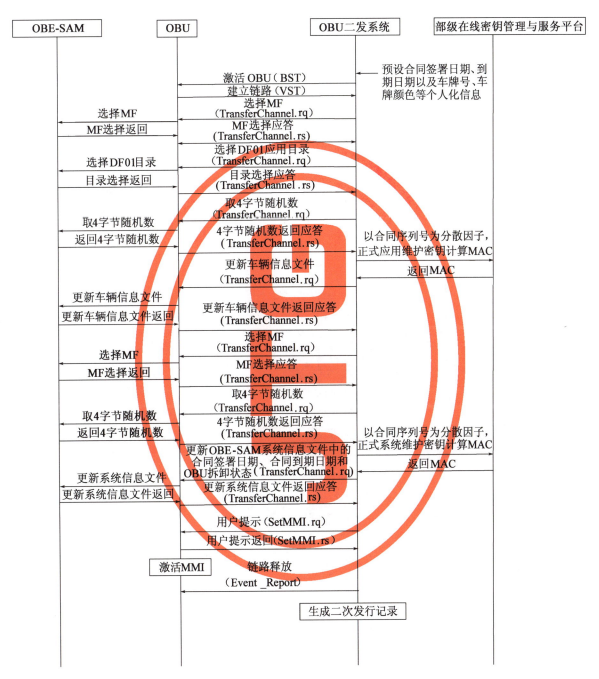

图 B.0.2 双片式 OBU 及多逻辑通道 OBU 的 OBE-SAM 通道二次发行流程

B.0.3 单片式 OBU 一次发行流程应符合图 B.0.3 的规定。

图 B.0.3 单片式 OBU 一次发行流程

B.0.4 单片式 OBU 二次发行流程应符合图 B.0.4 的规定。

图 B.0.4 单片式 OBU 二次发行流程

B.0.5 ETC 用户卡一次发行流程应符合图 B.0.5 的规定。

图 B.0.5　ETC 用户卡一次发行流程

B.0.6 ETC用户卡二次发行流程应符合图 B.0.6 的规定。

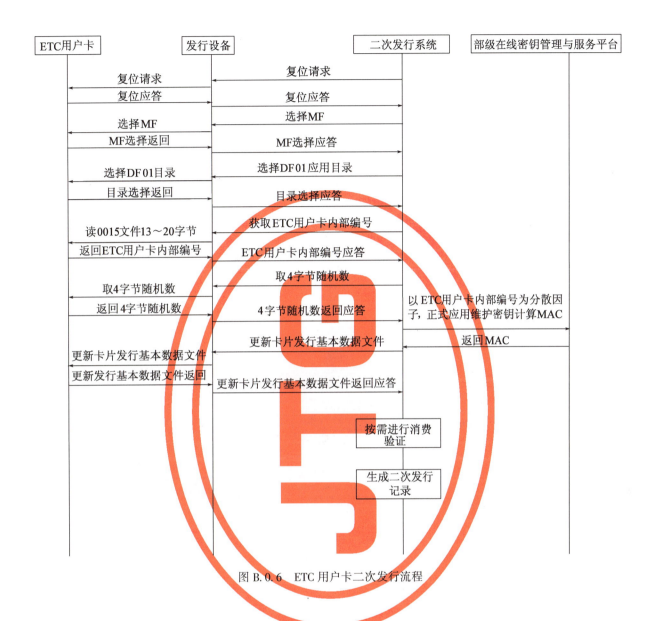

图 B.0.6 ETC 用户卡二次发行流程

B.0.7 多逻辑通道 OBU 的 OBE-IC 通道一次发行流程应符合图 B.0.7 的规定。

图 B.0.7 多逻辑通道 OBU 的 OBE-IC 通道一次发行流程

B.0.8 多逻辑通道 OBU 的 OBE-IC 通道二次发行流程应符合图 B.0.8 的规定。

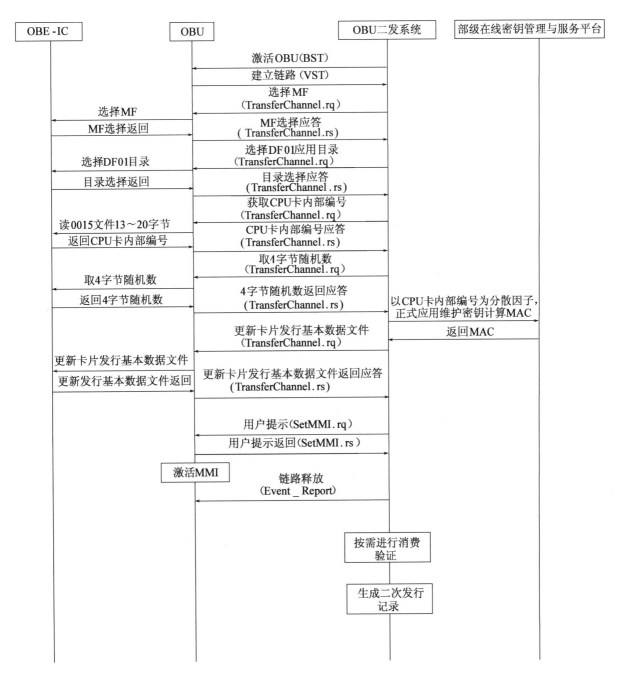

图 B.0.8 多逻辑通道 OBU 的 OBE-IC 通道二次发行流程

B.0.9 CPC 发行流程应符合图 B.0.9 的规定。

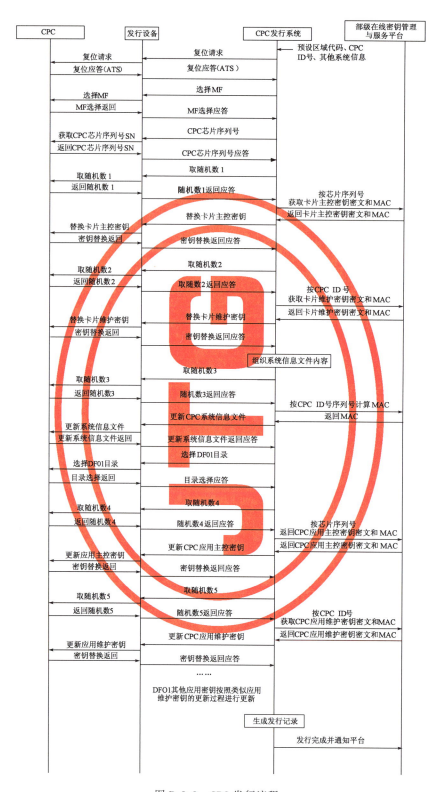

图 B.0.9　CPC 发行流程

附录 C ETC 门架系统处理流程

C.1 ETC 门架系统处理流程

C.1.1 ETC 门架系统处理流程应符合图 C.1.1-1、图 C.1.1-2 和图 C.1.1-3 的规定。

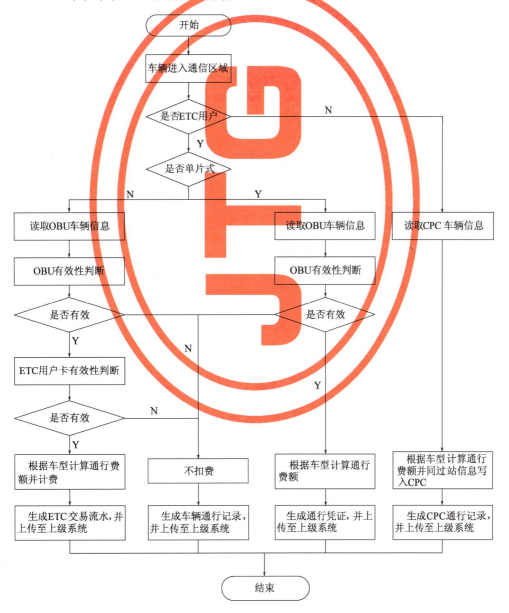

图 C.1.1-1 ETC 门架系统处理流程

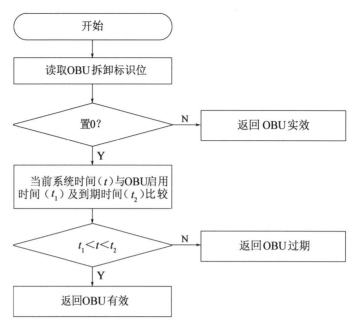

图 C.1.1-2　OBU 有效性判断流程

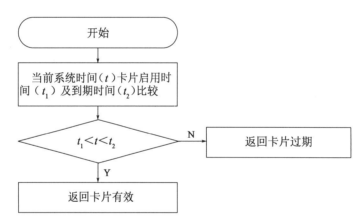

图 C.1.1-3　ETC 用户卡有效性判断流程

C.2　ETC 门架系统与双片式 OBU 交易流程

C.2.1　ETC 门架系统与双片式 OBU 交易流程（图 C.2.1）应符合下列步骤：

1　RSU 与 OBU 通过 BST/VST 完成交易初始化，预读 0015 文件 43 字节、0019 文件 4 字节（与 RSU 读取 CPC 的 EF02 文件字节数保持一致，BST 相同）（0019 文件的读取字节数可取值 4、5、6、7）。

2　RSU 与 OBU 通过 Getsecure 指令完成 OBU 车辆信息的读取（读取车辆信息 79 字节内容）。

3　RSU 与 OBU 通过 TransferChannel 指令依次分帧完成下述操作（OBU 正常插卡时）（每一步为一帧）：

　　1）读取 0019 文件第一条记录、0002 文件。

2）选择 EF04 文件并读取 EF04 文件 315~405 字节（即偏移 314 字节读取 91 字节）。

3）更新 EF04 文件 315~405 字节（即偏移 314 字节更新 91 字节，依据 C6 帧 EF04Info 内容）并偏移 405+4×(N-1) 字节更新 EF04 文件 4 字节（依据 C6 帧 EF04Info2 字段获取，N>0 时第 2 个 APDU 启用）。

4）复合消费初始化、写 0019 文件。

5）复合消费、读余额。

4　RSU 发送 EventReport，释放链路。

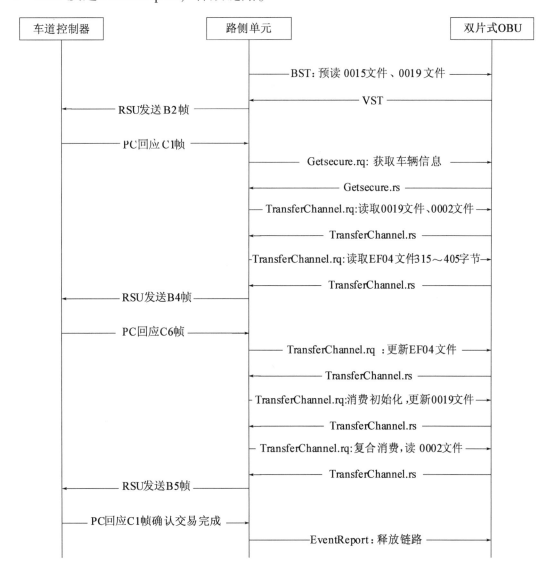

图 C.2.1　ETC 门架系统与双片式 OBU 交易流程

C.2.2　双片式 OBU 在非省界 ETC 门架系统、省界 ETC 门架系统的交易流程应保持一致。RSU 下发以上拼接指令时，如果 OBU 响应数据帧存在异常代码、不可识别数据或只上传部分数据，则进行异常处理，即针对该 OBU 下发单帧指令进行尝试。若 ETC 门架系统检测到 OBU 无效（包含未插 ETC 用户卡、拆卸、OBU 或 ETC 用户卡过期等），应继续获取 OBU 和 ETC 用户卡文件信息。

C.3 ETC 门架系统与单片式 OBU 交易流程

C.3.1 ETC 门架系统与单片式 OBU 交易流程（图 C.3.1）应符合下列步骤：

1 RSU 与 OBU 通过 BST/VST 完成交易初始化及获取访问许可。
2 RSU 与 OBU 通过 GetTollData 指令完成收费数据的获取。
3 RSU 与 OBU 通过 SetTollData 指令完成通行凭证的获取。
4 RSU 发送 EventReport，释放链路。

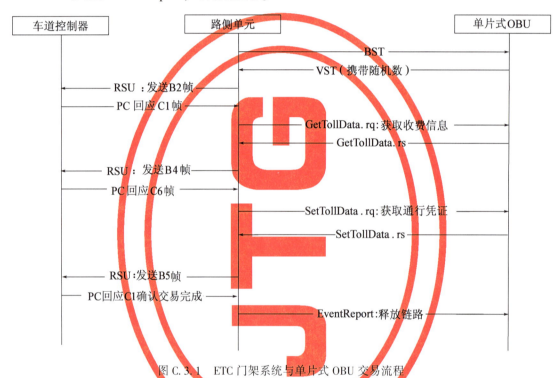

图 C.3.1　ETC 门架系统与单片式 OBU 交易流程

C.4 ETC 门架系统与 CPC 交易流程

C.4.1 ETC 门架系统与 CPC 交易流程（图 C.4.1）应符合下列步骤：

1 RSU 与 CPC 通过 BST/VST 完成交易初始化，预读 DF01 目录下的 EF01（43 字节）和 EF02 文件（4 字节）。

2 RSU 与 CPC 通过 TransferChannel 指令依次分帧完成下述操作（每一步为一帧）：

1）外部认证、读取过站信息文件前 101 字节（DF01/EF02）。

2）更新过站信息文件（DF01/EF02）前 101 字节（C7 帧 MTCInfo1 字段）。

3）选择 EF04 文件、偏移 $23 \times (N-1)$ 字节更新过站信息（DF01/EF04）23 字节（C7 帧 MTCInfo2 字段，$N>0$ 时本步操作启用）。

3 RSU 发送 EventReport，释放链路。

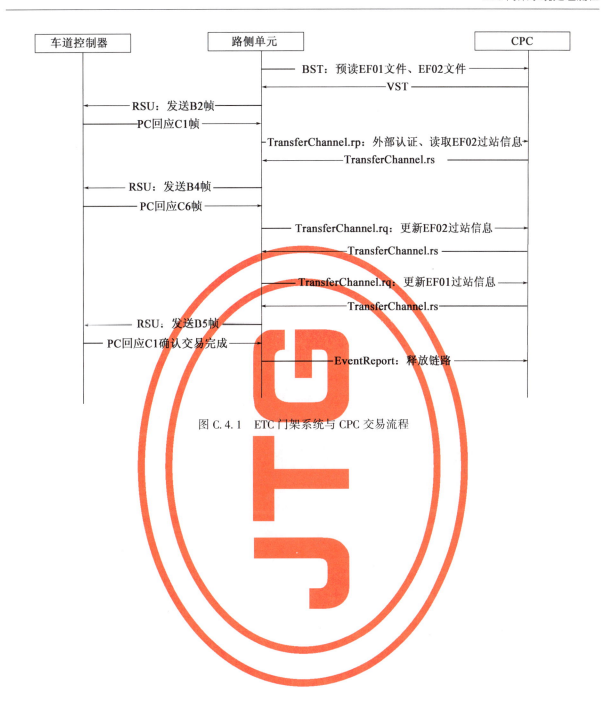

图 C.4.1 ETC 门架系统与 CPC 交易流程

附录 D ETC 门架系统关键设备技术要求

D.1 RSU

D.1.1 ETC 门架系统 RSU 相关技术指标应符合本标准附录 E 的有关规定。

D.2 车牌图像识别设备

D.2.1 车牌图像识别设备应满足下列功能要求：
1 具备车牌图像识别功能。
2 输出图片类型：全景图、车牌图、二值图。
3 触发方式：视频触发、RS-485 触发、外部 I/O 触发、网络触发。
4 支持对工作状态检测的应答。
5 支持补光灯同步补光。
6 支持补光灯状态检测。
7 支持断网时本地存储。
8 内嵌实时时钟，具备远程校时功能。
9 含有电源、网络等接口防雷模块。
10 宜支持车辆特征检测，如车身颜色、车辆品牌标志等。

D.2.2 车牌图像识别设备应满足下列性能要求：
1 图像颜色：彩色。
2 像素：不少于 300 万。
3 抓拍图片及车牌识别时间：不大于 0.1s。
4 车辆捕获率：在车速为 0~220km/h 的条件下，不低于 99.5%。
5 车牌图像识别正确率：在车速为 0~220km/h 的条件下，不低于 95%。
6 若支持车身颜色识别功能，则车身颜色日间识别正确率：不低于 70%。
7 若支持车辆品牌标志识别功能，则车辆品牌标志日间识别正确率：不低于 75%。
8 传输接口：RJ45，100/1 000Mbps 自适应以太网接口。
9 平均无故障时间：MTBF 不低于 30 000h。
10 防护等级：IP65。

11 功耗：不高于30W（含温控模块）。
12 工作环境温度：−40 ~ +55℃。
13 工作环境相对湿度：小于95%。

D.3 补光灯

D.3.1 在符合车牌图像识别正确率要求的基础上，宜采用LED频闪式补光灯、红外补光灯，或融合可见光及红外光的补光灯等，不应采用可见光脉冲式补光灯。

D.3.2 补光灯光辐射安全性能应符合《视频监控系统主动照明部件光辐射安全要求》（GB/T 37958—2019）规定的0类或1类危险要求。

D.3.3 LED频闪式补光灯的设置应符合下列规定：
1 补光灯设置时，在路面上形成的补光区域应覆盖车牌图像识别区域，光照度均匀，无明显暗区，且不应对周边环境产生影响，具体设置要求如下：
1）补光灯与地面的垂直距离应大于或等于6m。
2）补光灯宜安装在补光车道的侧上方，保证错车道补光。
3）补光灯设置时不应过量安装，根据车牌图像识别设备冗余情况，每条车道同一方向配置的补光灯数量不宜超过2个，并且不得同时补光。
2 可在补光区域前后设置过渡照明。
3 LED频闪式补光区域宜为距离ETC门架10~40m。
4 距离补光灯50m外的光照度应不大于0.7lx。

D.3.4 LED频闪式补光灯的光学性能应符合下列规定：
1 照度性能应满足表D.3.4-1的要求。

表D.3.4-1 LED频闪式补光灯照度性能要求

性 能 名 称	指 标 要 求
基准轴平均光照度	≤40lx
基准轴有效光照度	≤200lx

注：1. 平均光照度指在任一周期（T）时间内光照度函数$f(E)$的积分值与周期（T）的比值。
2. 有效光照度指在点亮时间内的平均光照度。

2 LED频闪式补光灯频率不应低于100Hz。
3 色温范围应为3 500~4 000K，且符合表D.3.4-2的规定。

表D.3.4-2 LED频闪式补光灯色温要求

名 义 值	目 标 值
3 500K	3 465K ± 245K
4 000K	3 985K ± 275K

D.3.5 LED 频闪式补光灯的其他性能指标应符合下列规定：
1 支持亮度等级可设置。
2 平均无故障时间：不少于 30 000h。
3 防护等级：IP65。
4 供电电压及适应范围：AC220V×(1±20%)。
5 功耗：不大于 48W。
6 质量：不大于 10kg。
7 环境温度：-40 ~ +55℃。
8 工作环境相对湿度：低于 95%。
9 应能根据车牌图像识别设备的要求调节占空比。

D.3.6 补光灯具有红外光源时，光源波段范围应在 680 ~ 2 500nm，距离红外型补光装置 20m 处，基准轴上辐照度大于或等于 3 000uW/cm²，补光区域内的辐照度应大于或等于基准轴上辐照度的 50%。

D.3.7 宜通过加装防眩光透镜等措施减少眩光效应。

D.3.8 新建或改建 ETC 门架系统检查验收时，应对补光灯（含车牌图像识别设备内置补光灯）进行眩光评价。

D.4 高清摄像机

D.4.1 高清摄像机功能应符合下列规定：
1 断面车流视频监控。
2 在视频图像中可有效辨识车牌。
3 具备字符叠加功能，包括时间、摄像机编号、ETC 门架编号等。
4 支持对工作状态检测的应答。
5 可利用已有设备（如监控设备）。

D.4.2 高清摄像机性能应符合下列规定：
1 像素：不小于 900 万。
2 图像颜色：彩色。
3 帧率：不低于 25fps。
4 视频压缩标准：H.264/H.265/MJPEG。
5 图片压缩方式：JPEG。
6 传输接口：RJ45 100/1 000Mbps 自适应以太网接口。
7 内嵌实时时钟，具备远程校时功能。

8　含有电源、网络等接口防雷器。

9　平均无故障时间：MTBF 不少于 30 000h。

10　防护等级：IP65。

11　安装角度可调，含必要的支架、万向节等安装附属材料。

12　供电电压及适应范围：AC220V×(1±20%)。

13　功耗：不大于 30W。

14　工作环境温度：-40～+55℃。

15　工作环境相对湿度：小于 95%。

D.5　PSAM/PCI 密码卡

D.5.1　PCI 密码卡相关技术指标应符合本标准附录 N 的有关规定。

D.5.2　PSAM 卡相关技术指标应符合本标准附录 N 的有关规定。

D.6　车道控制器

D.6.1　车道控制器应符合下列规定：

1　采用低功耗处理器，CPU 不低于双核，主频不低于 2.5GHz。

2　内存：不小于 8GB。

3　硬盘：系统盘采用固态硬盘，不小于 120GB；数据盘不小于 1TB。

4　10/100/1 000Mbps 自适应网络接口：不少于 2 个。

5　USB 接口数量：不少于 2 个（USB2.0 或以上）。

6　串口（支持 RS232）数量：不少于 4 个。

7　宜支持不少于 16 路开关量 I/O。

8　支持上电自动开机和远程硬重启。

9　具备实时监测、故障诊断及报警提示。支持实时监测电源参数。支持与户外综合机柜门禁联动，实现入侵监控报警。

10　工作环境温度：-35～+55℃。

11　MTBF 不低于 30 000h。

12　MTTR 不高于 0.5h。

13　至少保存 180d 的流水记录和 7d 的图像信息。

14　供电电压及适应范围：AC220V×(1±20%)。

15　功耗不大于 200W。

16　含有电源、网络等接口防雷器。

D.7 门架服务器

D.7.1 门架服务器应符合下列规定：

1　主机支持主流操作系统。
2　双路 CPU，每颗 CPU 主频不低于 2.0 GHz，每颗 CPU 核心数不少于 12。
3　内存：不少于 64GB。
4　硬盘支持 RAID0/1/5，能存储不少于 1 年的数据信息、6 个月图像信息。
5　宜支持快速数据重构，每 TB 数据重构时间不高于 30min。
6　1 000Mbps 自适应以太网网口数量：4 个。
7　供电电压及适应范围：AC220V × (1 ± 20%)。
8　配置冗余电源。

附录 E RSU 技术要求

E.1 通用要求

E.1.1 RSU 应符合现行《电子收费 专用短程通信 第 1 部分：物理层》（GB/T 20851.1）、《电子收费 专用短程通信 第 2 部分：数据链路层》（GB/T 20851.2）、《电子收费 专用短程通信 第 3 部分：应用层》（GB/T 20851.3）、《电子收费 专用短程通信 第 4 部分：设备应用层》（GB/T 20851.4）的有关规定。

E.1.2 RSU 应内置测试模式，测试模式应符合下列规定：
1 连续发送载波信号。
2 连续发送调制在工作频点的 PN9 码。
3 连续发送调制在工作频点的经 FM0 编码的全零信号。
4 接收机测试状态，应具备引出接收机解调后的数据信号和时钟信号的测试接口。

E.1.3 RSU 可根据功能分为车道系统 RSU、ETC 门架系统 RSU 等。

E.2 车道系统 RSU

E.2.1 车道系统 RSU 应满足本标准第 E.1 节的要求。

E.2.2 车道系统 RSU 与车道控制器接口宜符合本标准第 E.4 节的规定。

E.2.3 车道系统 RSU 交易流程应符合本标准附录 A 的规定。

E.3 ETC 门架系统 RSU

E.3.1 ETC 门架系统 RSU 应符合下列规定：
1 天线半功率波瓣宽度水平面小于 25°，垂直面小于 55°。
2 接收灵敏度的值不大于 －95dBm。
3 支持 PSAM、PCI 密码卡。

4 加解密运算宜采用 PCI 密码卡。

5 PSAM 卡插槽数量不少于 8 个。

6 具备远程工作参数调整、状态监控、免拆卸在线程序更新的功能。

7 具备发射功率、工作信道、接收状态、PSAM 卡/PCI 密码卡状态等主要器件和功能的状态自检功能。

8 具备交流和直流两种供电方式，交流供电电压及适应范围 AC220V×(1±20%)；直流供电电压及适应范围 DC24V×(1±10%)。

9 功耗每台不高于 60W。

10 颜色宜与 ETC 门架协调一致，体积小巧，外形美观。

11 应支持并发通信，同一时间支持与多个 OBU/CPC 进行交易。

12 除上述要求外其他技术指标应满足本标准第 E.1 节的要求。

E.3.2 ETC 门架系统 RSU 与车道控制器接口宜符合本标准第 E.5 节的规定。

E.3.3 ETC 门架系统 RSU 交易流程宜符合本标准附录 C 的规定。

E.4 车道系统 RSU 与车道控制器接口

E.4.1 车道系统 RSU 与车道控制器之间的通信接口应符合下列规定：

1 应支持以太网接口，可支持标准串行接口。

2 以太网接口应采用 10/100M 及 10/100M 以上自适应 RJ45 接口，采用 TCP/IP 协议进行连接。

3 标准串行接口采用 RS-232、RS-485 等，通信波特率应至少达到 115 200bps，宜采用半双工的异步串行通信方式，协议格式为"115 200，N，8，1"。

E.4.2 通信消息格式应符合下列规定：

1 车道系统 RSU 和车道控制器通信的数据帧格式应符合表 E.4.2-1 的规定。

表 E.4.2-1 车道系统 RSU 和车道控制器通信的数据帧格式

帧开始标志	协议版本号	帧序列号	Data 域的长度	帧数据内容	校验值
STX	VER	SEQ	LEN	DATA	CRC

2 数据帧中各数据域应符合表 E.4.2-2 的规定。

表 E.4.2-2 数据帧格式

字段	描述
STX	帧开始标志，2 字节，取值为 0xFFFF
VER	协议版本号，当前版本为 0x00

续表 E.4.2-2

字段	描 述
SEQ	帧序列号，1 个字节； (1) 车道系统 RSU 的帧序列号的低半字节为 1~9，高半字节为 0； (2) 帧序列号每次加一，用于标识每一次的通信； (3) 车道系统 RSU 发送的帧序号为 0x0X，其中 X 为 1，2，3，4，5，6，7，8，9； (4) 车道控制器发送的帧序号为 0xX0，其中 X 为 1，2，3，4，5，6，7，8，9
LEN	DATA 域的长度，4 字节（VER = 0x00，高 2 字节保留，低两字节为 DATA 域长度）
DATA	帧数据内容
CRC	从 VER 到 DATA 所有字节的 CRC16 校验值，2 字节，初始值为 0xFFFF

注：如无特别注明，数据均采用无符号整型编码；以字节表示的数据，均为高字节在前、低位字节在后的大端模式；对于未定义或者保留的参数默认值填 0x00。

E.4.3 由车道控制器发起 TCP 连接请求，建立连接方式应符合下列规定：

1 车道控制器发送初始化指令至车道系统 RSU。

2 车道系统 RSU 响应初始化指令。

3 车道控制器应答车道系统 RSU 响应指令。

4 车道系统 RSU 接收车道控制器应答指令，当车道系统 RSU 在指定时间未接收到车道控制器应答指令，车道系统 RSU 应重复发送响应初始化指令直至最大重传次数，车道系统 RSU 最大重传次数为 3，重传时间间隔为 200ms。

5 车道系统 RSU 与车道控制器建立连接后，应发送心跳信息至车道控制器，心跳信息间隔应为 5s/次。车道控制器应具备检测心跳信息能力，车道控制器对心跳信息应不响应或响应为空。

E.4.4 交易流程应符合下列规定：

1 初始化流程应符合图 E.4.4-1 的规定。

图 E.4.4-1 初始化流程

2 ETC 车辆入口交易流程应符合图 E.4.4-2 的规定。

3 ETC 车辆出口交易流程应符合图 E.4.4-3 的规定。

4 重取 TAC 交易流程应符合图 E.4.4-4 的规定。

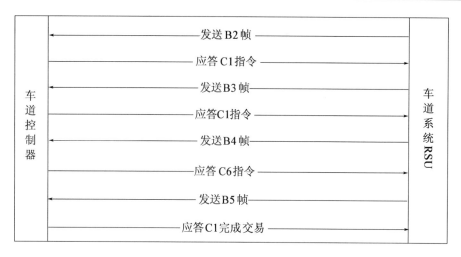

图 E.4.4-2　ETC 车辆入口交易流程

图 E.4.4-3　ETC 车辆出口交易流程

图 E.4.4-4　重取 TAC 交易流程

5 PSAM 授权流程应符合图 E.4.4-5 的规定。

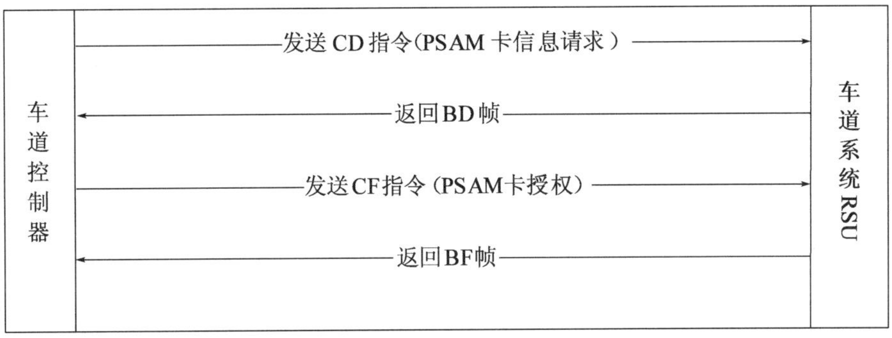

图 E.4.4-5 PSAM 授权流程

E.4.5 车道控制器发送的指令应符合下列规定：
1 车道控制器发送指令类型和具体功能应符合表 E.4.5-1 的规定。

表 E.4.5-1 车道控制器的指令类型和功能

指令名称	代码	功能说明
初始化指令	0xC0	对车道系统 RSU 关键参数如功率、车道模式、EF04 信息处理模式等进行初始化/设置
继续交易指令	0xC1	对车道控制器收到车道系统 RSU 发来的信息的应答，表示收到信息并要求继续处理指定 OBU
停止交易指令	0xC2	对车道控制器收到车道系统 RSU 发来的信息的应答，表示收到信息并要求当前不再继续处理指定 OBU
消费并写站信息指令	0xC6	对指定 OBU 的电子钱包扣费，并向指定的 OBU 写站信息，同时写入过站信息与 EF04 信息
异常处理指令	0xC7	电子钱包交易情形下的异常处理，异常流程，取 TAC 码
开关车道系统 RSU 指令	0xC4	车道系统 RSU 开关，0x00 表示关车道系统 RSU，0x01 表示开车道系统 RSU
取 EF04 文件通行省（区、市）信息指令	0xCA	出口完成复合消费后，取 EF04 文件通行省（区、市）信息
PSAM 授权初始化	0xCD	PSAM 授权初始化，产生随机数
PSAM 授权	0xCF	用访问特定服务器返回的 MAC 码对 PSAM 做外部认证

2 初始化指令对车道系统 RSU 进行工作参数设定，应符合表 E.4.5-2 的规定。

表 E.4.5-2 初始化指令

位置	字节数	参数	说明
0	1	CmdType	指令代码，此处取值 0xC0
1	4	Seconds	UNIX 时间
5	7	Datetime	当前日期时间，YYYYMMDDhhmmss

续表 E.4.5-2

位置	字节数	参　数	说　明
12	1	LaneMode	车道工作模式：0x03-封闭式 ETC 入口；0x04-封闭式 ETC 出口；0x06-ETC 开放式
13	1	BSTInterval	车道系统 RSU 自动发送 BST 的间隔，单位：ms，建议值 10ms
14	1	TxPower	车道系统 RSU 功率级数
15	1	PLLChannelID	信道号
16	1	TransMode	1：复合交易
17	1	Worktype	X 是否读 EF04：1 有，0 无；开放式设置为 0； 0 保留，填充 0； 0 保留，填充 0； 0 保留，填充 0； 0 保留，填充 0； 0 保留，填充 0； 0 保留，填充 0； 0 保留，填充 0
18	2	Index_ EF04	读取 EF04 偏移 Index_ EF04 开始读写 与 Worktype 对应，不处理时置零。（对应 B4 帧 EF04 信息的偏移）
20	2	Len_ EF04	读取 EF04 长度，与 Worktype 对应，不处理时置零。（对应 B4 帧 EF04 信息的长度）

注：1. 车道系统 RSU 上电后设置监听端口，等待车道控制器连接。
　　2. 当车道控制器成功连接到车道系统 RSU 后，发送 C0 指令设定初始化参数。
　　3. 车道系统 RSU 收到车道控制器发送的 C0 命令后，若车道系统 RSU 初始化成功，则向车道控制器发送 B0 帧作为应答，RSUStatus 为 0x00。

3 继续交易指令应答并告知车道系统 RSU 继续进行正常电子收费交易，应符合表 E.4.5-3 的规定。

表 E.4.5-3 继续交易指令

位置	字节数	参　数	说　明
0	1	CmdType	指令代码，此处取值 0xC1
1	4	OBUID	OBUMAC 地址
5	8	OBUDivFactor	OBU 一级分散因子

注：如果车道控制器在收到车道系统 RSU 发送过来的 ETC 用户卡信息（B4 帧）后回应了 C1 指令，则车道系统 RSU 视其为 C2 指令，防止误操作。

4 停止交易指令应符合表 E.4.5-4 的规定。

表 E.4.5-4 停止交易指令

位置	字节数	参　数	说　明
0	1	CmdType	指令代码，此处取值 0xC2
1	4	OBUID	OBUMAC 地址

续表 E.4.5-4

位置	字节数	参 数	说 明
5	1	StopType	0x01：重新搜索 OBU；0x02：重新发送当前帧

注：1. 当 StopType =0x01 时，表示不对该 OBU 进行交易处理，车道系统 RSU 须重新搜索 OBU，该指令对车道系统 RSU 发送过来的 B2、B3、B4、B5 帧有效。

2. 当 StopType =0x02 时，指令只对车道系统 RSU 发送过来的 B3、B4、B5 帧有效。

5 消费并写站信息指令应符合表 E.4.5-5 的规定。

表 E.4.5-5 消费并写站信息指令

位置	字节数	参 数	说 明
0	1	CmdType	指令代码，此处取值 0xC6
1	4	OBUID	OBUMAC 地址
5	8	CardDivFactor	ETC 用户卡一级分散因子
13	1	WriteRecord	写 0019 记录（默认为 0x01）： 0x01-写 ICCard0019File 记录 0x01； 0x02-写 ICCard0019File 记录 0x02； 0x03-写 ICCard0019File 记录 0x03； 0x04-写 ICCard0019File 记录 0x04； 0x05-写 ICCard0019File 记录 0x05； 0x06-写 ICCard0019File 记录 0x06； 0x07-写 ICCard0019File 记录 0x07； 其他：保留
14	4	ConsumeMoney	扣款额，高字节在前
18	7	PurchaseTime	YYYYMMDDhhmmss
25	63	Station	ETC 用户卡过站信息 0019 文件记录（不足 63 字节填充 0x00）
88	1	OBUTradeType	0x00-更新 EF04（复合消费：入口模式，先更新 EF04，更新 EF04 成功，继续复合消费；更新 EF04 失败，停止复合消费，返回 B5 错误码）； 0x01-仅更新 EF04； 0x02-仅复合消费（出口交易使用）； 0x03-复合消费+更新 EF04（出口模式状态名单拦截时使用，先复合消费，复合消费成功，继续更新 EF04；复合消费失败，停止更新 EF04，返回 B5 错误码）
89	2	Index_ EF04	更新 EF04 偏移 Index_ EF04 开始写
91	2	Len_ EF04	更新 EF04 长度
93	Len_ EF04	EF04 文件信息	需要更新 EF04 的信息，当 OBUTradeType 字段取值 0x02 时，全部填充 0x00； 若 Len_ EF04 为 0x0000 则无这部分内容

6 异常处理指令应符合表 E.4.5-6 的规定。

表 E.4.5-6 异常处理指令

位置	字节数	参数	说明
0	1	CMDType	指令代码，此处取值 0xC7
1	4	OBUID	OBUMAC 地址
5	1	WriteRecord	写 0019 记录，填充 0x01

注：当收到 B4 帧，上位机认为该卡已完成交易，会回此指令进行重取 TAC 码，车道系统 RSU 需回复 B5 帧（其中 TAC 码字段有效）。

7 开关车道系统 RSU 指令应符合表 E.4.5-7 的规定。

表 E.4.5-7 开关车道系统 RSU 指令

位置	字节数	参数	说明
1	1	CmdType	指令代码，此处取值 0xC4
2	1	ControlType	0x00-关闭车道系统 RSU； 0x01-打开车道系统 RSU； 其他值：保留

注：1. 车道系统 RSU 收到关车道系统 RSU 指令后，如果当前没有交易存在，立即关闭车道系统 RSU；如果尚有未完成的交易（无须车道控制器参与的），则应继续完成当前的交易操作，之后再关闭车道系统 RSU。
2. 本指令与车道控制器发送的其他指令之间的时间间隔应在 2ms 以上；车道系统 RSU 不回复此帧。

8 取 EF04 文件通行省（区、市）信息指令应符合表 E.4.5-8 的规定。

表 E.4.5-8 取 EF04 文件通行省（区、市）信息指令

位置	字节数	参数	说明
0	1	CMDType	指令代码，此处取值 0xCA
1	4	OBUID	OBUMAC 地址
5	2	Index_EF04	读取 EF04 偏移 Index_EF04 开始读（默认 405，16 进制：0x0195）
7	2	Len_EF04	读取 EF04 长度（默认 80，16 进制：0x50）

注：出口 B5 帧（错误码为 0x00）后，上位机下发此指令取 OBU 的 EF04 文件中通行省（区、市）信息，RSU 收到此指令后，回复 BA 信息帧。

9 PSAM 授权初始化指令应符合表 E.4.5-9 的规定。

表 E.4.5-9 PSAM 授权初始化指令

位置	字节数	参数	说明
0	1	CMDType	指令代码，此处取值 0xCD
1	1	PSAMCnt	授权初始化 PSAM 卡数量，当 PSAMCnt = 0x00 时忽略，ChannelidBitMap 返回所有安装卡的授权初始化信息

2	1	ChannelidBitMap	PSAM 授权操作卡槽位图，最多支持 4 张 PSAM。
			XXXX ——高 4 位保留；
			    X ——卡槽4，1 操作，0 不操作；
			     X ——卡槽3，1 操作，0 不操作；
			      X ——卡槽3，1 操作，0 不操作；
			       X——卡槽1，1 操作，0 不操作

3	1	BCC	异或校验值

10 PSAM 授权指令应符合表 E.4.5-10 的规定。

表 E.4.5-10 PSAM 授 权 指 令

位置	字节数		参数	说明
0	1		CMDType	指令代码，此处取值 0xCF
1	1		PSAMCnt	授权操作 PSAM 卡数量
2	9	1	PsamAuthInfo ChannelId	PSAM 卡插槽通道号，范围 1~4，最多支持 4 张 PSAM
		8	PsamAuthInfo MacCode	8 字节的 MAC 码
	9×(N−1)			……
2+9N	1		BCC	异或校验值

注：N 表示授权 PSAM 个数。

E.4.6 车道系统 RSU 发送的数据帧应符合下列规定：

1 车道系统 RSU 发往车道控制器的信息帧类型和功能应符合表 E.4.6-1 的规定。

表 E.4.6-1 车道系统 RSU 的信息帧类型和功能

帧名称	代码	功能说明
设备状态信息帧	0xB0	RSU 的设备状态信息，含 PSAM 卡号等
OBU 系统信息帧	0xB2	主要包括 OBU 系统信息文件内容
OBU 车辆信息帧	0xB3	主要包括车辆信息文件内容
ETC 用户卡信息帧	0xB4	主要包括 ETC 用户卡关键信息文件内容和 EF04 信息
成功交易结束帧	0xB5	RSU 与 OBU 交易完成后的结果信息
取 EF04 通行省（区、市）信息应答帧	0xBA	获取 EF04 通行省（区、市）信息
PSAM 授权初始化应答帧	0xBD	获取随机数
PSAM 外部认证结果帧	0xBF	根据外部获取到授权指令进行授权
坐标位置信息帧	0xD0	获取 OBU 的位置（相控阵天线）

2 车道系统 RSU 在上电或收到车道控制器初始化指令后，发送设备状态信息帧给车道控制器，设备状态信息帧格式应符合表 E.4.6-2 的规定。

表 E.4.6-2 设备状态信息帧

位置	字节数	参数	说明
0	1	FrameType	数据帧类型标识，此处取值 0xB0
1	1	RSUStatus	车道系统 RSU 主状态参数；0x00 表示正常，否则表示异常
2	1	PsamNum（N）	安装 PSAM 卡数量（最多支持 4 张）

续表 E.4.6-2

位置	字节数	参数			说明
3	9×N	PsamInfo	ChannelID	1	卡槽号，0x01~0x04
			PsamVer	1	PSAM 卡版本号
			AuthStatus	1	认证状态： 认证成功（包含不需要认证）填 0x01； 需要认证但认证失败填 0x00； 其他值保留
			TerminalId	6	PSAM 卡终端机编号（0016 文件）
			……		
9N+3	1	RSUAlgId			算法标识
9N+4	2	RSUManuID			车道系统 RSU 厂商代码，16 进制表示
9N+6	2	RSUID			车道系统 RSU 编号，16 进制表示
9N+8	2	RSUVersion			车道系统 RSU 软件版本号，16 进制表示
9N+10	2	RSUHardWareVersion			车道系统 RSU 硬件版本号，16 进制表示
9N+12	1	EF04OpStatus			EF04 读取模式设置状态，0x00-正常，0x01-错误
9N+13	5	Reserved			保留字节
9N+18	1	BCC			异或校验值

注：N 表示授权 PSAM 个数。

3 OBU 系统信息帧应符合表 E.4.6-3 的规定。

表 E.4.6-3 OBU 系统信息帧

位置	字节数	参数	说明
0	1	FrameType	数据帧类型标识，此处取值 0xB2
1	4	OBUID	OBUMAC 地址
5	1	ErrorCode	执行状态代码，取值为 0x00 时有后续数据
6	8	IssuerIdentifier	发行商代码
14	1	ContractType	协约类型
15	1	ContractVersion	协约版本
16	8	SerialNumber	合同序列号
24	4	DateofIssue	启用日期
28	4	DateofExpire	过期日期
32	1	EquitmentCV	设备类型及版本
33	2	OBUStatus	OBU 状态
35	1	BCC	异或校验值

注：1. 车道系统 RSU 在搜索到 OBU 后发送 OBUMAC 地址给车道控制器，表示通信区域内存在此 OBU，同时 ErrorCode 为零。

2. 车道系统 RSU 在其通信区域内始终搜索不到 OBU 的情况下，也需要定时向车道控制器发送此帧，发送间隔 5s，作为心跳信息使用，表示车道系统 RSU 正常工作状态，同时 ErrorCode 非零，取值为 0x80。车道控制器可不应答心跳信息的 B2 帧。

3. ErrorCode 为 0xFF 时，代表该帧为测试帧。

4 OBU 车辆信息帧应符合表 E.4.6-4 的规定。

表 E.4.6-4 OBU 车 辆 信 息 帧

位置	字节数	参数	说明
0	1	FrameType	数据帧类型标识，此处取值 0xB3
1	4	OBUID	OBUMAC 地址
5	1	ErrorCode	执行状态代码
6	79	车辆信息	取值详见附录 M
85	1	BCC	异或校验值

注：如果 ErrorCode 为 0x00，说明后续车辆信息合法有效；如果 ErrorCode 为 0x08，表示无 DSRC 数据返回；如果 ErrorCode 为 0xFF，表示该帧为测试帧。

5 ETC 用户卡信息帧应符合表 E.4.6-5 的规定。

表 E.4.6-5 ETC 用户卡信息帧

位置	字节数	参数	说明
0	1	FrameType	类型标识，此处取值 0xB4
1	4	OBUID	OBUMAC 地址
5	1	ErrorCode	执行状态代码
6	1	TransType	交易类型
7	4	CardRestMoney	卡余额
11	50	IssuerInfo	ETC 用户卡发行信息（0015 文件内容），不足 50 字节填充 0x00
61	43	LastStation	上次过站信息（ETC 用户卡过站信息 0019 记录文件）
104	1	ReadEf04Status	读取 EF04 文件状态，0x00-成功，0x01-失败（失败时，无错误码，此状态为 0x01，是否继续交易由车道软件控制），无操作时填 0x00
105	EF04Len	EF04Info	C0 指令指定偏移量和长度的 OBU DF01/EF04 文件信息
105 + EF04Len	1	BCC	异或校验值

注：1. 如果 ErrorCode 为 0x00，说明后续 ETC 用户卡 + OBU EF04 信息有效；如果 ErrorCode 为 0x08，表示无 DSRC 数据返回；如果 ErrorCode 为 0xFF，表示该帧为测试帧。
2. EF04 文件解析需要根据初始化配置参数解析。
3. ErrorCode 非 0x00，后续 ETC 用户卡 + EF04 信息填充 0x00。

6 成功交易结束帧应符合表 E.4.6-6 的规定。

表 E.4.6-6 成功交易结束帧

位置	字节数	参数	说明
0	1	FrameType	数据帧类型标识，此处取值 0xB5
1	4	OBUID	OBUMAC 地址
5	1	ErrorCode	执行状态代码（复合消费错误码）
6	6	PSAMNo	PSAM 卡终端机编号
12	7	TransTime	交易时间，BCD 编码，格式：YYYYMMDDhhmmss

续表 E.4.6-6

位置	字节数	参　　数	说　　明
19	1	TransType	交易类型，取值为 0x09（复合消费），其他保留
20	4	TAC	交易认证码
24	2	ICCPayserial	ETC 用户卡脱机交易序号
26	4	PSAMTransSerial	PSAM 卡终端交易序号
30	4	CardBalance	交易后余额
34	1	KeyType	交易使用的密钥类型 0x00-3DES，0x04-SM4，其他保留
35	1	KeyVer	密钥版本号
36	1	EF04UpdateStatus	0x00-更新成功；0x01-更新失败；C6 仅复合消费时，默认返回 0x01：更新失败
37	1	BCC	异或校验值

注：出口模式下，上位机应答 B5 下发 C1 指令，RSU 自动清理 EF04 文件信息第 315～317 字节，第 406～485 字节，填充 0x00。

7 取 EF04 通行省（区、市）信息应答帧应符合表 E.4.6-7 的规定。

表 E.4.6-7　取 EF04 通行省（区、市）信息帧

位置	字节数	参　　数	说　　明
0	1	FrameType	数据帧类型标识，此处取值 0xBA
1	4	OBUID	OBUMAC 地址
5	1	ErrorCode	执行状态代码，0x00-执行成功；其他-执行失败
6	EF04Len	EF04Info	CA 指令指定偏移量和长度的 OBU DF01/EF04 文件信息（默认长度 80 字节）
6 + EF04Len	1	BCC	异或校验值

注：1. 上位机应答 BA 下发 C1 指令，RSU 自动清理 EF04 文件信息第 315～317 字节，第 406～485 字节，填充 0x00。
2. 若 RSU 超时没收到 C1 应答，则不需清 EF04 直接退出本交易。

8 PSAM 授权初始化应答帧应符合表 E.4.6-8 的规定。

表 E.4.6-8　PSAM 授权初始化应答帧

位置	字节数	参　　数	说　　明
0	1	FrameType	数据帧类型标识，此处取值 0xBD
1	1	ErrorCode	执行状态代码，0x00-执行成功；其他-执行失败
2	1	PsamCnt	安装 PSAM 卡数量（N）
3	25 × N	PsamAuthInitInfo	N 个 PSAM 卡的授权初始化信息 N × PsamAuthInitInfoCell，PsamAuthInitInfoCell 见表 E.4.6-9
3 + 25N	1	BCC	异或校验值

注：N 表示 PSAM 授权个数。

9 单个 PSAM 的授权初始化信息，PsamAuthInitInfoCell 应符合表 E.4.6-9 的规定。

表 E.4.6-9 PSAM 的授权初始化信息

总长度	字节数	参　数	说　　明
25	1	ChannelID	PSAM 卡槽号
	1	AuthStatus	是否需要授权 0x00-不需要，后续不再对改卡进行授权操作； 0x01-需要授权，0xFF 指示该卡槽没有安装 PSAM，后续数据元填 0x00
	10	PSAMNO	PSAM 序列号
	1	PSAMVersion	PSAM 版本号
	4	AreaCode	PSAM 应用区域标识前 4 个字节
	8	RandCode	8 字节 PSAM 随机数

10 PSAM 外部认证结果帧应符合表 E.4.6-10 的规定。

表 E.4.6-10 PSAM 外部认证结果帧

位置	字节数	参　数			说　　明
0	1	FrameType			数据帧类型标识，此处取值 0xBF
1	1	ErrorCode			执行状态代码，0x00-执行成功；其他-执行失败
2	1	PSAMCnt			授权操作卡数量
3	3	PsamAuthResultInfo	1	ChannelID	PSAM 卡槽号
			2	SW1 SW2	2 字节授权认证 TimeCos 状态码，0x9000 成功，其他取值详见本标准附录 N
				……	
3+3N	1	BCC			异或校验值

注：N 表示 PSAM 授权个数。

11 坐标位置信息帧（可选）应符合表 E.4.6-11 的规定。

表 E.4.6-11 坐标位置信息帧

位置	字节数	参　数	说　　明
0	1	FrameType	数据帧类型标识，此处取值 0xD0
1	4	OBUID	OBU 号
5	1	NextFrameType	帧类型（默认 0xB2）
6	1	nMark	计算成功标识，0x00 表示成功；其他表示失败
7	8	Data	高 4 个字节表示 X 方向坐标，低 4 个字节表示 Y 方向坐标（取值 8 字节整数，单位：cm）

注：1. nMark 值判定计算坐标是否成功；Data 坐标数据采用大端模式传输。

2. 天线投影点为原点，天线前方为 Y 轴正方向，天线后方为 Y 轴负方向，天线左边为 X 轴负方向，天线右边为 X 轴正方向。

3. 该指令为相控阵车道系统 RSU 特有指令，车道控制器收到此帧信息后无须回复。

E.5 ETC 门架系统 RSU 与车道控制器接口

E.5.1 ETC 门架系统 RSU 与车道控制器通信接口应符合下列规定：
1　接口应采用标准 RJ45 以太网接口。
2　通信速率 100M/1 000M 自适应。
3　通信协议采用 TCP 传输控制协议。
4　通信端口为 9527。
5　ETC 门架系统 RSU 默认 IP：192.168.×.×（根据实际道路系统需求配置）。

E.5.2 数据传输方式应符合下列规定：
1　ETC 门架系统 RSU 与车道控制器之间通过消息报文方式交换信息。每一条消息均以一个报文发送，不分包发送。
2　除特别说明外，消息的接收方必须在应答超时时间内通过消息向发送方确认消息的处理结果。若在应答超时时间内消息的发送方未收到接收方针对所发送消息的应答，则必须需重新发送未应答的消息。

E.5.3 通信消息格式应符合下列规定：
1　ETC 门架系统 RSU 和车道控制器通信的数据帧格式应满足表 E.5.3-1 的要求。

表 E.5.3-1　ETC 门架系统 RSU 和车道控制器通信的数据帧格式

帧开始标志	协议版本号	帧序列号	Data 域的长度	帧数据内容	校验值
STX	VER	SEQ	LEN	DATA	CRC

2　数据帧中各数据域应符合表 E.5.3-2 的规定。

表 E.5.3-2　数据域说明

字段	描述
STX	帧开始标志，2 字节，取值为 0xFFFF
VER	协议版本号，当前版本为 0x00
SEQ	帧序列号，1 个字节； （1）ETC 门架系统 RSU 的帧序列号的低半字节为 1~9，高半字节为 0； （2）帧序列号每次加一，用于标识每一次的通信； （3）ETC 门架系统 RSU 发送的帧序号为 0x0X，其中 X 为 1，2，3，4，5，6，7，8，9； （4）车道控制器发送的帧序号为 0xX0，其中 X 为 1，2，3，4，5，6，7，8，9
LEN	DATA 域的长度，4 字节（VER=0x00，高 2 字节保留，低两字节为 DATA 域长度）
DATA	帧数据内容
CRC	从 VER 到 DATA 所有字节的 CRC16 校验值，2 字节，初始值为 0xFFFF

注：如无特别注明，数据均采用无符号整型编码；以字节表示的数据，均为高字节在前、低位字节在后的大端模式；对于未定义或者保留的参数默认值填 0x00。

E.5.4 由车道控制器发起 TCP 连接请求，建立连接方式应符合下列规定：

1 车道控制器发送初始化指令至 ETC 门架系统 RSU。
2 ETC 门架系统 RSU 响应初始化指令。
3 车道控制器应答 ETC 门架系统 RSU 响应指令。
4 ETC 门架系统 RSU 接收车道控制器应答指令，当 ETC 门架系统 RSU 在指定时间未接收到车道控制器应答指令，ETC 门架系统 RSU 应重复发送响应初始化指令直至最大重传次数，ETC 门架系统 RSU 最大重传次数为3，重传时间间隔为120ms。
5 ETC 门架系统 RSU 与车道控制器建立连接后，应发送心跳信息至车道控制器，心跳信息间隔应为5s/次。车道控制器应具备检测心跳信息能力，车道控制器对心跳信息应不响应或响应为空。

E.5.5 交易流程应符合下列规定：

1 初始化流程应符合图 E.5.5-1 的规定。

图 E.5.5-1 初始化流程

2 ETC 车辆交易流程应符合图 E.5.5-2 的规定。

图 E.5.5-2 ETC 车辆交易流程

3 MTC 车辆交易流程应符合图 E.5.5-3 的规定。

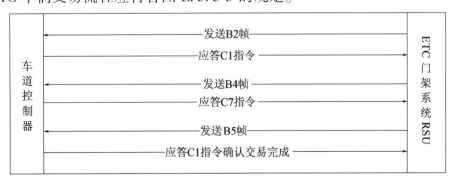

图 E.5.5-3 MTC 车辆交易流程

4 重取 TAC 交易流程应符合图 E.5.5-4 的规定。

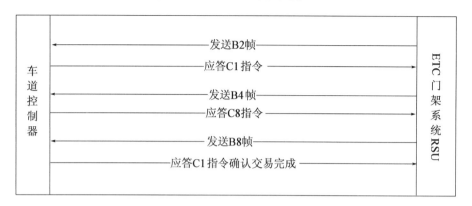

图 E.5.5-4 重取 TAC 交易流程

注：省界 ETC 门架系统或路段 ETC 门架系统单一方向具备多排门架且具备数据共享机制时启用，车道控制器依据 ETC 门架系统 RSU 发送的 B4 帧做逻辑判断，双片式 OBU 需重取 TAC 码时，车道控制器下发 C8 指令指示 ETC 门架系统 RSU 进入重取 TAC 交易流程。

5 PSAM 授权流程应符合图 E.5.5-5 的规定。

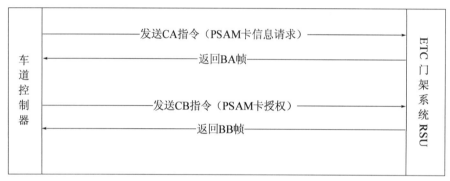

图 E.5.5-5 PSAM 授权流程

E.5.6 车道控制器发送的指令应符合下列规定：

1 车道控制器发往 ETC 门架系统 RSU 的指令类型和具体功能应符合表 E.5.6-1 的规定。

表 E.5.6-1 车道控制器的指令类型和功能

指令名称	代码	功能说明
初始化指令	0xC0	对 ETC 门架系统 RSU 的关键参数，如：功率、车道模式、过站信息处理模式等进行初始化设置
继续交易指令	0xC1	对收到 ETC 门架系统 RSU 发来的信息应答，表示确认收到信息并要求继续处理指定 OBU
停止交易指令	0xC2	对收到 ETC 门架系统 RSU 发来的信息应答，指示 ETC 门架系统 RSU 结束当前交易或重新发送当前指令

续表 E.5.6-1

指令名称	代码	功能说明
开关 ETC 门架系统 RSU 指令	0xC4	打开和关闭 ETC 门架系统 RSU
ETC 交易指令	0xC6	对收到 ETC 门架系统 RSU 发来的信息应答，指示 ETC 门架系统 RSU 进入扣费/计费流程（应用于 ETC 车辆）
MTC 交易指令	0xC7	对收到 ETC 门架系统 RSU 发过来的信息应答，指示 ETC 门架系统 RSU 进入计费和过站信息更新流程（应用于 MTC 车辆）
重取 TAC 指令	0xC8	对收到 ETC 门架系统 RSU 发来的信息应答，指示 ETC 门架系统 RSU 获取 OBU（双片式 OBU）的 TAC 和卡片余额
PSAM 初始化指令	0xCA	指示 ETC 门架系统 RSU 进行 PSAM 初始化操作
PSAM 授权指令	0xCB	指示 ETC 门架系统 RSU 完成 PSAM 在线授权操作
心跳应答指令	0xCF	对收到 ETC 门架系统 RSU 发送过来的信息应答，指示通信连接正常
测试信号发送指令	0xFA	指示 ETC 门架系统 RSU 进入射频信号发射测试状态
测试信号接收指令	0xFB	指示 ETC 门架系统 RSU 进入射频信号接收测试状态
BeaconID 设置指令	0xFC	指示 ETC 门架系统 RSU 进入 BeaconID 配置状态

2 初始化指令对 ETC 门架系统 RSU 进行工作参数设定，应符合表 E.5.6-2 的规定。

表 E.5.6-2 初始化指令

位置	字节数	参数	说明
0	1	CmdType	指令代码，此处取值 0xC0
1	4	Seconds	UNIX 时间
5	7	Datetime	当前日期时间，YYYYMMDDhhmmss
12	1	LaneMode	车道工作模式：0x11-路段 ETC 门架；0x12-省界入口 ETC 门架；0x13-省界出口 ETC 门架
13	1	BSTInterval	ETC 门架系统 RSU 自动发送 BST 的间隔，单位：ms
14	1	TxPower	ETC 门架系统 RSU 功率级数，最大值 31（0x1F）
15	1	PLLChannelID	信道号，0x01-信道 1，0x02-信道 2
16	1	TransMode	0x01：复合交易
17	3	FlagID	ETC 门架编号

续表 E.5.6-2

位置	字节数	参数	说明
20	2	Reserved	1 字节-同一收费单元的第几排门架，取值 0x01、0x02、0x03，其他值保留（若为其他值则作 0x01 处理）； 1 字节-预留填写 0x00

注：1. ETC 门架系统 RSU 上电后设置监听端口，等待车道控制器连接。
2. 当车道控制器成功连接到 ETC 门架系统 RSU 后，须发送 C0 指令设定初始化参数。
3. ETC 门架系统 RSU 收到车道控制器发送的 C0 指令后，若 ETC 门架系统 RSU 初始化成功，则向车道控制器发送 B0 帧作为应答，ETC 门架系统 RSUStatus 为 0x00。
4. ETC 门架系统 RSU 依据 Reserved 字段第一个字节来配置 BeaconID 的后 3 个字节（暂称 RSUID）。若为单排门架 RSUID 应与 FlagID 保持一致；若为双排门架，第一排的 RSUID 应与 FlagID 保持一致，第二排门架若为上行则 RSUID 为 FlagID-1，若为下行则 RSUID 为 FlagID+1；若为三排门架，规则保持一致，第三排门架类推。门架的上下行方向依据 FlagID 判断。
5. ETC 门架系统 RSU 依据上面配置的 BeaconID 为主用 BeaconID，跟门架系统（前端+后台）进行数据交互时使用主用 BeaconID。为了提高门架成功率，ETC 门架系统 RSU 还应配置一个备用 BeaconID。

3 继续交易指令应答并告知 ETC 门架系统 RSU 继续进行正常电子收费交易，应符合表 E.5.6-3 的规定。

表 E.5.6-3 继续交易指令

位置	字节数	参数	说明
0	1	CmdType	指令代码，此处取值 0xC1
1	4	OBUID/CPC-MAC	OBUMAC 地址
5	8	OBUDivFactor/CPCDivFactor	OBU 一级分散因子

注：本指令对 ETC 门架系统 RSU 发送过来的 B2、B5、B8 帧有效。

4 停止交易指令应符合表 E.5.6-4 的规定。

表 E.5.6-4 停止交易指令

位置	字节数	参数	说明
0	1	CmdType	指令代码，此处取值 0xC2
1	4	OBUID/CPC-MAC	OBUMAC 地址
5	1	StopType	0x01-结束交易，重新搜索 OBU； 0x02-重新发送当前帧； 0x03-冻结当前 OBUID/CPC-MAC 的 OBU； 其他值保留
6	4	UNIXTIME	当前时间

注：1. 当 StopType=0x01 时，指示 ETC 门架系统 RSU 不对该 OBU 进行交易处理，重新搜索 OBU，本指令对 ETC 门架系统 RSU 发送过来的 B2、B4、B5、B8 帧有效。
2. 当 StopType=0x02 时，指示 ETC 门架系统 RSU 重新发送当前帧，本指令只对 ETC 门架系统 RSU 发送过来的 B4、B5、B8 帧有效。
3. 当 StopType=0x03 时，指示 ETC 门架系统 RSU 冻结当前 OBU，即 2min 之内不再发送该 OBU 的数据帧给车道控制器，本指令只对 ETC 门架系统 RSU 发送过来的 B2 帧有效。

5 开关 ETC 门架系统 RSU 指令应符合表 E.5.6-5 的规定。

表 E.5.6-5 开关 ETC 门架系统 RSU 指令

位置	字节数	参数	说明
0	1	CmdType	指令代码，此处取值 0xC4
1	1	ControlType	0x00-关闭 ETC 门架系统 RSU，0x01-打开 ETC 门架系统 RSU 其他值-保留

注：1. 当 ETC 门架系统 RSU 收到关 ETC 门架系统 RSU 指令后，如果当前没有交易存在，立即关闭 ETC 门架系统 RSU；如果尚有未完成的交易（无须车道控制器参与的），则应继续完成当前的交易操作，之后再关闭 ETC 门架系统 RSU。
2. 当 ETC 门架系统 RSU 处于关闭状态下，除了 C4 指令之外，仅在收到 C0 指令后，才打开 ETC 门架系统 RSU。
3. 本指令与车道控制器发送的其他指令之间的时间间隔应在 2ms 以上。
4. ETC 门架系统 RSU 不应答开关 ETC 门架系统 RSU 指令。

6 ETC 交易指令只作用于 ETC 车辆（双片式 OBU、单片式 OBU），应符合表 E.5.6-6 的规定。

表 E.5.6-6 ETC 交易指令

位置	字节数	参数	说明
0	1	CmdType	指令代码，此处取值 0xC6
1	4	OBUID	OBU MAC 地址
5	8	OBUDivFactor	OBU 一级分散因子
13	1	OBUTradeType	对于双片式 OBU： 0x00-更新 EF04 文件 + 复合消费； 0x01-仅更新 EF04 文件； 0x02-仅进行复合消费操作； 对于单片式 OBU 本字段无效，填充 0x00
14	4	ConsumeMoney	本路段扣款/计费金额（高字节在前，单位：分）
18	7	PurchaseTime	交易时间，格式：YYYYMMDDhhmmss
25	43	Station	双片式 OBU：0019 文件前 43 字节； 单片式 OBU：EF02 文件前 44 字节
68	91	ETCInfo1	双片式 OBU：EF04 文件 315～405 字节内容（即 EF04 文件偏移 314 字节更新 91 字节）。 单片式 OBU：EF02 文件第 45～124 字节，剩余字节填充 0x00
159	15	ETCInfo2	双片式 OBU：1 字节偏移值 N + 4 字节 EF04 文件信息 [若取值 0x0545AABBCC，表示偏移 405 + (5 - 1) × 4 字节写入 4 字节 0x45AABBCC；若取值 0x0045AABBCC，表示本字段不须进行更新操作]，本字段 N>0 时启用，N 取值范围为 0～20。剩余 10 字节填充 0x00。 单片式 OBU：1 字节偏移值 N + 14 字节 EF02 文件信息，表示偏移 200 + (N - 1) × 14 字节写入 14 字节 EF02 文件信息，本字段 N>0 时启用，N 取值范围为 0～15

注：1. 本指令对 ETC 门架系统 RSU 发送过来的 B4 帧有效，指示 ETC 门架系统 RSU 对 OBU 进行相关操作。
2. 单方向具备多排门架互为冗余且数据共享时，本指令对 B4 帧有效。
3. 车道控制器应对 B4 帧做逻辑判断，若双片式 OBU 未插卡或读 ICC 文件失败，但读 EF04 文件成功，则下发 C6 帧只更新 EF04 文件；若双片式 OBU 读 ICC 文件成功，读 EF04 文件成功，则下发 C6 帧进行更新 EF04 文件操作 + 复合消费操作；若双片式 OBU 读 ICC 文件成功，读 EF04 文件失败，则下发 C6 帧只进行复合消费操作；则其余情况下发 C2 帧拒绝交易。
4. ETC 门架系统 RSU 更新单片式 OBU EF02 文件时，应将 Station、ETCInfo1 字段数据合并更新。

7 MTC 交易指令只作用于 MTC 车辆（CPC），指示 ETC 门架系统 RSU 更新 CPC 过站信息文件、计费信息文件，应符合表 E.5.6-7 的规定。

表 E.5.6-7　MTC 交易指令

位置	字节数	参　数	说　明
0	1	CmdType	指令代码，此处取值 0xC7
1	4	CPC-MAC	CPC 的 MAC 地址
5	8	CPCDivFactor	CPC 一级分散因子
13	101	MTCInfo1	CPC-过站信息文件更新内容（前 101 字节）
114	24	MTCInfo2	1 字节偏移值 N，23 字节 CPC 计费信息文件更新内容。表示偏移（N-1）×23 字节更新 23 字节 CPC 计费信息，本字段 N>0 时启用，N 取值范围为 0~22

注：1. 本指令对 ETC 门架系统 RSU 发送过来的 B4 帧有效，指示 ETC 门架系统 RSU 进行更新 CPC 过站信息、计费信息操作。

2. 单一方向具备多排门架互为冗余且数据共享时，本指令对 B4 帧有效。

8 重取 TAC 指令应符合表 E.5.6-8 的规定。

表 E.5.6-8　重 取 TAC 指 令

位置	字节数	参　数	说　明
0	1	CmdType	指令代码，此处取值 0xC8
1	4	OBUID	OBUMAC 地址（OBU）
5	2	Epserial	对应的 ETC 用户卡 EP/ED 交易序号
7	1	EF04CmdType	EF04 文件操作类型： 0x00 指示本指令无 EF04Info 字段内容，本次重取 TAC 不操作 EF04 文件； 0x01 指示本指令有 EF04Info 字段内容，本次重取 TAC 操作 EF04 文件，后续字节有效
8	91	EF04Info	EF04CmdType 取值 0x01 时本字段有效； 用于更新 EF04 文件 315~405 字节（规则同 C6 帧）
17	5	EF04Info2	双片式 OBU：1 字节偏移值 N+4 字节 EF04 文件信息 [若取值 0x0545AABBCC，表示偏移 405+(5-1)×4 字节写入 4 字节 0x45AABBCC；若取值 0x0045AABBCC，表示本字段不须进行更新操作]，本字段 N>0 时启用，N 取值范围为 0~20。 对于单片式 OBU 本字段无效，填充 0x00

注：1. 同一收费单元具备多排门架系统时，若前排交易成功但 DSRC 帧（复合消费指令）返回超时，后排门架依据 B4 帧内容确认后，发送 C8 帧指示 ETC 门架系统 RSU 进入重取 TAC 流程。对收到 ETC 门架系统 RSU 发来的信息应答，指示 ETC 门架系统 RSU 获取 OBU（双片式 OBU）的 TAC、卡片余额、更新 EF04 文件。

2. 本指令仅对双片式 OBU 有效，指示 ETC 门架系统 RSU 获取 TAC 信息。

3. 当 ETC 门架系统 RSU 接收到 C8 指令后，应使用 Epserial（前排门架复合消费初始化返回的 Epserial+1）来获取 ETC 用户卡 TAC 码、MAC 码、卡片余额，并回复 B8 帧给车道控制器。

4. 本指令使用场景：单一方向具备多排门架互为冗余且数据共享时使用，用于后序门架获取前序门架未成功获取的 TAC 码信息，本指令对 B4 帧有效。

5. 车道控制器依据 B4 帧内容进行判断：若 EF04 文件已有本门架通行信息且门架通行时间为配置的阈值内，则 EF04CmdType 取值 0x00，指示 ETC 门架系统 RSU 仅进行重取 TAC 码操作；否则 EF04CmdType 取值 0x01，指示 ETC 门架系统 RSU 先进行 EF04 文件更新操作，再进行重取 TAC 码操作。

9 PSAM 初始化指令指示 ETC 门架系统 RSU 完成 PSAM 上电初始化功能，应符合表 E.5.6-9 的规定。

表 E.5.6-9 PSAM 初 始 化 指 令

位置	字节数	参　数	说　　明
0	1	CmdType	指令代码，此处取值 0xCA
1	4	PSAMChannel	按位表示需要授权的 PSAM 通道号（支持通道号1～通道号16）；例：0000 0000 0000 0000 0000 0000 0000 0011 表示通道1、2需要初始化

注：1. 本指令在需要 PSAM 在线授权时使用，ETC 门架系统 RSU 应答 BA 帧。
　　2. 当 ETC 门架系统 RSU 收到 PSAM 信息请求指令后，如果当前没有交易存在，立即进行 PSAM 初始化操作；如果尚有未完成的交易（无须车道控制器参与的），则应继续完成当前的交易操作，之后再进行 PSAM 初始化操作。
　　3. 本指令与车道控制器发送的其他指令之间的时间间隔应在 2ms 以上。

10 PSAM 授权指令指示 ETC 门架系统 RSU 完成 PSAM 在线授权功能，应符合表 E.5.6-10 的规定。

表 E.5.6-10 PSAM 授 权 指 令

位置	字节数	参　数	说　　明
0	1	CmdType	指令代码，此处取值 0xCB
1	1	PSAMCount	ETC 门架系统 RSU 需要授权的 PSAM 数量，记为 n
2	15×n	AuthInfo	ETC 门架系统 RSUPSAM 授权信息： 1 字节 PSAM 通道号； 1 字节认证状态，0x00 正常，其他故障（后面认证字段无效）； 13 字节授权认证数据（APDU+MAC）

注：1. 本指令在需要 PSAM 在线授权时使用，ETC 门架系统 RSU 应答 BB 帧。
　　2. 本指令与车道控制器发送的其他指令之间的时间间隔应在 2ms 以上。

11 心跳应答指令对 ETC 门架系统 RSU 发送的心跳信息帧进行应答，应符合表 E.5.6-11 的规定。

表 E.5.6-11 心 跳 应 答 指 令

位置	字节数	参　数	说　　明
0	1	CmdType	指令代码，此处取值 0xCF
1	1	Status	0x00-接收成功，其他保留

注：1. 本指令在接收到 ETC 门架系统 RSU 心跳信息帧时使用，车道控制器应答 CF 指令。
　　2. 本指令与车道控制器发送的其他指令之间的时间间隔应在 2ms 以上。

12 测试信号发送指令指示 ETC 门架系统 RSU 进入射频信号发射测试模式，应符合表 E.5.6-12 的规定。

表 E.5.6-12 测试信号发送指令

位置	字节数	参数	说明
0	1	CmdType	指令代码，此处取值 0xFA
1	1	RSUID	要发送测试信号的 RSU 天线头 ID； 0x00-所有 RSU 天线头； 0x01-左边起第一个 RSU 天线头（超车道）； 其他值依此类推
2	1	TxStatus	发射状态 0x00-关闭发射测试模式； 0x01-开始发射测试模式； 其他值保留
3	1	TxType	发射类型 0x00-载波信号；0x01-PN9 信号；0x02-全 0 信号；0x03-全 1 信号； 其他保留

注：1. 本指令在对 ETC 门架系统 RSU 进行射频指标测试时使用，ETC 门架系统 RSU 应答 EA 帧。
2. 本指令在 ETC 门架系统 RSU 打开（BST 发送状态）或关闭状态时均可使用，接收到测试信号发送指令（TxStatus=0x01）时，ETC 门架系统 RSU 进入相应测试模式；接收到测试信号发送指令（TxStatus=0x00）时，ETC 门架系统 RSU 恢复为进入测试模式前的工作状态。
3. 当 ETC 门架系统 RSU 为打开状态且收到测试信号发送指令后，如果当前没有交易存在，立即进入相应测试模式；如果尚有未完成的交易（无须车道控制器参与的），则应继续完成当前的交易操作，之后再入相应测试模式。
4. 本指令与车道控制器发送的其他指令之间的时间间隔应在 2ms 以上。

13 测试信号接收指令（可选）指示 ETC 门架系统 RSU 进入射频信号接收测试模式，应符合表 E.5.6-13 的规定。

表 E.5.6-13 测试信号接收指令

位置	字节数	参数	说明
0	1	CmdType	指令代码，此处取值 0xFB
1	1	RSUID	要发送测试信号的 RSU 天线头 ID； 0x00-所有 RSU 天线头（暂不要求）； 0x01-左边起第一个 RSU 天线头（超车道）； 其他值依此类推
2	1	RxStatus	接收状态 0x00-停止接收测试模式； 0x01-启动接收测试模式； 其他保留

续表 E.5.6-13

位置	字节数	参数	说明
3	1	IfRevDataDiff	接收类型 0x00-接收到的数据帧与第一个数据不进行比较； 0x01-接收到的数据帧与第一个数据进行比较； 其他保留

注：1. 本指令在对 ETC 门架系统 RSU 进行射频指标测试时使用，ETC 门架系统 RSU 应答 EB 帧。

2. 本指令在 ETC 门架系统 RSU 打开（BST 发送状态）或关闭状态时均可使用，接收到测试信号接收指令（TxStatus=0x01）时，ETC 门架系统 RSU 进入相应测试模式；接收到测试信号接收指令（TxStatus=0x00）时，ETC 门架系统 RSU 恢复为进入测试模式前的工作状态。

3. 当 ETC 门架系统 RSU 为打开状态且收到测试信号接收指令后，如果当前没有交易存在，则立即进入相应测试模式；如果尚有未完成的交易（无须车道控制器参与的），则应继续完成当前的交易操作，之后再入相应测试模式。

4. 本指令与车道控制器发送的其他指令之间的时间间隔应在 2ms 以上。

14 BeaconID 设置指令（可选）指示 ETC 门架系统 RSU 进入 BeaconID 查询、配置模式，应符合表 E.5.6-14 的规定。

表 E.5.6-14 BeaconID 设置指令

位置	字节数	参数	说明
0	1	CmdType	指令代码，此处取值 0xFC
1	1	BeaconIDStatus	BeaconID 配置状态 0x00：设置 BeaconID 为固定值； 0x01：设置 BeaconID 为变化状态； 0x02：查询 BeaconID 状态，其他保留
2	4	BeaconID	BeaconID 值，本项仅在 BeaconIDStatus=0x00 时有效

E.5.7 ETC 门架系统 RSU 发送的数据帧应符合下列规定：

1 ETC 门架系统 RSU 发往车道控制器的信息帧类型和功能应符合表 E.5.7-1 的规定。

表 E.5.7-1 ETC 门架系统 RSU 的信息帧类型和功能

指令名称	代码	功能说明
设备状态信息帧	0xB0	ETC 门架系统 RSU 的当前设备状态信息
心跳信息帧	0xB1	ETC 门架系统 RSU 的当前运行状态信息
OBU 信息帧	0xB2	ETC 门架系统 RSU 检测到 OBU 后，发送的 OBU 系统信息
用户信息帧	0xB4	ETC 门架系统 RSU 读取到 OBU 的信息帧分为三种情况： （1）双片式 OBU：包括车辆信息、ETC 用户卡信息； （2）单片式 OBU：包括车辆信息、入出口信息； （3）CPC：入出口信息、过站信息、计费信息
交易信息帧	0xB5	ETC 门架系统 RSU 与 OBU 交易完成后的结果信息

续表 E.5.7-1

指令名称	代码	功能说明
TAC 信息帧	0xB8	ETC 门架系统 RSU 与 OBU（双片式 OBU）获取 TAC 码、MAC 码、ETC 用户卡余额后的结果信息
PSAM 初始化信息帧	0xBA	ETC 门架系统 RSU 执行 PSAM 初始化操作的结果信息
PSAM 授权信息帧	0xBB	ETC 门架系统 RSU 执行 PSAM 在线授权的结果信息
测试信号发送信息帧	0xEA	ETC 门架系统 RSU 执行测试信号发送指令后的结果信息
测试信号接收信息帧	0xEB	ETC 门架系统 RSU 执行测试信号接收指令后的结果信息
BeaconID 设置信息帧	0xEC	ETC 门架系统 RSU 执行 BeaconID 设置指令后的结果信息

2 ETC 门架系统 RSU 在上电或收到车道控制器初始化指令后，发送设备状态信息帧给车道控制器，设备状态信息帧格式应符合表 E.5.7-2 的规定。

表 E.5.7-2 设备状态信息帧

位置	字节数	参数	说明
0	1	FrameType	数据帧类型标识，此处取值 0xB0
1	1	RSUStatus	ETC 门架系统 RSU 主状态参数；0x00 表示正常，否则异常
2	1	PSAMNum1	ETC 门架系统 RSU 中 PSAM 数量，记为 n
3	9×n	PSAMInfo1	1 字节 PSAM 通道号（通道号取值范围 1~32）； 1 字节 PSAM 版本号； 1 字节 PSAM 授权状态，0x00-已授权（含无须授权），0x01-未授权； 6 字节 PSAM 终端机编号
3+9n	1	RSUAlgId	算法标识，默认填写 0x00
4+9n	1	RSUManuID	ETC 门架系统 RSU 厂商代码，须与 BeaconID 保持一致
5+9n	3	RSUID	ETC 门架系统 RSU 编号，须与 BeaconID 保持一致
8+9n	2	RSUVersion	ETC 门架系统 RSU 软件版本号，采用本标准版本不低于 0x2000
10+9n	1	workstatus	工作模式返回状态，默认填写 0x00
11+9n	3	FlagID	ETC 门架编号（由 C0 帧中获取，获取失败填充 0x00）
14+9n	4	Reserved	保留字节，填充 0x03050000。 前 2 字节指示接口版本信息，本协议填写 0x0305；后 2 字节保留填充 0x00

注：1. ETC 门架系统 RSU 启动后监听通信端口，等待车道控制器连接；车道控制器发起 TCP 连接请求，建立 TCP 连接后，发送 C0 指令对 ETC 门架系统 RSU 进行初始化。

2. ETC 门架系统 RSU 应在规定时间内（最大应不大于 1s）完成初始化工作并应答 B0 帧。

3. 若 ETC 门架系统 RSU 采用冗余推荐方案，RSUStatus 字段表示接收 C0 指令的 ETC 门架系统 RSU 工作状态。

4. PSAMInfo 字段应包含主、备 ETC 门架系统 RSU 配备的所有 PSAM 卡信息，PSAM 通道号从 1 开始累加。车道控制器会依据 PSAMInfo 字段信息，完成主、备 ETC 门架系统 RSU 中所有 PSAM 的授权操作（若需要授权）。

3 ETC 门架系统 RSUStatus 的代码含义定义应符合表 E.5.7-3 的规定。

表 E.5.7-3 ETC 门架系统 RSU 主状态参数

代码值	ETC 门架系统 RSU 初始化状态
0x00	ETC 门架系统 RSU 状态正常
0x01	PSAM 复位失败（由 ETC 门架系统 RSU 自行确认，影响本门架正常交易时赋值）
0x02	ETC 门架系统 RSU 天线头连接失败（由 ETC 门架系统 RSU 自行确认，影响本门架正常交易时赋值）
0x03	ETC 门架系统 RSU 控制器初始化异常

4 ETC 门架系统 RSU 定时发送心跳信息帧给车道控制器，指示 ETC 门架系统 RSU 的工作状态。心跳信息帧应符合表 E.5.7-4 的规定。

表 E.5.7-4 心跳信息帧

位置	字节数	参数	说明
0	1	FrameType	数据帧类型标识，此处取值 0xB1
1	1	RSUControlStatus1	ETC 门架系统 RSU 控制器 1（IP 地址小的为控制器 1）状态，0x00-主机+正常，0x01-主机+异常，0x10-从机+正常，0x11-从机+异常
2	1	RSUControlStatus2	ETC 门架系统 RSU 控制器 2（IP 地址大的为控制器 2）状态，0x00-主机+正常，0x01-主机+异常，0x10-从机+正常，0x11-从机+异常
3	1	RSUControlStatus3	ETC 门架系统 RSU 主备控制器之间的通信连接状态，0x00-通信正常，0x01-通信异常
4	1	PSAMNum1	ETC 门架系统 RSU 控制器 1 的 PSAM 数量，记为 n
5	3×n	PSAMStatus1	1 字节 PSAM 通道号；1 字节 PSAM 运行状态，0x00-正常，0x01-异常（含密钥锁定等无法正常工作的情况），1 字节 PSAM 卡授权状态，0x00-已授权，0x01-未授权（含授权失败）
5+3n	1	PSAMNum2	ETC 门架系统 RSU 控制器 2 的 PSAM 数量，记为 m
6+3n	3×m	PSAMStatus2	1 字节 PSAM 通道号；1 字节 PSAM 运行状态，0x00-正常，0x01-异常（含密钥锁定等无法正常工作的情况），1 字节 PSAM 卡授权状态，0x00-已授权，0x01-未授权（含授权失败）
6+3n+3m	1	RSUAntennaNum	ETC 门架系统 RSU 配置的天线数量，记为 h
7+3n+3m	1	RSUAntennaNum2	主用 ETC 门架系统 RSU 控制器所连接天线中正常工作的数量

续表 E.5.7-4

位置	字节数	参 数	说 明
8 + 3n + 3m	4×h	AntennaStatus	ETC 门架系统 RSU 天线状态信息 1 字节天线 ID 编号，0x01 为左边起第一个 RSU 天线头（超车道开始），其他值类推； 1 字节天线运行状态，0x00-正常，0x01-通信状态异常（控制器与天线之间），0x02-天线射频模块状态异常，0x03-其他异常； 1 字节天线信道，0x00-信道 1，0x01-信道 2； 1 字节功率等级，取值 0x00～0x1F

注：1. ETC 门架系统 RSU 定时向车道控制器发送此帧，发送间隔为 2s（ETC 门架系统 RSU 与车道控制器处于 B、C 帧交互流程（如交易流程、PSAM 在线授权流程）时宜等本次交互流程完成后再发送此帧，忙时发送间隔可适当顺延，顺延时间不应大于 2s），指示 ETC 门架系统 RSU 的工作状态。车道控制器应答 CF 指令。

2. RSUControlStatus1 固定对应 IP 地址小的控制器，RSUControlStatus2 固定对应 IP 地址大的控制器，RSUControlStatus3 对应两个控制器之间心跳线的通信状态。

3. RSUControlStatus 字段指示 ETC 门架系统 RSU 控制器运行状态［控制器异常包括：其安装的 PSAM 状态异常（不包含未授权和授权失败）及控制器本身的一些异常，对于 PSAM 卡来说建议异常数量影响门架成功率的情况下再将控制器状态置异常］。ETC 门架系统 RSU 控制器状态（RSUControlStatus1、RSUControlStatus2）高 4 位指示控制器工作模式（主机/从机），低 4 位指示控制器运行状态（正常/异常）。

4. ETC 门架系统 RSU 未进行冗余备份时（只有一套设备），RSUControlStatus2 字段置 0x11，RSUControlStatus3 字段置 0x01，PSAMNum2 字段置 0x00，PSAMStatus2 字段置空。

5 OBU 信息帧格式应符合表 E.5.7-5 的规定。

表 E.5.7-5 OBU 信 息 帧

位置	字节数	参 数	OBU 说明 （双片式、单片式）	CPC 说 明
0	1	FrameType	数据帧类型标识，此处取值 B2	数据帧类型标识，此处取值 B2
1	4	OBUID/CPC-MAC	OBU MAC 地址	CPC 的 MAC 地址
5	1	ErrorCode	执行状态代码，取值 0x00	执行状态代码，取值 0x00
6	1	AntennaID	1 字节本次交易的天线 ID 编号，0x01 为左边起第一个 RSU 天线头（超车道开始），其他值类推	
7	1	DeviceType	OBU 类型：0x01-双片式 OBU，0x02-单片式 OBU，0x03-CPC，其他值保留	
8	8	IssuerIdentifier	发行商代码	发行商代码
16	1	ContractType	OBU 协约类型	CPC 时填充 0x00
17	1	ContractVersion	OBU 合同版本	CPC 版本号
18	8	SerialNumber	OBU 合同序列号	CPC 的 ID 号
26	4	DateofIssue	OBU 合同签署日期	合同签署日期

续表 E.5.7-5

位置	字节数	参数	OBU 说明（双片式、单片式）	CPC 说 明
30	4	DateofExpire	OBU 合同过期日期	合同过期日期
34	1	EquitmentCV	OBU 设备类型及版本	CPC 时填充 0x00
35	2	OBU/CPC Status	OBU 状态	CPC 状态

注：1. 车道控制器收到该信息帧后：
   （1）车道控制器应答 C1 指令，则指示 ETC 门架系统 RSU 继续交易操作；
   （2）控制器应答 C2 指令，参数 StopType = 0x01，则 ETC 门架系统 RSU 不对 OBU 进行操作，应下发释放链路指令；
   （3）车道控制器应答 C2 指令，参数 StopType = 0x03，则 ETC 门架系统 RSU 2min 之内不再发送该 OBU 的数据帧，应下发释放链路指令。
2. ETC 门架系统 RSU 在搜索到 OBU 后发送 OBUMAC 地址给车道控制器，表示通信区域内存在此 OBU，同时 ErrorCode 为零。
3. ETC 门架系统单一方向采用多排门架冗余方案且启用数据共享模式时，车道控制器应依据 OBUMAC 地址进行逻辑判断，如果前序门架已完成交易则下发 C2 停止交易指令。
4. ErrorCode 为 0xFF 时，代表该帧为测试帧。
5. OBU Status 指示 OBU 状态异常时，车道控制器记录，但继续下发 C1 指令，并在 ETC 门架系统 RSU 发送 B4 帧之后统一进行逻辑判断。
6. ETC 门架系统 RSU 可依据 OBU 合同版本及 equipmentClass（VST 数据帧中）对 OBU 类型进行区分：合同版本高四位取值≤4 或 =0xFF 的为双片式 OBU（3DES 算法）；0xFF > 合同版本高四位取值≥5 且 equipmentClass = 4 的为单片式 OBU（SM4 算法）；0xFF > 合同版本高四位取值≥5 且 equipmentClass = 1 的为双片式 OBU（SM4 算法）。
7. ETC 门架系统 RSU 发送 BST 数据帧时，同一收费单元的多排门架或同一断面的正反向门架，可以通过预读不同长度的 0019 文件（或单片式、CPC 对应的文件）来区分收到的上行数据帧是否为本门架应该接收的数据。预读 BST 预读 0019 文件（或单片式、CPC 对应的文件）长度取值 4、5、6、7、8、9，上行门架第一排预读 4 字节、第二排门架预读 5 字节、第三排门架预读 6 字节，下行门架第一排预读 7 字节、第二排预读 8 字节、第三排预读 9 字节。门架上下行方向依据门架 Hex 码判断，当前门架为第几排依据 C0 帧保留字节判断。

6 用户信息帧适用于双片式 OBU、单片式 OBU 和 CPC，应符合表 E.5.7-6 的规定。

表 E.5.7-6 用户信息帧

位置	字节数	参数	OBU 说明（双片式、单片式）	CPC 说 明
0	1	FrameType	类型标识，此处取值 0xB4	类型标识，此处取值 0xB4
1	4	OBUID/CPC-MAC	OBU MAC 地址	CPC 的 MAC 地址
5	1	ErrorCode	执行状态代码	执行状态代码
6	1	TransType	交易类型（0x10：复合交易）	交易类型（0x10：复合交易）
7	79	VehicleInfo	车辆信息文件 79 字节	CPC 该数据域不存在
86	4	CardRestMoney	电子钱包文件 单片式 OBU 填充 0x00 无数据返回时填充 0x00	CPC 该数据域不存在

续表 E.5.7-6

位置	字节数	参　数	OBU 说明 （双片式、单片式）	CPC 说　明
90	91	ETCInfo	双片式 OBU：EF04 文件 315~405（即偏移 314 字节读取 91 字节）； 单片式 OBU：EF02 文件第 44~103 字节内容，后 31 字节补 0x00； 无数据返回时填充 0x00	CPC 该数据域不存在
181	50	IssuerInfo	双片式 OBU：卡片发行信息（0015 文件）43 字节 + 后 7 字节补 0x00； 单片式 OBU：EF02 文件前 43 字节 + 后 7 字节补 0x00； 无数据返回时填充 0x00	CPC 该数据域不存在
231/7	43	LastStation	出入口信息 双片式 OBU 为 0019 文件，单片式 OBU 为 DF01/EF02 文件； 无数据返回时填充 0x00	CPC 出入口信息，不足 43 字节补充 0x00 处理； 无数据返回时填充 0x00
50	101	MTCInfo	OBU 该数据域不存在	CPC 的 DF01/EF02 文件前 101 字节 无数据返回时，填充 0x00

注：1. 车道控制器收到该信息帧后：
  （1）车道控制器应答 C6 指令，则 ETC 门架系统 RSU 对 OBU 进行 ETC 交易操作；
  （2）车道控制器应答 C7 指令，则 ETC 门架系统 RSU 对 CPC 进行 MTC 交易操作；
  （3）车道控制器应答 C8 指令，则 ETC 门架系统 RSU 对 ETC 用户卡进行重取 TAC 操作；
  （4）车道控制器应答 C2 指令，参数 StopType = 0x01，则 ETC 门架系统 RSU 不对 OBU 进行操作，应下发释放链路指令；
  （5）车道控制器应答 C2 指令，参数 StopType = 0x02，则 ETC 门架系统 RSU 需要重新发送 B4 帧给车道控制器。
 2. 如果 ErrorCode 为 0x00，说明后续用户信息有效；如果 ErrorCode 为 0xFF，表示该帧为测试帧；如果 ErrorCode 为其他值时，将已读取有效数据填充到 B4 帧对应位置，其他区域填充 0x00。
 3. 如果 ErrorCode 为 0x01（无 DSRC 数据返回）时，车道控制器下发 C2 停止交易指令。
 4. CPC 的 DF01/EF02 文件中的最新 ETC 门架信息与本站一致时，车道控制器下发 C2 停止交易指令（门架数据共享时启用）。
 5. 对于拆卸等异常 ETC 车辆，车道控制器下发 C2 停止交易。
 6. ETC 门架系统 RSU 若预读 OBU/CPC 文件失败时，应支持使用 TransferChannel 数据帧重新读取。
 7. 双片式 OBU 应读取 EF04 文件的 315~405 字节，填充到 B4 帧相应位置。若双片式 OBU 未插卡或读卡失败时，应继续尝试读取 EF04 文件 315~405 字节，依据操作结果填充相应的错误码。车道控制器应对比 0019 与 EF04 文件中入口信息，若不一致则以 0019 为准。

7 用户信息帧中 ErrorCode 的代码定义应符合表 E.5.7-7 的规定。

表 E.5.7-7 ErrorCode 代码定义

代码值	错误类型说明
0x00	本次交易成功执行，后续各项信息均合法有效
0x01	无 DSRC 数据返回（超时）
0x02	上行 DSRC 数据解码错误
0x04	弃用，保留
0x05	解密双片式 OBU 车辆信息失败（PSAM 卡解密失败）
0x06	解密双片式 OBU 车辆信息失败（校验码对比失败）
0x07	单片式 OBU：读取车辆信息失败
0x08	单片式 OBU：读取 DF01/EF02 文件失败
0x09	单片式 OBU：读取随机数失败
0x0A	单片式 OBU：读取 DF01/EF02 文件失败
0x0B	CPC：读取 DF01/EF02 文件失败
0x0C	弃用，保留
0x0D	外部认证码计算失败（PSAM 返回）
0x0E	外部认证失败（CPC/单片式 OBU 返回）
0x10	弃用，保留
0x11	双片式 OBU：标签无卡、选择/读取 EF04 文件成功
0x12	双片式 OBU：标签无卡、选择/读取 EF04 文件失败
0x13	双片式 OBU：标签有卡、读取 ETC 用户卡片文件成功，选择/读取 EF04 文件失败
0x14	双片式 OBU：标签有卡、读取 ETC 用户卡片文件失败，选择/读取 EF04 文件失败
0x15	双片式 OBU：标签有卡、读取 ETC 用户卡片文件失败，选择/读取 EF04 文件成功
0xFF	测试数据帧

8　ETC 门架系统 RSU 发送交易信息帧，表示本次交易成功结束。交易信息帧应符合表 E.5.7-8 的规定。

表 E.5.7-8 交易信息帧

位置	字节数	参数	OBU 说明（单片式、双片式）	CPC 说明
0	1	FrameType	数据帧类型标识，此处取值 0xB5	数据帧类型标识，此处取值 0xB5
1	4	OBUID/CPC-MAC	OBU MAC 地址	CPC 的 MAC 地址
5	1	ErrorCode	执行状态代码	执行状态代码
6	6	PSAMNo	PSAM 卡终端机编号	PSAM 卡终端机编号

续表 E.5.7-8

位置	字节数	参　数	OBU 说明（单片式、双片式）	CPC 说　明
12	7	TransTime	交易时间，BCD 编码，格式：YYYYMMDDhhmmss	交易时间，BCD 编码，格式：YYYYMMDDhhmmss 依据 RSU 时间填写
19	1	TransType	交易类型：双片式 OBU：取值为 0x09（复合消费），其他保留；单片式 OBU：取值 0x80、0x81，其他值保留	交易类型，取值为 0x09（复合消费），其他保留
20	1	AlgFlag	算法标识，3DES 算法 0x00，SM4 算法 0x04	CPC 该数据域不存在
21	1	KeyVersion	双片式 OBU：消费密钥版本号；单片式 OBU：填写 0x00	CPC 该数据域不存在
22	4	TAC	交易认证码 单片式 OBU：填写 0x00	CPC 该数据域不存在
26	2	ICCPayserial	ETC 用户卡脱机交易序号 单片式 OBU 填充 0x00	CPC 该数据域不存在
28	4	PSAMTransSerial	PSAM 卡终端交易序号 单片式 OBU 填充 0x00，双片式 OBU 不进行复合消费操作时填写 0x00	CPC 该数据域不存在
32	4	CardBalance	交易后余额 单片式 OBU 填充 0x00	CPC 该数据域不存在

注：1. 车道控制器收到交易信息帧后：
　　（1）车道控制器应答 C1 指令（扣费/计费操作成功时），交易结束；
　　（2）车道控制器应答 C2 指令，参数 StopType = 0x01，则 ETC 门架系统 RSU 不对 OBU 进行操作；
　　（3）车道控制器应答 C2 指令，参数 StopType = 0x02，则 ETC 门架系统 RSU 需要重新发送 B5 帧给车道控制器。
　2. 如果 ErrorCode 为 0x00，说明后续用户信息有效；如果 ErrorCode 为 0xFF，表示该帧为测试帧；如果 ErrorCode 为其他值时，将已读取有效数据填充到 B5 帧对应位置，其他区域填充 0x00。
　3. 如果 ErrorCode 为 0x01（无 DSRC 数据返回）时，车道控制器应答 C2 指令停止交易。
　4. 如果 ErrorCode 为其他值（0x01、0xFF 除外），说明 ETC 门架系统 RSU 对 OBU 扣费/计费失败，车道控制器应答 C2 指令停止交易。
　5. 双片式 OBU 应先进行 EF04 文件更新操作、更新成功后才能进行复合消费操作（C6 帧 OBUTradeType = 0x00 时）；单片式 OBU 应先进行 EF02 文件前 103 字节更新，更新成功后才能偏移更新后边字节内容；CPC 应先更新 EF02 文件内容，更新成功后才能更新 EF04 文件内容。

9　交易信息帧中 ErrorCode 的代码定义应符合表 E.5.7-9 的规定。

表 E.5.7-9 ErrorCode 代码定义

代码值	错误类型说明
0x00	本次交易成功执行，后续各项信息均合法有效
0x01	无 DSRC 数据返回（复合消费 DSRC 数据未收到回复，多排门架时后续门架软件应进行逻辑判断是否需要尝试重取 TAC 或更新 EF04 文件）
0x02	上行 DSRC 数据解码错误
0x03	弃用，保留
0x04	弃用，保留
0x05	弃用，保留
0x06	双片式 OBU：PSAM 卡 MAC1 计算失败
0x07	双片式 OBU：MAC2 校验失败
0x08	双片式 OBU：计算 TAC 失败
0x09	单片式 OBU：更新 EF02 文件前 103 字节失败
0x0A	单片式 OBU：偏移更新 EF02 文件 14 字节失败
0x0B	弃用，保留
0x0C	CPC 更新过站信息文件失败，更新计费信息文件失败
0x0D	CPC 更新过站信息文件成功，更新计费信息文件失败
0x0E	弃用，保留
0x0F	弃用，保留
0x10	双片式 OBU：更新 EF04 文件失败，针对 C6 帧只更新 EF04
0x11	双片式 OBU：复合消费失败，针对 C6 帧只进行复合消费
0x12	双片式 OBU：更新 EF04 文件成功、复合消费失败
0x13	双片式 OBU：更新 EF04 文件失败、复合消费失败
0x14	弃用，保留
0xFF	测试数据帧

10 TAC 信息帧应符合表 E.5.7-10 的规定。

表 E.5.7-10 TAC 信息帧

位置	字节数	参数	说明（双片式 OBU）
0	1	FrameType	数据帧类型标识，此处取值 0xB8
1	4	OBUID/CPC-MAC	OBU MAC 地址
5	1	ErrorCode	执行状态代码
6	4	TAC	交易 TAC 码

续表 E.5.7-10

位置	字节数	参 数	说明（双片式 OBU）
10	4	MAC	交易 MAC 码
14	4	CardRestMoney	卡片余额

注：1. ETC 门架系统 RSU 获取 ETC 用户卡内的 TAC 码、MAC 码和卡片余额，更新 EF04 文件（315~405 字节）后，发送 TAC 信息帧给车道控制器：
   （1）车道控制器应答 C1 指令（取 TAC 成功），则本次交易结束；
   （2）车道控制器应答 C2 指令，参数 StopType = 0x01，则 ETC 门架系统 RSU 不对 OBU 进行操作，下发释放链路指令；
   （3）车道控制器应答 C2 指令，参数 StopType = 0x02，则 ETC 门架系统 RSU 需要重新发送 B8 帧给车道控制器。
2. 如果 ErrorCode 为 0x00，说明后续信息有效；如果 ErrorCode 为 0xFF，表示该帧为测试帧。

11 TAC 信息帧中 ErrorCode 的代码定义应符合表 E.5.7-11 的规定。

表 E.5.7-11 ErrorCode 代 码 定 义

代码值	错误类型说明
0x00	本次交易成功执行，后续各项信息均合法有效
0x01	无 DSRC 数据返回
0x02	上行 DSRC 数据解码错误
0x03	OBU 更新 EF04 文件成功、获取 TAC 码失败
0x04	OBU 更新 EF04 文件失败（含 C8 指示不需要更新 EF04 文件）、获取 TAC 失败
0x05	OBU 更新 EF04 文件失败、获取 TAC 成功
0xFF	测试数据帧

12 ETC 门架系统 RSU 完成 PSAM 的初始化操作后，发送初始化信息帧给车道控制器。PSAM 初始化信息帧应符合表 E.5.7-12 的规定。

表 E.5.7-12 PSAM 初始化信息帧

位置	字节数	参 数	说 明
0	1	FrameType	数据帧类型标识，此处取值 0xBA
1	1	ErrorCode	执行状态代码
2	7	Datetime	当前日期时间，YYYYMMDDhhmmss（BCD 码）
9	1	PSAMCount	授权的 PSAM 数量，记为 n
10	35×n	PSAMInfo	PSAM 初始化信息 35 字节： 1 字节 PSAM 通道号； 6 字节 PSAM 终端号； 10 字节 PSAM 序列号； 1 字节 PSAM 版本号； 1 字节 PSAM 密钥卡类型； 8 字节 PSAM 应用区域标识； 8 字节 PSAM 随机数

注：如果 ErrorCode 为 0x00，说明后续信息有效；如果 ErrorCode 为 0xFF，表示该帧为测试帧。

13 PSAM 初始化信息帧中 ErrorCode 的代码定义应符合表 E.5.7-13 的规定。

表 E.5.7-13 ErrorCode 代 码 定 义

代码值	错误类型说明
0x00	本次操作执行成功，后续各项信息均合法有效
0x01	上电初始化失败

14 ETC 门架系统 RSU 完成 PSAM 在线授权操作后，发送 PSAM 卡授权信息帧给车道控制器。PSAM 授权信息帧应符合表 E.5.7-14 的规定。

表 E.5.7-14 PSAM 卡授权信息帧

位置	字节数	参 数	说 明
0	1	FrameType	数据帧类型标识，此处取值 0xBB
1	1	ErrorCode	执行状态代码
2	1	PSAMCount	授权 PSAM 通道数量，记为 n
3	4×n	AuthResult	PSAM 卡授权结果信息 4 字节： 1 字节 PSAM 通道号； 1 字节执行状态码，0x00 执行成功，其他失败； 2 字节授权认证 TimeCos 状态码，0x9000 执行成功，其他取值详见本标准附录 N

注：1. 如果 ErrorCode 为 0x00，说明后续信息有效；如果 ErrorCode 为 0xFF，表示该帧为测试帧。
2. PSAMCount 数值应与 CB 指令中 PSAMCount 保持一致。

15 PSAM 卡授权信息帧中 ErrorCode 的代码定义应符合表 E.5.7-15 的规定。

表 E.5.7-15 ErrorCode 代 码 定 义

代码值	错误类型说明
0x00	本次操作执行成功，后续各项信息均合法有效
0x01	在线授权失败

16 ETC 门架系统 RSU 返回测试信号发送状态给车道控制器，测试信号发送信息帧应符合表 E.5.7-16 的规定。

表 E.5.7-16 测试信号发送信息帧

位置	字节数	参 数	说 明
0	1	FrameType	数据帧类型标识，此处取值 0xEA
1	1	Status	0x00-正确执行，0x01-执行失败，其他保留

17 测试信号接收信息帧（可选）应符合表 E.5.7-17 的规定。

表 E.5.7-17 测试信号接收信息帧

位置	字节数	参 数	说 明
0	1	FrameType	数据帧类型标识，此处取值 0xEB
1	1	Status	0x00-正确执行，0x01-执行失败，其他保留

续表 E.5.7-17

位置	字节数	参 数	说 明
2	2	RevNum	正确接收到的数据帧个数，收到启动接收测试指令（RxStatus=0x01 的 FB 指令）时清零
4	N	Primitive	RevNum 不为 0x0000 时，返回当前测试接收到的第一个上行原语；RevNum 为 0x0000 时此数据域长度为 0
4+N	2	DiffRevNum	FB 指令中 IfRevDataDiff=0x01 时，与接收到的第一个上行原语不同的数据帧个数
6+N	2	RevNum_CRCErr	接收到完整但 CRC 校验错误帧的数据帧个数，收到启动接收测试指令（RxStatus=0x01 的 FB 指令）时清零

注：1. 测试信号信息帧用于 ETC 门架系统 RSU 接收测试信号返回测试结果给车道控制器。
2. 收到 FB 指令后立即回复本帧。
3. 当 FB 指令中 RxStatus=0x00 时，被测 ETC 门架系统 RSU 停止当前测试并按本帧格式回复已完成的测试结果。

18 BeaconID 设置信息帧（可选）应符合表 E.5.7-18 的规定。

表 E.5.7-18 BeaconID 设置信息帧

位置	字节数	参 数	说 明
0	1	FrameType	数据帧类型标识，此处取值 0xEC
1	1	Status	0x00-正确执行，0x01-执行失败，其他保留
2	1	BeaconIDStatus	0x00-BeaconID 为固定状态；0x01-BeaconID 为变化状态；其他保留
3	4	BeaconID	当前 BeaconID 值

注：BeaconID 设置信息帧用于 ETC 门架系统 RSU 返回 BeaconID 设置结果给车道控制器。

附录 F IC 卡读写器技术要求

F.1 通用要求

F.1.1 IC 卡读写器电源、外观与结构、环境、安全、可靠性及寿命、电磁兼容性等均应符合现行《集成电路（IC）卡读写机通用规范》（GB/T 18239）中的有关规定。

F.2 硬件接口

F.2.1 IC 卡读写器与主机通信接口应至少支持 RS-232、USB、RJ45 的一种。

F.2.2 IC 卡读写器非接触式接口应符合下列规定：

1 应符合现行《识别卡 非接触式集成电路卡》ISO/IEC 14443 TYPE A 和 TYPE B 的有关规定。

2 工作频率应为 13.56MHz ± 7kHz。

3 天线读写距离范围应为 0～50mm，且有效范围内不应有盲区。

4 在读写有效区域内的最小场强为 1.5A/m rms。

5 在读写有效区域内的最大场强为 7.5A/m rms。

6 通信波特率应支持 106kbit/s、212kbit/s、424kbit/s、848kbit/s。

F.2.3 IC 卡读写器与 SAM 接口应符合下列规定：

1 应至少具备 4 个外形尺寸符合现行《识别卡 物理特性》（GB/T 14916）标准要求的 ID-000 规格的 SAM 卡座。

2 应支持物理接口符合现行《识别卡 带触点的集成电路卡 第1部分：物理特性》（GB/T 16649.1）和《识别卡 集成电路卡 第2部分：触点的尺寸和位置》（GB/T 16649.2）带触点的分有关规定的 SAM。

3 通信协议应符合现行《识别卡 带触点的集成电路卡 第3部分：电信号和传输协议》（GB/T 16649）的有关规定。

4 应支持 5V 和 3V 工作电压的 SAM。

5 通信速率应能自动识别，并至少支持 9 600 ~ 115 200 bit/s。

6 当任意两个触点之间短路时，读写器不应损坏。

F.2.4 IC 卡读写器应具备通信状态指示功能。

附录 G 手机支付技术要求

G.1 手机支付受理终端

G.1.1 手机支付受理终端功能应符合下列规定：

1 应能识读现行《快速响应矩阵码》(GB/T 18284) 规定的二维码。
2 应设置唯一的设备序列号。
3 宜具备语音播报，提示交易状态功能。
4 宜具备图文显示功能，提示应缴金额、扣费状态等信息。
5 应具备设备状态自检和状态上报功能。
6 应确保固件和软件不被非法注入或更新。
7 应支持标准串行接口 RS-232 接口，以太网接口可选支持。
8 宜具备 SE 模块，SE 模块技术要求应符合本标准第 G.2 节的规定。
9 应提供数字证书、密钥参数等数据的安全下载、更新和删除功能。
10 宜具备终端交易记录存储和记录查询功能。
11 具备智能操作系统的手机支付受理终端，应具备日志记录和上传功能，支持 SYSLOG 或 SNMP 协议。

G.1.2 手机支付受理终端技术指标应符合下列规定：

1 二维码最小模块尺寸为 1.905mm 时，根据安装方式的不同，横向扫码方式下的扫码终端宜符合图 G.1.2-1 和图 G.1.2-2 的规定，二维码识读距离宜为 10~150cm，当扫码距离为 80cm 时识读区域不宜小于 40cm×40cm；纵向扫码方式下的扫码终端宜符合图 G.1.2-3 和图 G.1.2-4 的规定，二维码识读距离宜为 80~220cm，当扫码距离为 150cm 时识读区域不宜小于 60cm×40cm。
2 MTBF 不应低于 10 000h。
3 设备使用寿命应大于 100 000h。
4 如支持屏显，显示屏亮度不应低于 $1 000cd/m^2$。
5 设备电源模块应支持 AC 220V×(1±10%) 的电源输入。
6 工作温度宜为 -35~55℃，工作相对湿度宜为 4%~100%。
7 设备的防护等级不应低于 IP65。
8 金融 POS 终端应符合金融行业标准的有关规定。

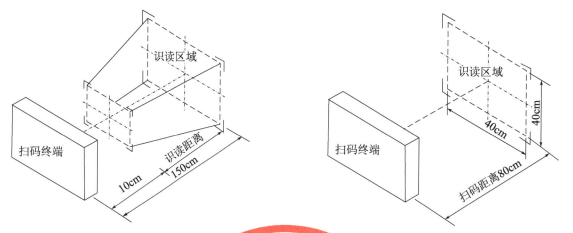

图 G.1.2-1 横向扫码方式下的二维码识读距离示意图　　图 G.1.2-2 横向扫码方式下的二维码识读区域示意图

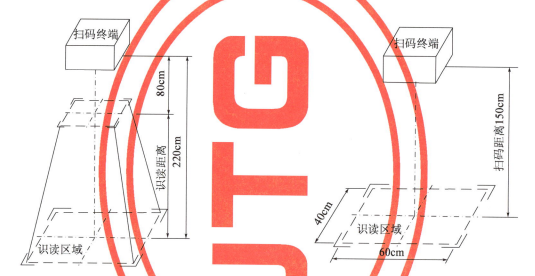

图 G.1.2-3 纵向扫码方式下的二维码识读距离示意图　　图 G.1.2-4 纵向扫码方式下的二维码识读区域示意图

G.1.3 手机支付受理终端安全防护应符合下列规定：

1 手机支付受理终端应具有软件白名单功能，应能根据白名单控制应用软件安装、运行。

2 手机支付受理终端应具有应用软件权限控制功能，应能控制应用软件对手机支付受理终端中资源访问。

3 手机支付受理终端应具有接受管理服务端推送的应用软件管理策略，并根据该策略对软件实施管控的能力。

4 当手机支付受理终端通过非高速公路通信网连接手机支付平台时，手机支付受理终端与手机支付平台之间应采用密钥技术进行双向身份认证，建立安全的信息传输通道，保证通信过程中数据的完整性和保密性。

5 建立安全通道的签名密钥长度应不低于 256 位，会话密钥长度应不低于 128 位。

6 通过手机支付受理终端发送的报文的关键要素宜进行数字签名，以确保手机支付信息的真实性和不可抵赖性。

G.2 SE 模块

G.2.1 SE 的功能应符合下列规定：
1 支持 T=0 通信协议。
2 支持 SM2、SM3、SM4 算法。
3 具有密钥生成和数字签名运算能力。
4 有独立的不可读区域，存放终端私钥、终端密钥等代表终端唯一性的重要信息。
5 参与密钥运算的随机数应由 SE 模块生成。
6 支持与处理中心之间建立安全通道，对与外部交互的数据进行加、解密运算及合法性、完整性验证。
7 能安全地存储密钥，禁止外部对密钥的直接访问，并通过有效的安全机制防止密钥被非法注入、替换和使用。
8 不应存在输出明文私钥、明文密钥或者明文 PIN 的机制。
9 生成随机数的随机性指标应符合国际通用硬件产生随机数标准要求。
10 支持多应用，各应用之间相互独立。
11 支持多种文件类型，包括二进制文件、定长记录文件、变长记录文件、循环文件。
12 在通信过程中支持多种安全保护机制（信息的机密性和完整性保护）。
13 支持多种安全访问方式和权限（认证功能和口令保护）。

G.2.2 基于集成电路卡的 SE 模块技术指标应符合下列规定：
1 非易失性存储器容量不低于 32kbytes。
2 支持 1.8V 和 3V 工作电压。
3 工作温度宜为 −25 ~ +70℃，寒区宜为 −40 ~ +70℃。存储温度宜为 −40 ~ +85℃。工作相对湿度宜为 10% ~ 95%。
4 外部工作时钟频率不低于 7.5MHz。
5 其他物理特性、电气特性应符合现行《识别卡 带触点的集成电路卡》（GB/T 16649）的有关规定。

G.2.3 安全等级应达到现行《安全芯片密码检测准则》（GM/T 0008）规定的 2 级及 2 级以上级别。

G.3 手机支付接口

G.3.1 收费车道系统采用手机支付方式二维码支付交易流程中，收费车道系统向手机支付平台发送扣费请求的数据接口应符合表 G.3.1-1 的规定，手机支付平台返回扣费应答的数据接口应符合表 G.3.1-2 的规定。

表 G.3.1-1 扣费请求接口

序号	字段名	别名	数据类型
1	交易类型	BusinessType	unsignedByte
2	手机支付受理终端编号	TermNo	string（32）
3	车道手机支付流水号	PayIdentifier	string（32）
4	请求发起时间	RequestTime	dateTime
5	二维码数据	QRCode	string（64）
6	总费额（单位：分）	TollAmount	unsignedInt

表 G.3.1-2 扣费应答接口

序号	字段名	别名	数据类型
1	交易类型	BusinessType	unsignedByte
2	应答的手机支付受理终端编号	TermNo	string（32）
3	应答的车道手机支付流水号	PayIdentifier	string（32）
4	请求应答时间	ReplyTime	dateTime
5	响应状态	ReplyStatus	unsignedByte
6	响应消息	StatusMessage	string（128）
7	手机支付平台订单号	MblPayPlatNumber	string（32）
8	第三方支付平台代码	PayChannelCode	unsignedByte

G.3.2 收费车道系统采用手机支付方式二维码支付交易流程中，收费车道系统向手机支付平台发送冲正/撤销请求的数据接口应符合表 G.3.2-1 的规定，手机支付平台返回冲正/撤销应答的数据接口应符合表 G.3.2-2 的规定。

表 G.3.2-1 冲正/撤销请求接口

序号	字段名	别名	数据类型
1	交易类型	BusinessType	unsignedByte
2	手机支付受理终端编号	TermNo	string（32）
3	车道手机支付流水号	PayIdentifier	string（32）
4	请求发起时间	RequestTime	dateTime

表 G.3.2-2 冲正/撤销应答接口

序号	字段名	别名	数据类型
1	交易类型	BusinessType	unsignedByte
2	应答的手机支付受理终端编号	TermNo	string（32）

续表 G.3.2-2

序号	字 段 名	别 名	数 据 类 型
3	应答的车道手机支付流水号	PayIdentifier	string（32）
4	请求应答时间	ReplyTime	dateTime
5	响应状态	ReplyStatus	unsignedByte
6	响应消息	StatusMessage	string（128）

G.3.3 出口车道收费流水应区分支付方式，并包括手机支付受理终端编号、手机支付平台订单号、第三方支付平台代码等扩展字段。

G.3.4 基于虚拟卡的交易数据接口应符合金融行业标准的有关规定。

G.3.5 当收费车道系统直接与第三方支付平台通信完成交易时，数据接口可参考本标准进行适应性调整。

附录 H 便携式收费终端技术要求

H.0.1 便携式收费终端应由 5.8GHz 通信模块、非接触 IC 卡读写模块、PSAM 卡读写模块、4G/5G 通信模块、WiFi 通信模块、图像抓拍模块、定位模块、人机交互模块、应用软件等组成。

H.0.2 便携式收费终端功能应符合下列规定：
1 应具备入/出口车道 ETC 车辆收费功能。
2 应具备入/出口车道 MTC 车辆收费功能。
3 采用脱机交易的便携式收费终端应具备 PSAM 卡授权功能。
4 应具备交易数据、车牌识别数据和车辆抓拍图片的生成及自动关联功能。
5 应具备从上级系统接收收费相关参数及向上级系统上传收费相关数据功能。
6 应与北斗授时时间保持一致。
7 宜具备基于北斗定位系统的电子围栏功能。

H.0.3 便携式收费终端 5.8GHz 通信物理参数指标除天线半功率波束宽度水平方向不大于 55°，垂直方向不大于 90°外，物理参数指标应符合现行《电子收费 专用短程通信 第 1 部分：物理层》（GB/T 20851.1）的有关规定，数据链路层、应用层、设备应用应符合现行《电子收费 专用短程通信 第 2 部分：数据链路层》（GB/T 20851.2）、《电子收费 专用短程通信 第 3 部分：应用层》（GB/T 20851.3）、《电子收费 专用短程通信 第 4 部分：设备应用层》（GB/T 20851.4）的有关规定。

H.0.4 便携式收费终端非接触式 IC 卡接口应符合本标准第 F.2.2 条的有关规定。对于具有卡片限位装置的便携式收费终端，卡片读写距离可根据需要进行调整，在限位区域内不应有读写盲区。

H.0.5 采用脱机交易的便携式收费终端的 PSAM 卡座应不少于两个，与 PSAM 接口还应符合本标准第 F.2.3 条的规定。

H.0.6 便携式收费终端 WiFi 应工作在 2.4GHz 频段。

H.0.7 便携式收费终端安全防护应符合下列规定：
1 应具有软件白名单功能，应能根据白名单控制应用软件安装、运行。

2 应具有应用软件权限控制功能，应能控制应用软件对手机支付受理终端中资源访问。

3 应支持基于国产密码算法统一的数字证书接入的功能。

H.0.8 便携式收费终端性能应符合下列规定：

1 工作温度：-20 ~ +55℃。

2 存储温度：-20 ~ +55℃。

3 相对工作湿度：10% ~ 90%。

4 电池：电池充满电后，常温环境下，实际应用环境下，应能连续工作8h以上。

5 安全：应符合现行《音视频、信息技术和通信技术设备 第1部分：安全要求》（GB 4943.1）的有关规定。

6 可靠性：MTBF不少于5 000h。

7 图像抓拍模块应具备自动对焦、补光功能，摄像头分辨率不小于500万像素。

附录 J OBU 技术要求

J.1 通用要求

J.1.1 OBU 可包括一体化产品、分体式产品、嵌入式模块等多种产品形态。

J.1.2 OBU 采用汽车预置安装方式时，应符合现行《不停车收费系统 车载电子单元》（GB/T 38444）的有关规定。

J.1.3 OBU 的部件与接口应符合下列规定：
1 OBU 可选部件包括蜂鸣器、字符显示器、红绿指示灯、USB 接口、RS232 串口、蓝牙模块等，可扩展支持北斗卫星定位、4G/5G 移动通信、互联网接入等功能。
2 OBU 可根据需要设置外部接口，并配置保护电路防止外部连接对设备内置部件或电路造成损坏。

J.1.4 OBU 应提供安全访问模块存放访问控制密钥和 ETC 应用信息等。

J.1.5 安装位置应符合下列规定：
1 对于整体安装在车辆前挡风玻璃上的 OBU，小型车辆宜安装在车辆的前挡风玻璃上方居中（后视镜位置附近）位置，大型车辆宜安装在前风挡玻璃下方。
2 对于预先在前挡风玻璃留有微波窗口的车辆，OBU 宜安装在微波窗口位置。
3 对于分体式、嵌入式 OBU，安装位置应不影响其正常通信。

J.1.6 OBU 供电应符合下列规定：
1 OBU 可采用电池、车载电源等供电方式。
2 采用电池供电的一体化 OBU 应具备低电报警功能，宜提供太阳能或其他的补电方式。
3 电池应符合现行《原电池 第 4 部分：锂电池的安全要求》（GB 8897.4）的有关规定并通过 UL 1642 和 UN 38.3 认证。
4 电池应标识制造商名称，商标名或商标，生产日期，型号，正、负极，电压等。

J.1.7 环境条件应符合下列规定：

1 工作温度：-25～+70℃，寒区-40～+70℃。

2 存储温度：-20～+55℃。

3 相对工作湿度：5%～100%。

4 振动：应符合《环境试验 第2部分：试验方法 试验Fc：振动（正弦）》（GB/T 2423.10—2019）附录C中表C.1第三行给出的严酷等级，频率范围10～150Hz，加速度10m/s²，在每一轴线方向上的扫频循环次数20。

5 冲击：应符合《环境试验 第2部分：试验方法 试验Ea和导则：冲击》（GB/T 2423.5—2019）第5章的严酷等级，峰值加速度300m/s²，相应的标称脉冲持续时间18ms，相应的速度变化量半正弦3.4m/s。

J.1.8 OBU静电抗扰性能应符合现行《电磁兼容 试验和测量技术 静电放电抗扰度试验》（GB/T 17626.2）的规定，接触放电电压6kV，空气放电电压8kV。

J.1.9 OBU可靠性：MTBF大于50 000h。

J.1.10 OBU防拆卸与恢复功能应符合下列规定：

1 OBU应具备防止用户拆卸功能，一旦被拆卸，OBU通电状态时应立即在相应信息存储区中设置相应标志字节/标志位。

2 因拆卸而引起的ETC应用失效应能通过软件设置的方式得到恢复。

3 OBU采用电子防拆卸时，电子防拆卸应符合下列规定：

1）OBU防拆卸所依赖的车端设备应具有防伪造能力。

2）OBU应对防拆卸判断依据信息来源进行认证。

3）防拆卸判断依据信息传输过程应具有防伪造、防篡改、防重放等机制。

4）若OBU内部存储信息作为防拆卸判断依据，存储的信息应能防篡改。

J.1.11 OBU应支持应用更新，更新可采用DSRC方式或其他方式。

J.1.12 OBU应内置测试模式，测试模式应符合下列规定：

1 连续发送载波信号。

2 连续发送调制在工作频点的PN9码。

3 连续发送调制在工作频点的经FM0编码的全零信号。

4 设置为唤醒测试状态，被唤醒后能发出持续载波信号，持续时间20ms。

5 设置为接收机测试状态，应具备引出接收机解调后的数据信号和时钟信号的测试点。

J.1.13 OBU和RSU之间的DSRC应符合现行《电子收费 专用短程通信 第1部

分：物理层》（GB/T 20851.1）、《电子收费 专用短程通信 第 2 部分：数据链路层》（GB/T 20851.2）、《电子收费 专用短程通信 第 3 部分：应用层》（GB/T 20851.3）的有关规定。

J.1.14 OBU 被唤醒后，在下述任一情形下可进入休眠状态：

1 OBU 专用链路地址下行链路数据帧超时后可进入休眠状态，BST 中 DsrcApplicationEntityID 为 0 时，超时等待时间不小于 1s；BST 中 DsrcApplicationEntityID 不为 0 时，超时等待时间不小于 300ms。

2 收到链路释放请求（EventReport.request）。

J.1.15 具有蓝牙模块的 OBU 应符合下列规定：

1 应采用蓝牙低功耗技术。

2 应用技术指标应符合表 J.1.15-1 的规定。

表 J.1.15-1 蓝牙模块应用技术指标

指标名称	指标
广播间隔	≤1s
广播超时定时器	≤30s
通信链路存活定时器	≥30s
接入方式	手机终端 App 发起

3 蓝牙模块与手机终端间数据传输规范应符合下列规定：

1）应具备数据帧分包发送和接收能力。

2）蓝牙通信数据帧结构应符合表 J.1.15-2 的规定。

表 J.1.15-2 数据帧结构

帧头控制字	帧序号	帧控制位	数据长度	数据域	校验位
ST（1byte）	SN（1byte）	CTL（1byte）	LEN（1byte）	DATA	BCC（1byte）

3）数据帧中各数据域应符合表 J.1.15-3 的规定。

表 J.1.15-3 数据域说明

字段	描述
ST	帧头控制字，此处取值 0x33
SN	低 4 位为帧序号，取值 0x00 到 0x0F 循环
CTL	最高位[bit：7]表示分包开始标识，1 为帧的开始包；其他位[bit：0~6]表示分包序列号，从 N-1 开始到 0，最后一个包为 0
LEN	发送的数据域长度

续表 J.1.15-3

字　　段	描　　述
DATA	发送的数据域
BCC	BCC 校验，从 SN 开始到 DATA

注：1. 数据分包长度由各厂商自定义，在设备握手响应中返回至手机终端。
　　2. DATA 由数据类型和数据内容组成，每条指令的数据类型固定，对于分包数据，第一包的数据应含数据类型，其他分包应不含数据类型。
　　3. 若发送数据域超过分包长度则应分包。
　　4. 蓝牙设备的回复帧的 SN 号应与手机终端发送的 SN 号一一对应。

4）应用层数据通过蓝牙进行交互时，应将应用层数据封装至蓝牙通信数据帧的数据域域内。当应用层数据帧长度超过蓝牙通信数据帧分包长度时，应采用分包发送，同时接收端应支持组包处理。

4 蓝牙模块与手机终端应用层通信协议应符合下列要求：

1）数据域格式应符合表 J.1.15-4 的规定。

表 J.1.15-4　数据域格式规定

数 据 类 型	数 据 内 容
Type（1byte）	Data

2）手机终端发送至蓝牙模块指令说明应符合表 J.1.15-5 的规定。

表 J.1.15-5　指令说明

数据类型	代码（Type）	功能说明	备　注
设备握手指令	0xA2	App 和蓝牙设备建立握手	
PICC 通道指令	0xA3	对蓝牙设备中的 PICC 卡进行通道操作	
SE 通道指令	0xA4	对蓝牙设备中的 SE 进行通道操作	预留
蓝牙设备通道指令	0xA5	对蓝牙设备进行通道操作	
认证通道指令	0xA6	对蓝牙设备进行认证	预留
设备发行指令	0xA7	对蓝牙设备进行发行（证书升级）	预留
SE 复位指令	0xA8	对蓝牙设备中的 SE 进行复位操作	预留
PICC 复位指令	0xA9	对蓝牙设备中的 PICC 卡进行复位操作	
OBU ESAM 复位指令	0xAA	对蓝牙 OBU 的 ESAM 进行复位操作	
OBU 发行认证通道指令	0xAB	对蓝牙 OBU 进行发行认证操作	
OBU ESAM 通道指令	0xAC	对蓝牙 OBU 的 ESAM 进行通道操作	
厂商指令	0xAE	厂商的控制指令	预留
升级指令	0xAF	对蓝牙设备进行升级	预留

注：A2 指令包含内容及功能由各厂商自定义。手机终端与蓝牙模块建立链接前应发送 A2 指令。

3）蓝牙模块发送至手机终端的指令响应应符合表 J.1.15-6 的规定。

表 J.1.15-6 指令响应

数据类型	代码（Type）	功能说明	备注
设备握手响应	0xB2	返回握手结果信息、分包长度等数据	
PICC 通道指令响应	0xB3	返回蓝牙设备中的 PICC 卡通道操作结果	
SE 通道指令响应	0xB4	返回蓝牙设备中的 SE 通道操作结果	预留
蓝牙设备通道指令响应	0xB5	返回蓝牙设备通道操作结果	
认证通道指令响应	0xB6	返回蓝牙设备认证结果	预留
设备发行响应	0xB7	返回蓝牙设备发行操作结果	预留
SE 复位响应	0xB8	返回蓝牙设备中 SE 复位操作结果	预留
PICC 复位	0xB9	返回蓝牙设备的 PICC 复位操作结果	
OBU ESAM 复位	0xBA	返回蓝牙 OBU 的 ESAM 复位操作结果	
OBU 发行认证通道指令响应	0xBB	返回蓝牙 OBU 发行认证通道操作结果	
OBU ESAM 通道指令响应	0xBC	返回蓝牙 OBU 的 ESAM 通道操作结果	
厂商指令响应	0xBE	返回厂商控制指令操作结果	预留
升级响应	0xBF	返回蓝牙设备的升级操作结果	预留

5 通信协议指令与响应数据定义应符合下列要求：

1）设备握手指令应符合表 J.1.15-7 的规定。

表 J.1.15-7 握手指令定义

位置	字节数	数据元	数据内容
0	1	Type	指令代码，此处取值 0xA2
1	N	Data	厂商自定义

2）设备握手指令响应应符合表 J.1.15-8 的规定。

表 J.1.15-8 握手指令响应

位置	字节数	数据元	数据内容
0	1	Type	指令代码，此处取值 0xB2
1	1	Status	0x00 表示正常返回；其他表示错误，此时不存在下面的数据元
2	1	Rlen	数据长度
3	1	Device type	设备类型，蓝牙 IC 卡读写器为 0x00，OBU 为 0x01，其他保留
4	1	PackageLen	分包长度，16 进制表示，应不大于 0xF0，即分包长度应不超过 240 字节。分包长度取值应为数据帧从 ST 字段到 BCC 字段的所有数据的总长度
5	N	Data	其他数据，厂商自定义，没有则置空

3）PICC 通道指令应符合表 J.1.15-9 的规定。

表 J.1.15-9 PICC 通道指令

位置	字节数	数 据 元	数 据 内 容
0	1	Type	指令代码,此处取值 0xA3
1	1	Data Type	数据类型,0x00 表示明文数据,0x01 表示加密数据
2	2	指令长度	COS 指令总长度(不超过 384 字节),为小端模式
4	N	指令数据	COS 指令数据(TLV 格式)

4) PICC 通道指令响应应符合表 J.1.15-10 的规定。

表 J.1.15-10 PICC 通道指令响应

位置	字节数	数 据 元	数 据 内 容
0	1	Type	指令代码,此处取值 0xB3
1	1	Status	0x00 表示正常返回;其他表示错误,此时不存在下面的数据元
2	1	Data Type	数据类型,0x00 表示明文数据,0x01 表示加密数据
3	2	指令长度	COS 指令返回总长度(不超过 384 字节),为小端模式
5	N	指令数据	COS 指令返回数据(TLV 格式)

5) 蓝牙设备通道指令应符合表 J.1.15-11 和表 J.1.15-12 的规定。

表 J.1.15-11 蓝牙设备通道指令

位置	字节数	数 据 元	数 据 内 容
0	1	Type	指令代码,此处取值 0xA5
1	1	指令长度	蓝牙设备通道指令长度
2	N	指令数据	蓝牙设备通道指令数据

表 J.1.15-12 蓝牙设备通道指令说明

指令长度	指令数据	指 令 描 述
1	C0	获取蓝牙设备的设备编号
1	C1	获取蓝牙设备的版本号
1	C2	获取蓝牙设备的电池电量
1	C3	强制蓝牙 IC 卡读写器断电或强制蓝牙 OBU 的蓝牙模块断电
1	C4	对蓝牙设备超时计数器清零
1	C7	检测是否存在已复位的 ETC 用户卡

6) 蓝牙设备通道指令响应应符合表 J.1.15-13 和表 J.1.15-14 的规定。

表 J.1.15-13 蓝牙设备通道指令响应

位置	字节数	数 据 元	数 据 内 容
0	1	Type	指令代码,此处取值 0xB5
1	1	Status	0x00 表示正常返回;其他表示错误,此时不存在下面的数据元
2	1	指令长度	蓝牙设备通道指令返回长度
3	N	指令数据	蓝牙设备通道指令返回数据

表 J.1.15-14　蓝牙设备通道指令响应说明

回应长度	回应数据	回应描述
17	C0 + 设备编号	设备编号：16bytes
3	C1 + 版本号	—
2	C2 + 电池电量	蓝牙IC卡读写器电池电量1字节，0x00代表没电，非0x00代表有电；其中外接供电模式使用0xFF，纯电池供电模式使用0x00~0x64代表电量的百分比。 蓝牙OBU电量1字节，0x00代表低电，0x64代表正常，车载供电模式使用0xFF
1	C3	—
1	C4	—
2	C7 + Status	Status：0x00-不存在，0x01-存在

7）PICC复位指令应符合表J.1.15-15和表J.1.15-16的规定。

表 J.1.15-15　PICC 复位指令

位置	字节数	数据元	数据内容
0	1	Type	指令代码，此处取值0xA9
1	1	指令长度	ICC复位指令长度
2	N	指令数据	复位模式，指令长度为0时，不存在，执行时使用默认值

表 J.1.15-16　PICC 复位指令说明

指令长度	指令数据	指令描述
1	Mode	操作模式（1字节）： Bit0-保留，设置为0 Bit1-保留，设置为0 Bit2-是否执行RATS 1-支持ISO/IEC 14443-4A时执行RATS 0-不执行RATS

8）PICC复位指令响应应符合表J.1.15-17和表J.1.15-18的规定。

表 J.1.15-17　PICC 复位指令响应

位置	字节数	数据元	数据内容
0	1	Type	指令代码，此处取值0xB9
1	1	Status	0x00表示正常返回；其他表示错误，此时不存在下面的数据元
2	1	Rlen	ICC复位返回信息的长度
3	N	Data	ICC复位返回信息

表 J.1.15-18 PICC 复位指令响应说明

回应长度	回应数据	回应描述
1	PICC 类型	TypeA/TypeB，此处取值 0x20
14	PICC 激活信息，Info	Info［0：1］表示 ATQ Info［2］表示 SAK Info［3］表示 UIDBytes Info［4：3＋UIDBytes］表示 UID UIDBytes 取值为 4、7、10
7	NATS	ETC 用户卡 RATS 响应信息

注：ISO/IEC 14443 TypeA 和 TypeB 的复位信息是不相同的，目前只支持 TypeA。只有 ETC 用户卡才存在 ATS 信息。该指令和 A2 的功能完全一样，只是输出的信息不同。

9）OBE-SAM 复位指令应符合表 J.1.15-19 的规定。

表 J.1.15-19 OBE-SAM 复位指令

位　置	字节数	数据元	数据内容
0	1	Type	指令代码，此处取值 0xAA

10）OBE-SAM 复位指令响应应符合表 J.1.15-20 的规定。

表 J.1.15-20 OBE-SAM 复位指令响应

位置	字节数	数据元	数据内容
0	1	Type	指令代码，此处取值 0xBA
1	1	Status	0x00 表示正常返回；其他表示错误，此时不存在下面的数据元
2	1	Rlen	OBE-SAM 复位返回信息的长度
3	N	Data	OBE-SAM 复位返回信息

11）OBU 发行认证通道指令应符合表 J.1.15-21 的规定。

表 J.1.15-21 OBU 发行认证通道指令

位置	字节数	数据元	数据内容
0	1	Type	指令代码，此处取值 0xAB

12）OBU 发行认证通道指令响应应符合表 J.1.15-22 的规定。

表 J.1.15-22 OBU 发行认证通道指令响应

位置	字节数	数据元	数据内容
0	1	Type	指令代码，此处取值 0xBB
1	1	Status	0x00 表示正常返回；其他表示错误，此时不存在下面的数据元
2	1	Rlen	数据长度
3	1	OBU 设备编号	返回 OBU 编号

13）OBE-SAM 通道指令应符合表 J.1.15-23 的规定。

表 J.1.15-23 OBE-SAM 通道指令

位置	字节数	数据元	数据内容
0	1	Type	指令代码，此处取值 0xAC
1	1	Data Type	数据类型，0x00 表示明文数据，0x01 表示加密数据
2	2	指令长度	COS 指令总长度（不超过 384 字节），为小端模式
4	N	指令数据	COS 指令数据

14）OBE-SAM 通道指令响应应符合表 J.1.15-24 的规定。

表 J.1.15-24 OBE-SAM 通道指令响应

位置	字节数	数据元	数据内容
0	1	Type	指令代码，此处取值 0xBC
1	1	Status	0x00 表示正常返回；其他表示错误，此时不存在下面的数据元
2	1	Data Type	数据类型，0x00 表示明文数据，0x01 表示加密数据
3	2	指令长度	COS 指令返回总长度（不超过 384 字节），为小端模式
5	N	指令数据	COS 指令返回数据

15）升级指令应符合表 J.1.15-25 的规定。

表 J.1.15-25 升级指令

位置	字节数	数据元	数据内容
0	1	FrameType	帧类型，此处取值 0xAF
1	2	BlockNum	块号，为小端模式，0~65534；65535 表示数据传输结束，后面不带内容和 CRC 检验字段
3	512	BlockData	内容，不足一块长度的数据用 0xFF 补足
515	2	CheckSum	BlockData 的 CRC 校验和，生成多项式为 $X_{16}+X_{12}+X_5+X_1$，初始值 0xFFFF

16）升级指令响应应符合表 J.1.15-26 的规定。

表 J.1.15-26 升级指令响应

位置	字节数	数据元	数据内容
0	1	FrameType	帧类型，此处取值 0xBF
1	1	Status	0x00 表示接收成功；其他表示错误，0x01 校验错误，0x02 分包错误，0x03 无法升级
2	1	BlockNum	块号

17）TLV 格式应符合下列规定：

——Tag：应为 1 个字节表示。

——0x80 表示命令，其对应的数据域为用户卡指令 TPDU 合集。

——0x81 表示响应，其对应的数据域为用户卡响应的合集。

——每条 TPDU 应包含对应 Tag，TPDU 对应的 Tag 低 4 位表示 TPDU 指令和响应的序号，取值由 0x01 依次递增，Tag 具体定义应符合表 J.1.15-27 的规定。

——LEN：应为变长表示。当长度小于 0x80 时，应由 1 字节表示长度；当长度大于 0x80 时，应由 0x80 + n 表示，n 表示后续字节个数。

——VAULE：应为值域，长度由 LEN 指定。

表 J.1.15-27　Tag 释 义

bit	说　明
7	1：不返回执行结果；0：返回
6	1：执行失败时继续执行下一条指令；0：执行失败时不继续
5	保留
4	保留
3	指令和执行结果的序号
2	
1	
0	

18）错误代码应符合表 J.1.15-28 的规定。

表 J.1.15-28　错 误 代 码

代　码	说　明
0x81	通信超时
0x91	通信错时
0x93	数据分包错误
0xA0	卡类型错误
0xA1	其他错误
0xCF	执行失败
0xE1	比较错误（验签未通过）
0xE2	不支持的命令/无效命令
0xE3	无法读取卡片
0xEC	验证错误
0xF0	收到的位数错误
0xF5	收到的字节错误
0xF6	BCC 错误
0xF7	CRC 错误
0xF8	FIFO 溢出错误
0xFA	奇偶校验错误
0xFB	位冲突错误
0xFC	无应答错误
0xFD	访问超时
0xFF	数据长度错误

J.2 双片式 OBU

J.2.1 双片式 OBU 应符合本标准第 J.1 节的要求。

J.2.2 双片式 OBU 采用的 OBE-SAM 应符合本标准第 M.3 节或第 M.4 节的要求。

J.2.3 双片式 OBU 的 ETC 应用接口和 ETC 应用安全应符合现行《电子收费 专用短程通信 第 4 部分：设备应用层》（GB/T 20851.4）的有关规定。

J.3 采用多逻辑通道 OBE-SAM 的 OBU

J.3.1 采用多逻辑通道 OBE-SAM 的 OBU 应符合本标准第 J.1 节的要求。

J.3.2 采用的 OBE-SAM 应符合本标准第 M.5 节的要求。

J.3.3 采用多逻辑通道 OBE-SAM 的 OBU 的 ETC 应用接口和 ETC 应用安全应符合现行《电子收费 专用短程通信 第 4 部分：设备应用层》（GB/T 20851.4）的有关规定。

J.4 单片式 OBU

J.4.1 单片式 OBU 应符合本标准第 J.1 节的要求。

J.4.2 单片式 OBU 采用的 OBE-SAM 应符合本标准第 M.2 节的要求。

J.4.3 应用接口应符合下列规定：

1 单片式 OBU 与 RSU 之间的 ETC 应用接口应符合现行《电子收费 专用短程通信 第 4 部分：设备应用层》（GB/T 20851.4）的有关规定。

2 应用层服务原语 ACTION 接口增加 GetTollData 原语和 SetTollData 原语，其中扩展的 ActionType 定义应符合表 J.4.3-1 的规定。

表 J.4.3-1 扩展的 ActionType 定义

取 值	名 称
ActionType = 5	GetTollData
ActionType = 6	SetTollData

3 GetTollData 原语用于完成 OBU 和 RSU 之间的双向认证，并可对返回的信息进行完整性保护。GetTollData 默认获取 OBU 中"ETC 应用车辆信息文件"，"入/出口信息文件"根据实际应用场景可选。

1) GetTollData.request 参数要求应符合表 J.4.3-2 的规定。

表 J.4.3-2 GetTollData.request 参数要求

参　数	取　值	参　数　说　明
mode	TRUE	确认模式，需应答
did	Dsrc-DID	ETC 应用等于 1
actionType	5	等于 5
accessCredentials	OCTET STRING（SIZE（0..127，...））	可选

actionParameter	GetTollDataRq::= SEQUENCE {
	　fillBIT　　　　BIT STRING（SIZE（4））
	　transType　　 OCTET STRING（SIZE（1））
	　vehicleInfo　　RangeOfFile
	　tollInfo　　　 RangeOfFile OPTIONAL
	　rndRSE　　　　Rand OPTIONAL
	　keyIdForAC　　INTEGER（0..255）OPTIONAL
	　keyIdForAuthen INTEGER（0..255）OPTIONAL
	}
		填充位
		交易类型
		待读取的车辆信息范围
		待读取的过站信息范围
		随机数，若存在 OBU 响应 authenticator
		访问许可认证密钥标识
		信息鉴别密钥版本

iid	—	不存在

注：1. accessCredentials 由 RSU 对 8 字节 rndOBE 加密计算得到，计算方法参见《电子收费　专用短程通信　第 4 部分：设备应用层》（GB/T 20851.4—2019）中"8.2 访问许可"。
　　2. RangeOfFile 的 ASN.1 定义如下：
　　RangeOfFile::= SEQUENCE {
　　　　offset　INTEGER（0..32767，...），—读取偏移量
　　　　length　INTEGER（0..127，...）—读取长度
　　　　}

2) GetTollData.response 参数要求应符合表 J.4.3-3 的规定。

表 J.4.3-3 GetTollData.response 参数要求

参　数	取　值	参　数　说　明
did	Dsrc-DID	ETC 应用对应 1

responseParameter	GetTollDataRs::= SEQUENCE {
	　fillBIT　　　　BIT STRING（SIZE（6））
	　vehicleInfo　　File
	　tollInfo　　　 File OPTIONAL
	　authenticator　OCTET STRING（SIZE（8））OPTIONAL
	}
		填充位
		车辆信息
		过站信息
		鉴别码

iid	—	不存在
ret	ReturnStatus	必备

注：authenticator 可用于 RSU 对 OBU 的身份认证，同时对车辆信息和过站信息（可选）进行完整性保护。authenticator 的计算域为车辆信息（vehicleInfo）和待读取的本次过站信息（tollInfo，如果存在）。计算方法参见《电子收费　专用短程通信　第 4 部分：设备应用层》（GB/T 20851.4—2019）中"8.3 信息鉴别"。

4 SetTollData 原语实现获取 OBU 计算的 TAC 及写入过站信息，其中过站信息写入可根据实际应用场景可选。

1）SetTollData.request 参数要求应符合表 J.4.3-4 的规定。

表 J.4.3-4 SetTollData.request 参数要求

参　数	取　值	参 数 说 明
mode	TRUE	确认模式，需应答
did	Dsrc-DID	ETC 应用等于 1
actionType	6	等于 6
accessCredentials	OCTET STRING（SIZE（0..127，...））	可选

actionParameter	SetTollDataRq::=SEQUENCE {
	fillBIT　　　　BIT　STRING（SIZE（6））
	rndRSE　　　　Rand
	tacPara　　　　TacPara
	tollInfo　　　　PartOfFIle OPTIONAL
	keyIdForAC　　INTEGER（0..255）OPTIONAL
	keyIdForAuthen INTEGER（0..255）
	}
		填充位
		用于计算 authenticator 的随机数
		TAC 计算参数
		待写入的本次过站信息
		访问许可认证密钥标识
		信息鉴别密钥版本

iid	—	不存在

注：1. accessCredentials 由 RSU 对 8 字节 rndOBE 加密计算得到，计算方法参见《电子收费　专用短程通信　第 4 部分：设备应用层》（GB/T 20851.4—2019）中"8.2 访问许可"。

2. TAC 码计算参数的 ASN.1 类型定义为：
TacPara::=SEQUENCE {
　transAmount　　　OCTET STRING（SIZE（4）），
　transType　　　　OCTET STRING（SIZE（1）），
　terminalID　　　　OCTET STRING（SIZE（6）），
　transSN　　　　　OCTET STRING（SIZE（4）），
　transTime　　　　OCTET STRING（SIZE（7）），
　transStationID　　OCTET STRING（SIZE（3））
}

3. PartOfFile 的 ASN.1 类型定义为：
PartOfFile::=SEQUENCE {
　Offset　　　　INTEGER（0..32767，...），
　length　　　　INTEGER（0..127，...），
　fileContent　 File
}

2）SetTollData.response 参数要求应符合表 J.4.3-5 的规定。

表 J.4.3-5 SetTollData.response 参数要求

参　数	取　值	参 数 说 明
did	Dsrc-DID	ETC 应用对应 1

responseParameter	SetTollDataRs::=SEQUENCE {
	tacInfo　　　　OCTET STRING（SIZE（4））
	authenticator　OCTET STRING（SIZE（8））
	}
		TAC 码
		鉴别码

续表 J.4.3-5

参　数	取　值	参　数　说　明
did	Dsrc-DID	ETC 应用对应 1
iid	—	不存在
ret	ReturnStatus	必备

注：1. authenticator 的计算域为 TAC 计算参数（tacPara）、车型（vehicleClass）及写入的本次过站信息（tollInfo，如果存在）。计算方法参见《电子收费　专用短程通信　第 4 部分：设备应用层》（GB/T 20851.4—2019）中"8.3 信息鉴别"。
　　2. SetTollData 原语亦可通过 accessCredentials 和 authenticator 完成 RSU 和 OBU 的双向认证，可用于其他交易流程。

J.4.4 单片式 OBU 应用安全应符合现行《电子收费　专用短程通信　第 4 部分：设备应用层》（GB/T 20851.4）的相关规定，同时其访问权限应满足下列要求：

1 RSU 第一次发送带有专用链路地址的下行链路数据帧的服务原语时应携带访问许可。

2 OBU 在通过访问许可认证后，RSU 应具备对 OBU 的访问权限。

附录 K CPC 技术要求

K.1 基本规定

K.1.1 CPC 应符合下列规定：

1 收费车道系统与 CPC 间的通信应具备双向认证功能，CPC 应验证收费车道终端设备的合法性，收费车道终端设备也应验证 CPC 的合法性。双向认证通过后，收费车道系统才能对 CPC 进行写操作。

2 ETC 门架系统与 CPC 间应采用 5.8GHz DSRC 通信方式将计费信息和过站信息写入 CPC 内。

3 CPC 应采用部、省两级密钥体系，ETC 门架系统及入/出口收费车道系统的 PSAM 卡或 PCI 密码卡应统一装载部级主密钥。

4 CPC 相关加解密运算应采用 SM4 国产对称密码算法。

K.2 物理层参数指标

K.2.1 CPC 的 13.56MHz 物理层参数指标应符合现行《识别卡 非接触式集成电路卡》（ISO/IEC 14443）TYPE-A 标准的相关规定。

K.2.2 CPC 的 5.8GHz 物理层参数指标应符合表 K.2.2 的规定。

表 K.2.2 CPC 的 5.8GHz 物理层参数指标

序号	指标		要求
1	载波频率		信道1：5.79GHz
			信道2：5.80GHz
2	频率容限		±200ppm
3	占用带宽		≤5MHz
4	e.i.r.p.		≤10dBm
5	杂散发射	30~1 000MHz	≤-36dBm/100kHz
		2 400~2 483.5MHz	≤-40dBm/1MHz
		3 400~3 530MHz	≤-40dBm/1MHz
		5 725~5 850MHz	≤-33dBm/100kHz
		其他 1~20GHz	≤-30dBm/1MHz

续表 K.2.2

序号	指标		要求
6	邻道泄漏功率比		≤-30dB
7	天线极化		线极化或右旋圆极化
8	天线方向性	水平	全向
		垂直	全向
9	调制方式		ASK
10	调制系数		0.7~0.9
11	编码方式		FM0
12	位速率		512kbit/s
13	位时钟精度		±1 000×10^{-6}
14	唤醒方式		14k 方波唤醒或者正常通信帧信号唤醒
15	唤醒灵敏度		≤-50dBm
16	接收灵敏度		≤-65dBm
17	接收带宽		最大：5.825~5.845GHz 最小：5.828 5~5.831 5GHz 5.838 5~5.841 5GHz
18	BER		10×10^{-6}
19	前导码		16 位"1"加 16 位"0"
20	后导码		最多 8 位

K.2.3 CPC 应内置 5.8GHz 物理层测试模式，测试模式应符合下列规定：
1 连续发送载波信号。
2 连续发送调制在工作频点的 PN9 码。
3 连续发送调制在工作频点的经 FM0 编码的全零信号。
4 设置为唤醒测试状态，被唤醒后能发出持续载波信号，持续时间 20ms。
5 设置为接收机测试状态，应具备引出接收机解调后的数据信号和时钟信号的测试点。

K.3 应用要求

K.3.1 CPC 与 IC 卡读写器之间的通信应符合现行《识别卡 非接触式集成电路卡》（ISO/IEC 14443）TYPE-A 标准的相关规定。

K.3.2 CPC 与 ETC 门架系统之间的 DSRC 通信应符合现行《电子收费 专用短程通信 第 2 部分：数据链路层》（GB/T 20851.2）、《电子收费 专用短程通信 第 3 部分：应用层》（GB/T 20851.3）及本技术要求的相关规定。

K.3.3 CPC 发行流程应符合本标准附录 B 的要求。

K.3.4 CPC 应符合现行《电子收费 专用短程通信 第 2 部分：数据链路层》（GB/T 20851.2）、《电子收费 专用短程通信 第 3 部分：应用层》（GB/T 20851.3）中 OBU 服务原语的相关规定。

K.3.5 CPC 应支持微波唤醒，定时周期唤醒功能可选。

K.3.6 CPC 应支持使用 IC 卡读写器打开、关闭等管理功能。

K.4 安全

K.4.1 CPC 所有初始化数据应采用安全保护方式写入。

K.4.2 CPC 应支持 SM4 国产对称密码算法的数据存取和访问控制。

K.4.3 CPC 应提供安全访问模块或达到同等安全等级的芯片。

K.4.4 CPC 所使用安全访问模块或芯片的安全等级应达到《安全芯片密码检测准则》（GM/T 0008）规定的 2 级及 2 级以上级别。

K.5 信息存储及应用更新

K.5.1 CPC 内的数据信息存储宜采用数据块的方式，寻址应采用目录树和文件的方式。

K.5.2 CPC 内应具有不小于 3k 字节作为应用信息存储空间。

K.5.3 CPC 应支持应用更新，更新应采用 13.56MHz 通信方式，可选 5.8GHz 通信方式。

K.6 电池

K.6.1 CPC 电池应通过 UL1642 和 UN38.3 认证。

K.7 外观规格

K.7.1 CPC外观规格应符合下列规定：

1 尺寸：长85.5mm±0.2mm，宽54mm±0.2mm，厚5mm±0.2mm。

2 颜色：外观颜色为浅蓝色PT304U，色值为R：148，G：219，B：236。

3 标识：卡片正面的卡号、背面的生产日期（年、月）及产品型号信息用激光雕刻，其他固定标识信息采用模具成型方式，下凹光面，其余表面为磨砂面，字体为黑体，字符间距为20%。"中国公路"及"使用须知"字高5mm，"车辆通行卡"字高7.8mm，其余文字高2.5mm，"使用须知"下两条水平线粗为1.5pt。文字位置见图K.7.1，其中卡号编码规则应符合本标准第13章的相关规定。

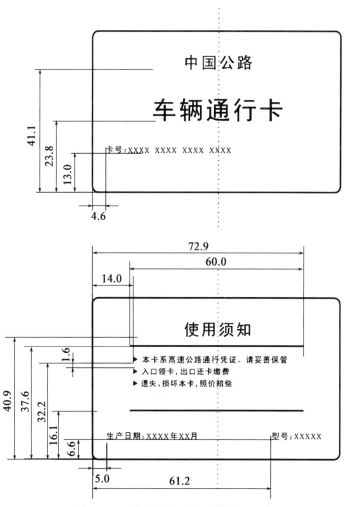

图K.7.1 外观规格（尺寸单位：mm）

K.8 可靠性

K.8.1 CPC可靠性应符合要求：MTBF不少于45 000h。

K.9 环境条件

K.9.1 CPC 环境条件适应性应符合下列规定：

1 工作温度：-25 ~ +75℃。
2 存储温度：-40 ~ +75℃。
3 相对工作湿度：5% ~ 100%。
4 静电：不低于 8kV（空气放电）。
5 振动：应符合《环境试验 第 2 部分：试验方法 试验 Fh：宽带随机振动和导则》（GB/T 2423.56—2018）表 A.1 序号 3 严酷等级要求和表 A.2 序号 3 严酷等级要求。
6 冲击：应符合《环境试验 第 2 部分：试验方法 试验 Ea 和导则：冲击》（GB/T 2423.5—2019）表 A.1 第三严酷等级要求，加速度波形 $500m/s^2$，相应的持续时间 11ms。
7 外壳防护等级：IP65。
8 防紫外线老化。

K.10 使用寿命

K.10.1 CPC 的使用寿命应不小于 5 年。

K.11 应用安全

K.11.1 CPC 外部认证流程应符合图 K.11.1 的规定。

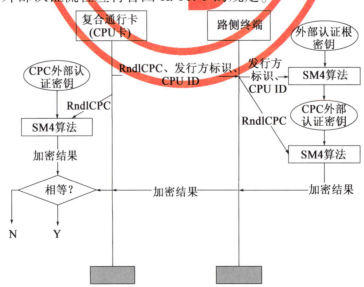

图 K.11.1 CPC 外部认证流程

K.11.2 CPC 内部认证流程应符合图 K.11.2 的规定。

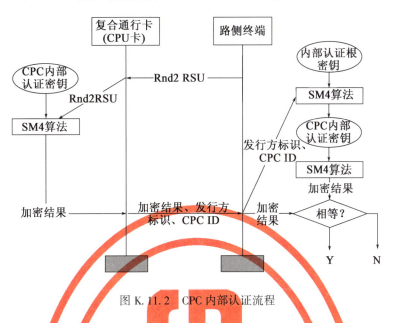

图 K.11.2　CPC 内部认证流程

K.12　信息存储

K.12.1　CPC 的文件结构应符合图 K.12.1 的规定。

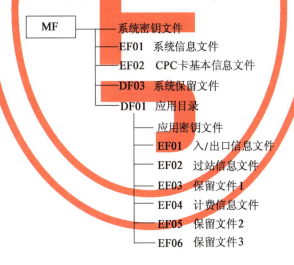

图 K.12.1　CPC 的文件结构图

K.12.2　MF 下的密钥文件结构应符合表 K.12.2 的规定。

表 K.12.2　MF 下密钥文件结构

密 钥 名 称	用途	标识	版本	长度	算法标识	错误计数器
卡片主控密钥 MK_{MF}	00	00	00	10H	04	15
卡片维护密钥 $DAMK_{MF}$	01	01	00	10H	04	15

1 密钥用途与用法应符合下列规定：

1）卡片主控密钥 MK_{MF} 的用途是控制 MF 目录下文件的建立和密钥的写入。

2）卡片维护密钥 $DAMK_{MF}$ 的用途是发卡方或应用提供方用于产生更新二进制文件或记录命令的 MAC。

K.12.3 DF01 下的密钥文件结构应符合表 K.12.3 的规定。

表 K.12.3 DF01 下密钥文件结构

密钥名称	用途	标识	版本	长度	算法标识	错误计数器
应用主控密钥 MK_{DF01}	00	00	00	10H	04	15
应用维护子密钥 $DAMK_{DF01}$	01	01	00	10H	04	15
内部认证子密钥1 $IK1_{DF01}$	02	01	00	10H	04	—
内部认证子密钥2 $IK2_{DF01}$	02	02	00	10H	04	—
外部认证子密钥1 $UK1_{DF01}$	00	01	00	10H	04	15
外部认证子密钥2 $UK2_{DF01}$	00	02	00	10H	04	15
外部认证子密钥3 $UK3_{DF01}$	00	03	00	10H	04	15
外部认证子密钥4 $UK4_{DF01}$	00	04	00	10H	04	15

1 密钥用途与用法应符合下列规定：

1）应用主控密钥在卡片主控密钥的线路保护控制下装载（密文+MAC）。

2）主控密钥在自身的控制下更新（密文+MAC）。

3）本密钥文件下其他密钥在应用主控密钥的线路保护控制下装载、更新（密文+MAC）。

4）应用主控密钥外部认证通过后，可以在 DF01 目录下进行文件创建（应用密钥文件、入/出口信息文件、过站信息文件、计费信息文件、保留文件等）。

5）应用维护子密钥用于 DF01 区域的应用数据维护。

6）内部认证子密钥1用于终端设备验证卡片的合法性，内部认证子密钥2作为备份密钥版本保留。

7）外部认证子密钥1认证通过后可对 DF01 下的入/出口信息文件及过站信息文件、保留文件等进行更新，外部认证子密钥2认证通过后只可对 DF01 下的过站信息文件、保留文件等进行更新，不能对入/出口信息文件进行更新，外部认证子密钥3和外部认证子密钥4分别作为外部认证密钥1和外部认证密钥2的备用版本用于未来密钥更新。

K.12.4 系统信息文件结构应符合表 K.12.4 的规定。

表 K.12.4 系统信息文件结构

文件标识（FID）	'EF01'
文件类型	二进制文件
文件大小	30 字节
读取：自由	写入：DAMK_MF 线路保护（明文 + MAC）
字节	长度（字节）	内容

字节	长度（字节）	内容
1~8	8	CPC 发行方标识，编码见本标准第 13.1 节的有关规定
9~16	8	CPC 的 ID，编码见本标准第 13.1 节的有关规定
17	1	版本号，当前版本号为 0x01
18~21	4	合同签署日期格式：CCYYMMDD
22~25	4	合同过期日期格式：CCYYMMDD
26~30	5	自定义，不使用时写入 0xFF

K.12.5 CPC 基本信息文件结构应符合表 K.12.5 的规定。该文件内容由 CPC 内部操作系统自行维护，仅用于查询，外部写入无效。

表 K.12.5 CPC 基本信息文件结构

文件标识（FID）	'EF02'
文件类型	二进制文件
文件大小	64 字节
读取：自由	写入：自由

字节	长度（字节）	内容
1	1	CPC 电量信息，最高 bit 位：0-正常 1-低电；其他 7bit 位：剩余电量百分比
2	1	5.8GHz 工作状态，0x00-关闭；0x01-打开
3~64	62	厂商自定义

注：该文件主要用于由 CPC MCU 来控制改写自身状态，外部设备不应操作本文件，若被外部设备修改，将不能准确反应 CPC 的设备状态。

K.12.6 MF 下保留文件结构应符合表 K.12.6 的规定。

表 K.12.6 MF 下保留文件结构

文件标识（FID）	'EF03'
文件类型	二进制文件
文件大小	128 字节
读取：自由	写入：DAMK_MF 线路保护（明文 + MAC）

字节	长度（字节）	内容
1~128	128	保留

K.12.7 DF01 下的入/出口信息文件结构应符合表 K.12.7 的规定。

表 K.12.7 入/出口信息文件结构

文件标识（FID）	'EF01'
文件类型	二进制文件
文件大小	128 字节
读取：自由	写入：UK1$_{DF01}$ 外部认证写入

字节	长度（字节）	内容
1	1	车型，编码方式应符合本标准第 13.1 节的规定
2~13	12	车牌号码，编码方式应符合本标准第 13.1 节的规定 如："京"编码为"BEA9"； 牌照信息不足 12 字节，后补 0x00
14	1	车牌颜色，编码方式应符合本标准第 13.1 节的规定
15~16	2	入口收费路网号，应符合本标准第 13.1 节的有关规定
17~18	2	入口收费站号，应符合本标准第 13.1 节的有关规定
19	1	入口收费车道号，应符合本标准第 13.1 节的有关规定
20~23	4	入口时间，UNIX 时间，从格林威治标准时间 1970 年 1 月 1 日 0 时 0 分 0 秒起至现在的总秒数，不包括闰秒
24	1	5.8GHz 模块工作状态控制字节，0x01-打开；0x02-关闭
25	1	入/出口状态，应符合本标准第 13.1 节的有关规定
26	1	车辆用户类型，应符合本标准第 13.1 节的有关规定
27~29	3	入口收费员工号
30	1	入口班次
31	1	货车轴数
32~35	4	货车总重，单位：kg。无总重信息时全部填 0xFF
36~38	3	核定载重，单位：kg。无核定载重信息时全部填 0xFF
39	1	特殊货车信息，默认值为 0xFF
40~128	89	保留，不使用时写入 0xFF

注：入口车道不具有写入本文件定义字段的功能时，写入 0xFF。

K.12.8 DF01 下的过站信息文件结构应符合表 K.12.8 的规定。

表 K.12.8 过站信息文件结构

文件标识（FID）	EF02
文件类型	二进制文件
文件长度	512 字节
读取：自由	写入：使用 UK1$_{DF01}$ 或 UK2$_{DF01}$ 外部认证后写入

续表 K.12.8

字节	长度（字节）	内容
1	1	通行省（区、市）个数，入口车道置 0x01，经过省界入口 ETC 门架时累加
2	1	本省（区、市）门架个数，即当前通行省（区、市）内所有途径 ETC 门架个数
3~5	3	本省（区、市）累计金额，当前通行省（区、市）内所有途径 ETC 门架（含拟合门架）的累计计费金额
6~8	3	本省（区、市）计费里程，当前通行省（区、市）内所有途径 ETC 门架（含拟合）对应的累计计费里程，单位：m
9~15	7	本省（区、市）入口 ETC 门架信息（省界入口 ETC 门架或省（区、市）内第一个 ETC 门架的信息）：3 字节 ETC 门架编码 + 4 字节通行时间（UNIX 时间），入口收费站 3 字节 ETC 门架编码填入 0x00
16~28	13	已写入的最新门架信息：3 字节 ETC 门架编码 + 4 字节通行时间（UNIX 时间）+ 3 字节计费金额 + 3 字节计费里程
29	1	过站信息中写入的门架数量
30~101	72	过站信息：顺序写入最新的门架编码。具备省界出口门架或出口收费站进行本省（区、市）路径拟合（还原）条件的省可以顺序写入能确定行驶路径的关键门架编码，最多写入 24 个门架编码
102~512	411	保留，不使用时写入 0xFF

注：1. ETC 门架系统更新过站信息时，应根据第 16-28 字节判断，避免重复写入。
2. ETC 门架系统更新过站信息时，应依据第 29 字节计算偏移写入位置。
3. 过站（门架）信息顺序写入时，第 2 字节和第 29 字节相同并正常更新，过站信息超出 24 个门架，只记录最新的 24 个门架信息；省界出口门架或出口收费站采用本省（区、市）路径拟合（还原）的省，第 2 字节记录的是本省（区、市）所有途径门架个数，第 29 字节是写入过站信息的关键门架个数（最多 24 个）。
4. 收费车道系统和 ETC 门架系统统一使用外部认证密钥 1（UK1）。

K.12.9 DF01 下的保留文件 1 结构应符合表 K.12.9 的规定。

表 K.12.9 保留文件 1 结构

文件标识（FID）	'EF03'
文件类型	二进制文件
文件大小	512 字节
读取：自由	写入：自由
字节	长度（字节）	内容
1~512	512	保留，写为 0xFF

K.12.10 DF01 下的计费信息文件结构应符合表 K.12.10 的规定。

表 K.12.10 计费信息文件结构

文件标识（FID）	EF04
文件类型	二进制文件
文件大小	512 字节
读取：自由	写入：UK1$_{DF01}$ 或 UK2$_{DF01}$ 外部认证写入

字节	长度（字节）	内容
1~23	23	第一个通行省（区、市）计费信息 计费信息由 1 字节省（区、市）行政区域编码 + 1 字节本省（区、市）ETC 门架通行个数 + 3 字节本省（区、市）累计计费金额 + 3 字节本省（区、市）累计计费里程（m）+ 3 字节本省（区、市）入口门架信息 + 4 字节本省（区、市）入口门架通行时间（UNIX 时间）+ 3 字节最新 ETC 门架编码 + 4 字节最新通行时间 + 1 字节最新 ETC 门架拟合成功/失败标识（0x00-成功 0x01-失败）
24~46	23	第二个通行省（区、市）计费信息
47~506	23×20	依次通行省（区、市）计费信息存储，最多存储 20 个省（区、市）
507~512	6	保留，写入 0xFF

注：1. ETC 门架系统更新各省（区、市）计费信息时，应根据 EF02 文件的第 1 字节[通行省（区、市）个数]计算偏移写入位置。
2. 超出最大记录数，不再写入新的省（区、市）计费信息。
3. 收费车道系统和 ETC 门架系统统一使用外部认证密钥 1（UK1）。
4. 每个省按通行顺序写入，比如河北—北京—河北，通行省（区、市）个数为 3。

K.12.11 DF01 下的保留文件 2 结构应符合表 K.12.11 的规定。

表 K.12.11 保留文件 2 结构

文件标识（FID）	'EF05'
文件类型	二进制文件
文件大小	512 字节
读取：自由	写入：DAMK$_{DF01}$ 线路保护（明文 + MAC）

字节	长度（字节）	内容
1~512	512	保留

K.12.12 DF01 下的保留文件 3 结构应符合表 K.12.12 的规定。

表 K.12.12 保留文件 3 结构

文件标识（FID）	'EF06'
文件类型	二进制文件
文件大小	128 字节
读取：自由	写入：自由

字节	长度（字节）	内容
1~128	128	保留

K.13 应用命令集

K.13.1 EXTERNAL AUTHENTICATION 命令应符合下列规定：

1 EXTERNAL AUTHENTICATION 命令利用 CPC 内部的计算结果，有条件地修改安全状态。

2 计算的方法是利用 CPC 的外部认证密钥，对 CPC 产生的随机数（使用 GET CHALLENGE 命令）和接口设备传输进来的认证数据进行验证。

3 EXTERNAL 命令报文编码应符合表 K.13.1-1 的规定。

表 K.13.1-1 EXTERNAL AUTHENTICATION 命令报文

代　码	值
CLA	'00'
INS	'82'
P1	'00'
P2	外部认证密钥标识
Lc	'08'
Data	认证数据
Le	不存在

4 命令报文数据域中包含 8 字节的加密数据，该数据是用 P2 指定的密钥对此命令前一条命令 "GET CHALLENGE" 命令获得的随机数做 SM4 加密运算产生的 16 字节密文前后 8 字节异或的结果。

5 响应报文数据域应不存在。

6 命令执行成功的状态码是 '9000'。

7 CPC 回送的错误状态码应符合表 K.13.1-2 的规定。

表 K.13.1-2 EXTERNAL AUTHENTICATION 错误状态

SW1	SW2	说　明
'63'	'CX'	认证失败，'X' 为剩余的可尝试次数
'67'	'00'	Lc 不正确
'69'	'83'	认证方法锁定
'6A'	'86'	参数 P1、P2 不正确
'6D'	'00'	INS 错
'6E'	'00'	CLA 错

K.13.2 GET CHALLENGE 命令应符合下列规定：

1 GET CHALLENGE 命令请求一个用于安全相关过程（如安全报文）的随机数。

2 该随机数只能用于下一条指令，无论下一条指令是否使用了该随机数，该随机数都将立即失效。

3 GET CHALLENGE 命令报文应符合表 K.13.2-1 的规定。

表 K.13.2-1　GET CHALLENGE 命令报文

代　码	值
CLA	'00'
INS	'84'
P1	'00'
P2	'00'
Lc	不存在
Data	不存在
Le	'04'，'08'

4 命令报文数据域应不存在。

5 响应报文数据域包括随机数，长度为 4 字节或 8 字节。

6 CPC 回送的响应信息中出现的状态码应符合表 K.13.2-2 的规定。

表 K.13.2-2　GET CHALLENGE 响应报文状态码

SW1	SW2	说　明
'90'	'00'	命令执行成功
'67'	'00'	Le 长度错误
'6A'	'81'	功能不支持
'6A'	'86'	P1、P2 参数错
'6D'	'00'	INS 错
'6E'	'00'	CLA 错

K.13.3　GET RESPONSE 命令应符合下列规定：

1 当 APDU 不能用现有协议传输时，GET RESPONSE 命令提供了一种从 CPC 向接口设备传送 APDU（或 APDU 的一部分）的传输方法。

2 GET RESPONSE 命令报文应符合表 K.13.3-1 的规定。

表 K.13.3-1　GET RESPONSE 命令报文

代　码	值
CLA	'00'
INS	'C0'
P1	'00'
P2	'00'
Lc	不存在
Data	不存在
Le	响应的最大数据长度

3 命令报文数据域不存在。

4 响应报文数据域的长度由 Le 的值决定。如果 Le 的值为 0，在附加数据有效时，CPC 应回送状态码'6CXX'，否则回送状态码'6F00'。

5 CPC 回送的响应信息中出现的状态码应符合表 K.13.3-2 的规定。

表 K.13.3-2　GET RESPONSE 响应报文状态码

SW1	SW2	说　明
'90'	'00'	命令执行成功
'61'	'XX'	还有'XX'字节需要返回
'62'	'81'	回送数据有错
'67'	'00'	Lc 或 Le 长度错误
'6A'	'86'	P1、P2 参数错
'6C'	'XX'	长度错误，'XX'表示实际长度
'6D'	'00'	INS 错
'6E'	'00'	CLA 错
'6F'	'00'	数据无效

K.13.4　GET SN 命令应符合下列规定：

1 读取 CPC 安全模块中卡商唯一的芯片序列号，自由读取。

2 Get SN 命令报文应符合表 K.13.4-1 的规定。

表 K.13.4-1　Get SN 命 令 报 文

代　码	值
CLA	'80'
INS	'F6'
P1	'00'
P2	'03'
Lc	不存在
Data	不存在
Le	'04'

3 命令报文数据域不存在。

4 响应报文数据域包括 4 字节芯片序列号。

5 CPC 回送的响应信息中出现的状态码应符合表 K.13.4-2 的规定。

表 K.13.4-2　Get SN 响应报文状态码

SW1	SW2	说　明
'90'	'00'	命令执行成功
'6A'	'86'	P1、P2 参数错

续表 K.13.4-2

SW1	SW2	说　明
'6C'	'XX'	Le 错误
'6D'	'00'	命令不存在
'6E'	'00'	CLA 错

K.13.5 INTERNAL AUTHENTICATION 命令应符合下列规定：

1 INTERNAL AUTHENTICATION 命令提供了利用接口设备发来的随机数和自身存储的相关密钥进行数据认证的功能。

2 INTERNAL AUTHENTICATION 命令报文编码应符合表 K.13.5-1 的规定。

表 K.13.5-1　INTERNAL AUTHENTICATION 命令报文

代　码	值
CLA	'00'
INS	'88'
P1	'00'
P2	内部认证密钥标识
Lc	认证数据的长度
Data	认证数据
Le	'00'

3 命令报文数据域的内容是应用专用的认证数据。

4 响应报文数据域内容是相关认证数据。

5 此命令执行成功的状态字是"9000"。

6 CPC 可能回送的警告状态字应符合表 K.13.5-2 的规定。

表 K.13.5-2　INTERNAL AUTHENTICATION 警告状态

SW1	SW2	说　明
'62'	'81'	回送的数据可能有错

7 CPC 可能回送的错误状态字应符合表 K.13.5-3 的规定。

表 K.13.5-3　INTERNAL AUTHENTICATION 错误状态

SW1	SW2	说　明
'64'	'00'	标志状态位未变
'67'	'00'	Lc 域不存在
'68'	'82'	不支持安全报文
'69'	'85'	不满足使用条件
'6A'	'80'	数据域参数不正确
'6A'	'86'	P1、P2 参数错

续表 K.13.5-3

SW1	SW2	说　明
'6A'	'88'	未找到密钥数据
'6D'	'00'	INS 错
'6E'	'00'	CLA 不支持或错误

K.13.6 READ BINARY 命令应符合下列规定：

1　READ BINARY 命令用于读出二进制文件的内容（或部分内容）。

2　READ BINARY 命令报文应符合表 K.13.6-1 的规定。

表 K.13.6-1　READ BINARY 命令报文

代码	值								
CLA	'00' 或 '04'								
INS	'B0'								
P1	b8	b7	b6	b5	b4	b3	b2	b1	说　明
	0	x	x	x	x	x	x	x	当前文件高位地址
	1	0	0	x	x	x	x	x	通过 SFI 方式访问
P2	若 P1 的 b8＝0，P2 为文件的低位地址； 若 P1 的 b8＝1，P2 为文件地址								
Lc	1）不存在——明文方式； 2）'04'——校验方式								
Data	1）不存在； 2）MAC								
Le	期望返回的数据长度								

3　一般情况下命令报文数据域不存在。当使用安全报文时，命令报文数据域中应包含 MAC，MAC 的计算方法和长度由应用决定。

4　当 Le 的值为 0 时，只要文件的最大长度在 256 字节（短长度）或 65 536 字节（扩展长度）之内，则其全部字节将被读出。

5　CPC 回送的响应信息中的状态码应符合表 K.13.6-2 的规定。

表 K.13.6-2　READ BINARY 响应报文状态码

SW1	SW2	说　明
'90'	'00'	命令执行成功
'61'	'XX'	还有 XX 字节要返回
'62'	'81'	部分回送的数据有错
'62'	'82'	文件长度＜Le
'65'	'81'	写 EEPROM 失败

续表 K.13.6-2

SW1	SW2	说　明
'67'	'00'	Lc 长度错误
'69'	'81'	当前文件不是二进制文件
'69'	'82'	不满足安全状态
'69'	'83'	认证密钥锁定
'69'	'84'	引用数据无效（未申请随机数）
'69'	'85'	使用条件不满足
'69'	'86'	没有选择当前文件
'69'	'88'	安全信息（MAC 和加密）数据错误
'6A'	'81'	功能不支持
'6A'	'82'	未找到文件
'6A'	'86'	P1、P2 参数错
'6A'	'88'	未找到密钥数据
'6B'	'00'	起始地址超出范围
'6C'	'XX'	Le 长度错误。'XX' 表示实际长度
'6D'	'00'	INS 错
'6E'	'00'	CLA 错
'93'	'03'	应用永久锁定

K.13.7 READ RECORD 命令应符合下列规定：

1 READ RECORD 命令读记录文件中的内容。

2 READ RECORD 命令报文应符合表 K.13.7-1 的规定。

表 K.13.7-1　READ RECORD 命令报文

代码	值								
CLA	'00' 或 '04'								
INS	'B2'								
P1	记录号								
P2	b8	b7	b6	b5	b4	b3	b2	b1	说明
	0	0	0	0	0	—	—	—	当前文件
	x	x	x	x	x	—	—	—	通过 SFI 方式访问
	—	—	—	—	—	1	0	0	P1 指定的记录号
	其他值								保留

续表 K.13.7-1

代码	值
Lc	1) 不存在——明文方式； 2) '04'——命令报文校验方式
DATA	1) 不存在——明文方式； 2) MAC——校验方式
Le	期望返回的记录数据

3 一般情况下命令报文数据域不存在。当使用安全报文时，命令报文数据域中应包含 MAC。MAC 的计算方法和长度由应用决定。

4 所有执行成功的 READ RECORD 命令的响应报文数据域由读取的记录组成。

5 CPC 回送的响应信息中的状态码应符合表 K.13.7-2 的规定。

表 K.13.7-2 READ RECORD 响应报文状态码

SW1	SW2	说　明
'90'	'00'	命令执行成功
'61'	'XX'	还有 XX 字节需要返回
'62'	'81'	回送的数据有错
'64'	'00'	标志状态位没变
'65'	'81'	写 EEPROM 失败
'67'	'00'	Lc 长度错误
'69'	'81'	当前文件不是记录文件
'69'	'82'	不满足安全状态
'69'	'83'	认证密钥锁定
'69'	'84'	引用数据无效（未申请随机数）
'69'	'85'	使用条件不满足
'69'	'86'	没有选择当前文件
'69'	'88'	安全信息（MAC 和加密）数据错误
'6A'	'81'	功能不支持
'6A'	'82'	未找到文件
'6A'	'83'	未找到记录
'6A'	'85'	Lc 与 TLV 结构不匹配
'6A'	'86'	P1、P2 参数错
'6A'	'88'	未找到密钥数据
'6C'	'XX'	Le 错误，'XX' 表示实际长度
'6D'	'00'	INS 错
'6E'	'00'	CLA 错
'93'	'03'	应用永久锁定

K.13.8 SELECT FILE 命令应符合下列规定：

1 SELECT FILE 命令通过文件标识或应用名选择 CPC 中的 MF、DDF、ADF 或 EF 文件。成功执行该命令设定 MF、DDF 或 ADF 的路径。应用到 EF 的后续命令将采用 SFI 方式联系到所选定的 MF、DDF 或 ADF。从 CPC 返回的应答报文包含回送 FCI。FCI 数据从数据分组中获得。

2 SELECT FILE 命令报文应符合表 K.13.8-1 的规定。

表 K.13.8-1 SELECT FILE 命令报文

代 码	值
CLA	'00'
INS	'A4'
P1	'00' 通过 FID 选择 DF、EF，当 Lc = '00' 时，选 MF； '04' 通过 DF 名选择应用
P2	'00' '02' 选择下一个文件（P1 = '04' 时）
Lc	P1 = '00' 时，Lc = '00' 或 '02'； P1 = '04' 时，Lc = '05' ~ '10'
Data	文件标识符（FID—2 字节） 应用名（App-Name，P1 = '04'）
Le	FCI 文件的信息长度（选择 DF 时）

3 命令报文数据域应包括所选择的 DDF 名、DF 名或 FID，以及 EF 的 FID。

4 响应报文数据域中的数据应包括所选择的 MF、DDF、ADF 的 FCI。

5 成功选择 MF 后回送的 FCI 定义应符合表 K.13.8-2 的规定。

表 K.13.8-2 成功选择 MF 响应报文 FCI

标 签			值	存 在 性
'6F'			FCI 模板	M
	'84'		DF 名	M
	'A5'		FCI 数据专用模板	M
		'88'	目录基本文件的 SFI	M
		'9F0C'	FCI 文件内容	O

6 成功选择 DDF 后回送的 FCI 定义应符合表 K.13.8-3 的规定。

表 K.13.8-3 成功选择 DDF 响应报文 FCI

标 签		值	存 在 性
'6F'		FCI 模板	M
	'84'	DF 名	M
	'A5'	FCI 数据专用模板	M

续表 K.13.8-3

标 签	值		存 在 性
	'88'	目录基本文件的 SFI	M
	'9F0C'	FCI 文件内容	O

7 成功选择 ADF 后回送的 FCI 定义应符合表 K.13.8-4 的规定。

表 K.13.8-4 成功选择 ADF 响应报文 FCI

标 签	值		存 在 性
'6F'	FCI 模板		M
	'84'	DF 名	M
	'A5'	FCI 数据专用模板	M
	'9F0C'	FCI 文件内容	O

8 CPC 回送的响应信息中的状态码应符合表 K.13.8-5 的规定。

表 K.13.8-5 SELECT FILE 响应报文状态码

SW1	SW2	说 明
'90'	'00'	命令执行成功
'62'	'83'	选择文件无效
'62'	'84'	FCI 格式与 P2 指定的不符
'64'	'00'	标志状态位没变
'67'	'00'	Lc 长度错误
'6A'	'81'	功能不支持
'6A'	'82'	未找到文件
'6A'	'86'	P1、P2 参数错
'6A'	'87'	Lc 与 P1、P2 不匹配
'6D'	'00'	INS 错
'6E'	'00'	CLA 错
'93'	'03'	应用永久锁定

K.13.9 UPDATE BINARY 命令应符合下列规定：

1 UPDATE BINARY 命令用于更新二进制文件中的数据。

2 UPDATE BINARY 命令报文应符合表 K.13.9-1 的规定。

表 K.13.9-1 UPDATE BINARY 命令报文

代码	值
CLA	'00' 或 '04'
INS	'D6'

续表 K.13.9-1

代码	值								说明
	b8	b7	b6	b5	b4	b3	b2	b1	
P1	0	x	x	x	x	x	x	x	当前文件高位地址
	1	0	0	x	x	x	x	x	通过 SFI 方式访问
P2	若 P1 的 b8 = 0，P2 为文件的低位地址； 若 P1 的 b8 = 1，P2 为文件地址								
Lc	DATA 域数据长度								
Data	明文方式：明文数据； 加密方式：密文数据； 校验方式：明文数据 ‖ 校验码； 校验加密方式：密文数据 ‖ 校验码								
Le	不存在								

3　命令报文数据域包括更新原有数据的数据域。
4　响应报文数据域不存在。
5　CPC 回送的响应信息中的状态码应符合表 K.13.9-2 的规定。

表 K.13.9-2　UPDATE BINARY 响应报文状态码

SW1	SW2	说　　明
'90'	'00'	命令执行成功
'65'	'81'	写 EEPROM 失败
'67'	'00'	Lc 长度错误
'69'	'81'	当前文件不是二进制文件
'69'	'82'	不满足安全状态
'69'	'83'	认证密钥锁定
'69'	'84'	引用数据无效（未申请随机数）
'69'	'85'	使用条件不满足
'69'	'86'	未选择文件
'69'	'88'	安全信息（MAC 和加密）数据错误
'6A'	'81'	功能不支持
'6A'	'82'	未找到文件
'6A'	'86'	P1、P2 参数错
'6A'	'88'	未找到密钥数据
'6B'	'00'	起始地址超出范围
'6D'	'00'	INS 错
'6E'	'00'	CLA 错
'93'	'03'	应用永久锁定

K.13.10 UPDATE RECORD 命令应符合下列规定：

1　UPDATE RECORD 命令用于更新记录文件中的数据。
2　在使用当前记录地址时，该命令将在修改记录成功后重新设定记录指针。
3　UPDATE RECORD 命令报文应符合表 K.13.10-1 的规定。

表 K.13.10-1　UPDATE RECORD 命令报文

代码	值								
CLA	'00' 或 '04'								
INS	'DC'								
P1	P1 = '00' 表示当前记录 P1 ≠ '00' 表示指定的记录号								
P2	b8	b7	b6	b5	b4	b3	b2	b1	说明
	0	0	0	0	0	—	—	—	当前文件
	X	x	x	x	x	—	—	—	通过 SFI 方式访问
	—	—	—	—	—	1	0	0	P1 指定的记录号
	—	—	—	—	—	0	0	0	第一条记录
	—	—	—	—	—	0	0	1	最后一条记录
	—	—	—	—	—	0	1	0	下一条记录
	—	—	—	—	—	0	1	1	前一条记录
	任何其他值								保留
Lc	DATA 域数据长度								
Data	明文方式：明文记录数据； 加密方式：密文记录数据； 校验方式：明文记录数据‖校验码； 校验加密方式：密文记录数据‖校验码								
Le	不存在								

4　命令报文数据域由更新原有记录的新记录组成。
5　响应报文数据域不存在。
6　CPC 回送的响应信息中的状态码应符合表 K.13.10-2 的规定。

表 K.13.10-2　UPDATE RECORD 响应报文状态码

SW1	SW2	说　明
'90'	'00'	命令执行成功
'65'	'81'	写 EEPROM 失败
'67'	'00'	Lc 长度错误
'69'	'81'	当前文件不是记录文件
'69'	'82'	不满足安全状态
'69'	'83'	认证密钥锁定

续表 K.13.10-2

SW1	SW2	说　明
'69'	'84'	引用数据无效（未申请随机数）
'69'	'85'	使用条件不满足
'69'	'86'	未选择文件
'69'	'88'	安全信息（MAC 和加密）数据错误
'6A'	'81'	功能不支持
'6A'	'82'	未找到文件
'6A'	'83'	未找到记录
'6A'	'84'	存储空间不够
'6A'	'85'	Lc 与 TLV 结构不匹配
'6A'	'86'	P1、P2 参数错
'6A'	'88'	未找到密钥数据
'6D'	'00'	INS 错
'6E'	'00'	CLA 错
'93'	'03'	应用永久锁定

K.13.11 UPDATE KEY 命令应符合下列规定：

1 UPDATE KEY 命令用于更新一个已经存在的密钥。

2 本命令可支持 16 字节的密钥，密钥写入应采用密文 + MAC 的方式，在主控密钥的控制下进行。

3 在密钥装载前应用 GET CHALLENGE 命令从 CPC 取一个 4 字节的随机数。

4 UPDATE KEY 命令报文应符合表 K.13.11-1 的规定。

表 K.13.11-1　UPDATE KEY 命令报文

代　码	值
CLA	'84'
INS	'D4'
P1	'01'
P2	'00'——更新主控密钥； 'FF'——更新其他密钥
Lc	'24'
Data	密文密钥信息‖MAC
Le	不存在

5 命令报文数据域包括要装载的密钥密文信息和 MAC。

6 密钥密文信息是用主控密钥对以下数据加密（按所列顺序）产生的：密钥用途、密钥标识、版本、密钥值。

7　MAC 是用主控密钥对以下数据进行 MAC 计算（按所列顺序）产生的：CLA、INS、P1、P2、Lc、密钥密文信息。

8　响应报数据域不存在。

9　响应信息中的状态码应符合表 K.13.11-2 的规定。

表 K.13.11-2　UPDATE KEY 响应报文状态码

SW1	SW2	说　　明
'90'	'00'	命令执行成功
'65'	'81'	写 EEPROM 失败
'67'	'00'	Lc 长度错误
'69'	'82'	不满足安全状态
'69'	'83'	认证密钥锁定
'69'	'84'	引用数据无效（未申请随机数）
'69'	'85'	使用条件不满足
'69'	'88'	安全信息（MAC 和密文）数据错误
'6A'	'80'	数据域参数错误
'6A'	'81'	功能不支持
'6A'	'82'	未找到文件
'6A'	'83'	未找到密钥数据
'6A'	'84'	文件空间已满
'6A'	'86'	P1、P2 参数错
'6A'	'88'	未找到密钥数据
'6D'	'00'	INS 错
'6E'	'00'	CLA 错
'93'	'03'	应用永久锁定

附录 L ETC 用户卡技术要求

L.1 通用要求

L.1.1 ETC 用户卡基本功能应符合下列规定：

1 应为具有操作系统的 ETC 用户卡，应同时具有符合现行《识别卡 带触点的集成电路卡》（GB/T 16649.1～16649.3）的接触式接口和符合现行《识别卡 非接触式集成电路卡》（ISO/IEC 14443.1～14443.4）非接触式接口的双界面 CPU 卡，或具有符合现行《识别卡 非接触式集成电路卡》（ISO/IEC 14443.1～14443.4）非接触式接口的 CPU 卡。

2 应支持一卡多应用，各应用之间应相互独立。

3 应支持多种文件类型，包括二进制文件，定长记录文件，变长记录文件，循环文件。

4 应采用硬件真随机数发生器。

5 在通信过程中应支持多种安全保护机制（信息的机密性和完整性保护）。

6 应支持多种安全访问方式和权限（认证功能和口令保护）。

7 应支持 DES、3DES、SM4 算法的一种或多种。

8 应支持现行《中国金融集成电路（IC）卡规范》（JR/T 0025）规定的电子钱包功能。

9 应支持现行《中国金融集成电路（IC）卡规范》（JR/T 0025）规定的复合消费功能。

10 ETC 用户卡的应用安全机制应符合本标准附录 P 的有关规定。

11 在一次复合应用消费交易中，ETC 用户卡应支持至少 2 条更新复合应用数据缓存命令，且更新的数据长度之和上限应至少为 255 字节。

12 双界面卡应为单一芯片，应支持双接口，接触方式和非接触方式访问资源应一致，对芯片的操作应与操作方式无关，接触和非接触应支持对相同数据区读写，应支持对同一个电子钱包操作。

13 未在本标准中明确提出的 ETC 用户卡应用命令和安全机制，应符合现行《中国金融集成电路（IC）卡规范》（JR/T0025）的有关规定。

L.1.2 ETC 用户卡的基本参数应符合下列规定：

1 存储容量应不低于 16kbytes。

2　接触界面应支持 T=0 通信协议,非接触界面应支持《识别卡　非接触式集成电路卡》(ISO/IEC 14443-1~14443-4)中 Type A 通信协议。

3　非接触界面通信速率应不低于 106kbit/s。

4　接触界面应支持多种速率选择,握手通信速率应从 9 600bit/s 开始,支持 PPS,并应支持 57 600bit/s 及 57 600bit/s 以上通信速率。

5　接触界面支持的外部时钟应不低于 7.5MHz。

6　接触界面应能支持 3V 或 1.8V 两类工作电压。

7　应支持文件标识符选择目录方式。

8　非接触界面载波频率应为 13.56MHz±7kHz。

9　在接触方式,时钟为 3.579MHz 时,复合消费命令时间应小于 70ms。

10　在非接触方式,双向 106kbps 速率的情况下,复合消费命令时间应小于 70ms。

11　环境条件应符合下列规定:

1)工作温度:一般要求 -25~+70℃(寒区 -40~+70℃)。

2)存储温度:-20~+55℃。

3)相对工作湿度:10%~95%。

12　没有涉及的其他卡片物理特性和电气特性应符合现行《识别卡　带触点的集成电路卡　第 1 部分:物理特性》(GB/T 16649.1)和《识别卡　非接触式集成电路卡》(ISO/IEC 14443)的规定。

13　卡片应通过具有相关检测资质的第三方机构的检测。

14　安全等级应达到现行《安全芯片密码检测准则》(GM/T 0008)规定的 2 级及 2 级以上级别。

L.1.3　ETC 用户卡通用命令集应符合下列要求:

1　APPLICATION BLOCK(应用锁定)、CARD BLOCK(卡片锁定)、CHANGE PIN(修改 PIN)、CREDIT FOR LOAD(圈存)、DEBIT FOR CAPP PURCHASE(复合应用消费)、DEBIT FOR PURCHASE(消费)、GET BALANCE(读余额)、GET RESPONSE(取响应)、GET TRANSACTION PROVE(取交易认证)、INITIALIZE FOR CAPP PURCHASE(复合应用消费初始化)、INITIALIZE FOR LOAD(圈存初始化)、INITIALIZE FOR PURCHASE(消费初始化)、READ BINARY(读二进制)、READ RECORD(读记录)、SELECT(选择)、UPDATE CAPP DATA CACHE(更新复合应用数据缓存)、VERIFY(校验)等命令应符合《中国金融集成电路(IC)卡规范　第 1 部分:电子钱包/电子存折应用卡片规范》(JR/T0025.1—2010)、《中国金融集成电路(IC)卡规范　第 2 部分:电子钱包/电子存折应用规范》(JR/T0025.2—2010)、《中国金融集成电路(IC)卡规范　第 9 部分:电子钱包扩展应用指南》(JR/T0025.9—2010)的有关规定。

2　EXTERNAL AUTHENTICATION 命令应符合下列规定:

1)EXTERNAL AUTHENTICATION 命令执行成功后,应使外部接口设备对 ETC 用户卡获得某种操作授权。

2）EXTERNAL AUTHENTICATE 命令报文格式应符合表 L.1.3-1 的规定。

表 L.1.3-1　EXTERNAL AUTHENTICATION 命令报文

代　码	数　　值
CLA	'00'
INS	'82'
P1	'00'
P2	外部认证密钥标识
Lc	'08'
Data	认证数据
Le	不存在

3）认证数据计算应符合本标准第 P.5 节的有关规定。

4）EXTERNAL AUTHENTICATE 命令执行时应满足 P2 参数所指定密钥的使用权限。

5）每次认证失败时相应外部认证密钥的错误计数器应减 1，当计数器减为 '0' 值时，密钥应被锁定。在计数器达到 0 之前，使用相应外部认证密钥正确执行一次命令，应恢复相应外部认证密钥计数器为初始值。

6）EXTERNAL AUTHENTICATE 命令响应报文状态码应符合表 L.1.3-2 的规定。

表 L.1.3-2　EXTERNAL AUTHENTICATION 响应报文状态码

SW1	SW2	说　　明
'90'	'00'	认证成功
'63'	'CX'	认证失败，'X' 为剩余的可尝试次数
'67'	'00'	Lc 不正确
'69'	'83'	认证方法锁定
'69'	'84'	引用数据无效
'6A'	'86'	参数 P1、P2 不正确
'6A'	'88'	未找到引用数据
'6D'	'00'	INS 不支持或错误
'6E'	'00'	CLA 不支持或错误
'93'	'03'	应用永久锁定

3　GET CHALLENGE 命令应符合下列规定：

1）GET CHALLENGE 命令请求一个用于安全相关过程的随机数。该随机数只能用于下一条命令，无论下一条命令是否使用了该随机数，该随机数都应立即失效。

2）GET CHALLENGE 命令报文应符合表 L.1.3-3 的规定。

表 L.1.3-3 GET CHALLENGE 命令报文

代 码	数 值
CLA	'00'
INS	'84'
P1	'00'
P2	'00'
Lc	不存在
Data	不存在
Le	'04'、'08'、'10' （国际算法：'04'、'08'）

3）GET CHALLENGE 响应报文数据域为随机数，长度为 4 字节或 8 字节或 16 字节。

4）GET CHALLENGE 命令响应报文状态码应符合表 L.1.3-4 的规定。

表 L.1.3-4 GET CHALLENGE 响应报文状态码

SW1	SW2	说 明
'90'	'00'	命令执行成功
'67'	'00'	Le 长度错误
'6A'	'81'	功能不支持
'6A'	'86'	P1、P2 参数错
'6D'	'00'	命令不存在
'6E'	'00'	CLA 错

4 INTERNAL AUTHENTICATION 命令应符合下列规定：

1）INTERNAL AUTHENTICATION 命令应提供利用接口设备发来的随机数和自身存储的相关密钥进行数据认证的功能。

2）INTERNAL AUTHENTICATION 命令报文编码应符合表 L.1.3-5 的规定。

表 L.1.3-5 INTERNAL AUTHENTICATION 命令报文

代 码	数 值
CLA	'00'
INS	'88'
P1	'00'
P2	内部认证密钥标识
Lc	认证数据的长度
Data	认证数据
Le	'00'

3）命令报文数据域的内容应是应用专用的认证数据。

4）响应报文数据域内容应是相关认证数据。

5）响应报文状态字应符合表 L.1.3-6 的规定。

表 L.1.3-6 INTERNAL AUTHENTICATION 响应状态码

SW1	SW2	说 明
90	00	命令执行成功
'62'	'81'	回送的数据可能有错
'64'	'00'	标志状态位未变
'67'	'00'	Lc 域不存在
'68'	'82'	不支持安全报文
'69'	'85'	不满足使用条件
'6A'	'80'	数据域参数不正确
'6A'	'86'	P1 和 P2 错误
'6A'	'88'	引用数据找不到
'6D'	'00'	INS 不支持或错误
'6E'	'00'	CLA 不支持或错误

5 PIN UNBLOCK 命令应符合下列规定：

1）PIN UNBLOCK 命令为发行方提供了解锁个人识别码的功能。

2）当 PIN UNBLOCK 命令成功完成后，应重置个人识别码尝试计数器的值。命令中个人识别码的传递应采用加密方式。

3）PIN UNBLOCK 命令报文编码应符合表 L.1.3-7 的规定。

表 L.1.3-7 PIN UNBLOCK 命令报文

代 码	数 值
CLA	'84'
INS	'24'
P1	'00'
P2	应用 PIN 解锁子密钥标识
Lc	数据字节数
Data	加密的个人识别码数据元和报文鉴别码（MAC）数据元
Le	不存在

4）命令报文数据域应由加密的个人识别码数据元和其后的 MAC 数据元组成。加密和 MAC 计算方法应符合本标准第 P.4 节的相关规定。

5）PIN UNBLOCK 命令中的 MAC 每错误一次，相应应用 PIN 解锁子密钥计数器自动减 1，当计数器达到 0 时，对于多逻辑通道 OBE-IC，PIN 解锁子密钥应被锁定；对于国际算法 ETC 用户卡、双算法 ETC 用户卡，应永久锁定当前应用。在计数器达到 0 之前，正确执行一次 PIN UNBLOCK 命令，应恢复 PIN 解锁子密钥计数器为初始值。

6）响应报文状态码应符合表 L.1.3-8 的规定。

表 L.1.3-8 PIN UNBLOCK 响应报文状态码

SW1	SW2	说　明
90	00	命令执行成功
'62'	'00'	无信息提供
'62'	'81'	数据或能出错
'64'	'00'	标志状态位没变
'65'	'81'	内存失败
'69'	'82'	不满足安全状态
'69'	'83'	认证密钥锁定
'69'	'84'	引用数据无效
'69'	'85'	使用条件不满足（PIN 未锁定）
'69'	'87'	安全报文数据项丢失
'69'	'88'	安全报文数据项不正确
'6A'	'86'	P1 和 P2 错误
'6A'	'88'	未找到引用数据
'6D'	'00'	INS 不支持或错误
'6E'	'00'	CLA 不支持或错误
'93'	'03'	应用被永久锁定

6 RELOAD PIN 命令应符合下列规定：

1）重装个人识别码（RELOAD PIN）命令应用于发行方重新给持卡人产生一个新的 PIN（可与原 PIN 相同）。重装个人识别码（RELOAD PIN）应在拥有或能访问到重装 PIN 子密钥（DRPK）的发行方终端上执行。在成功执行重装个人识别码（RELOAD PIN）命令后，ETC 用户卡的 PIN 尝试计数器应复位，同时应将原 PIN 设置为新的 PIN 值。命令中的 PIN 数据以明文传送。

2）重装个人识别码（RELOAD PIN）命令报文应符合表 L.1.3-9 的规定。

表 L.1.3-9 重装个人识别码（RELOAD PIN）命令报文

代　码	数　值
CLA	'80'
INS	'5E'
P1	'00'
P2	国际算法取值：0x00； 双算法取值：应用 PIN 重装子密钥标识
Lc	'06' ~ '0A'
Data	见表 L.1.6-10
Le	不存在

3）命令报文数据域应符合表 L.1.3-10 的规定。

表 L.1.3-10 重装个人识别码（RELOAD PIN）命令报文数据域

说 明	长度（字节）
重装的 PIN 值	2~6
MAC	4

4）对于 3DES 算法，用 DRPK 左右 8 字节进行异或运算后的结果按本标准第 P.2 节中描述的机制对新 PIN 值计算 MAC。对于 SM4 算法，用 DRPK 密钥按本标准第 P.4 节中描述的机制对新 PIN 值计算 MAC。

5）RELOAD PIN 命令中的 MAC 每错误一次，相应应用 PIN 重装子密钥计数器自动减 1，当计数器达到 0 时，对于多逻辑通道 OBE-IC，PIN 重装子密钥锁定；对于国际算法 ETC 用户卡、双算法 ETC 用户卡，应永久锁定当前应用。在计数器达到 0 之前，正确执行一次 RELOAD PIN 命令，将恢复 PIN 重装子密钥计数器为初始值。

6）响应报文的状态字应符合表 L.1.3-11 的规定。

表 L.1.3-11 重装个人识别码（RELOAD PIN）响应状态码

SW1	SW2	说 明
'90'	'00'	命令执行成功
'65'	'81'	内存错误
'67'	'00'	长度错误
'69'	'83'	认证密钥锁定
'69'	'85'	使用条件不满足
'69'	'88'	安全信息数据对象不正确
'6A'	'80'	PIN 格式不规范
'6A'	'86'	P1 和 P2 参数不正确
'6A'	'88'	引用数据找不到
'6D'	'00'	INS 不支持或错误
'6E'	'00'	CLA 不支持或错误
'93'	'03'	应用永久锁住

7 APPLICATION UNBLOCK 命令应符合下列规定：

1）APPLICATION UNBLOCK 命令应用于恢复已被临时锁定的当前应用。

2）当 APPLICATION UNBLOCK 命令成功执行后，该应用应重新恢复成有效状态。

3）APPLICATION UNBLOCK 命令报文编码应符合表 L.1.3-12 的规定。

表 L.1.3-12 APPLICATION UNBLOCK 命令报文格式

代 码	数 值
CLA	'84'
INS	'18'

续表 L.1.3-12

代 码	数 值
P1	'00'
P2	'00'
Lc	'04'
Data	MAC
Le	不存在

4）报文鉴别码（MAC）数据元的计算应符合本标准第 P.4 节的有关规定。

5）APPLICATION UNBLOCK 命令中的 MAC 每错误一次，相应应用维护密钥计数器应自动减 1，当计数器达到 0 时，对于多逻辑通道 OBE-IC，相应应用维护密钥应锁定；对于国际算法 ETC 用户卡、双算法 ETC 用户卡，应永久锁定当前应用。在计数器达到 0 之前，使用该应用维护密钥正确执行一次命令，应恢复该应用维护密钥计数器为初始值。

6）响应信息中的状态码应符合表 L.1.3-13 的规定。

表 L.1.3-13 APPLICATION UNBLOCK 响应状态码

SW1	SW2	说 明
'90'	'00'	命令执行成功
'64'	'00'	标志状态位未变
'65'	'81'	内存失败
'67'	'00'	Lc 错误
'69'	'82'	不满足安全状态
'69'	'83'	认证密钥锁定
'69'	'84'	未取随机数
'69'	'85'	使用条件不满足
'69'	'87'	安全报文数据项丢失
'69'	'88'	安全报文数据项不正确
'6A'	'82'	文件未找到
'6A'	'86'	P1 和 P2 错误
'6D'	'00'	INS 不支持或错误
'6E'	'00'	CLA 不支持或错误
'93'	'03'	应用已被永久锁

8 UPDATE RECORD 命令应符合下列规定：

1）UPDATE RECORD 命令报文应使用 C-APDU 中给定的数据更改指定的记录。

2）当使用当前记录地址时，该命令应在修改记录成功后重新设定记录指针。

3）UPDATE RECORD 命令报文编码应符合表 L.1.3-14 的规定。

表 L.1.3-14 UPDATE RECORD 命令报文格式

代码	数 值								
CLA	'00' / '04'								
INS	'DC'								
P1	P1 = '00' 表示当前记录 P1 ≠ '00' 指定的记录号或记录标识								
P2	b8	b7	b6	b5	b4	b3	b2	b1	说明
	0	0	0	0	0	—	—	—	当前文件
	X	X	X	X	X	—	—	—	通过 SFI 方式访问
	—	—	—	—	—	1	0	0	P1 指定的记录号
	—	—	—	—	—	0	0	0	按记录标识查找匹配的第一条记录
	—	—	—	—	—	0	0	1	按记录标识查找匹配的最后一条记录
	—	—	—	—	—	0	1	0	按记录标识查找匹配的下一条记录
	—	—	—	—	—	0	1	1	按记录标识查找匹配的前一条记录
	其他值								保留
Lc	后续数据域的长度								
Data	更新原有记录的新记录‖MAC								
Le	不存在								

4) UPDATE RECORD 命令使用 SFI 更新记录后，该文件应成为当前文件。

5) 报文鉴别码（MAC）数据元，应符合本标准第 P.4 节的有关规定。

6) 当 UPDATE RECORD 命令使用安全报文方式时，MAC 每错误一次，相应维护密钥的计数器应自动减 1。当计数器达到 0 时，对于多逻辑通道 OBE-IC，应用维护密钥应被锁定；对于国际算法 ETC 用户卡、双算法 ETC 用户卡，应永久锁定当前应用。在计数器达到 0 之前，使用该应用维护密钥正确执行一次命令，应恢复该应用维护密钥计数器为初始值。

7) 响应信息中的状态码应符合表 L.1.3-15 的规定。

表 L.1.3-15 UPDATE RECORD 响应状态码

SW1	SW2	说 明
'90'	'00'	命令执行成功
'65'	'81'	内存失败（修改失败）
'67'	'00'	长度错误（Lc 域为空）
'69'	'81'	命令与文件结构不相容
'69'	'82'	不满足安全状态
'69'	'83'	认证密钥锁定
'69'	'84'	引用数据无效（未申请随机数）
'69'	'86'	不满足命令执行的条件（不是当前的 EF）

续表 L.1.3-15

SW1	SW2	说　明
'6A'	'81'	不支持此功能
'6A'	'82'	未找到文件
'6A'	'83'	未找到记录
'6A'	'84'	文件中存储空间不够
'6D'	'00'	INS 不支持或错误
'6E'	'00'	CLA 不支持或错误

9　UPDATE BINARY 命令应符合下列规定：

1) UPDATE BINARY 命令应用于更新二进制文件中的数据。

2) UPDATE BINARY 命令报文应符合表 L.1.3-16 的规定。

表 L.1.3-16　UPDATE BINARY 命令报文

代码	数　值								
CLA	'00' 或 '04'								
INS	'D6'								
P1	b8	b7	b6	b5	b4	b3	b2	b1	说明
	0	X	X	X	X	X	X	X	当前文件高位地址
	1	0	0	X	X	X	X	X	通过 SFI 方式访问
P2	若 P1 的 b8＝0，P2 为文件的低位地址； 若 P1 的 b8＝1，P2 为文件地址								
Lc	Data 域数据长度								
Data	明文方式：明文数据 安全报文方式：明文数据 ‖ MAC								
Le	不存在								

3) UPDATE BINARY 命令使用 SFI 更新文件后，该文件应成为当前文件。

4) 命令报文数据域应包括更新原有数据的数据域。

5) 报文鉴别码（MAC）数据元，应符合本标准第 P.4 节的有关规定。

6) 当 UPDATE BINARY 命令使用安全报文方式时，MAC 每错误一次，相应维护密钥的计数器应自动减 1。当计数器达到 0 时，对于多逻辑通道 OBE-IC，应用维护密钥应被锁定；对于国际算法 ETC 用户卡、双算法 ETC 用户卡，应永久锁定当前应用。在计数器达到 0 之前，使用该应用维护密钥正确执行一次命令，应恢复该维护密钥计数器为初始值。

7) 响应信息中的状态码应符合表 L.1.3-17 的规定。

表 L.1.3-17 UPDATE BINARY 响应报文状态码

SW1	SW2	说　明
'90'	'00'	命令执行成功
'67'	'00'	Lc 长度错误
'69'	'81'	当前文件不是二进制文件
'69'	'82'	不满足安全状态
'69'	'83'	认证密钥锁定
'69'	'84'	引用数据无效（未申请随机数）
'69'	'86'	未选择文件
'69'	'88'	安全信息（MAC 和加密）数据错误
'6A'	'81'	功能不支持
'6A'	'82'	未找到文件
'6A'	'86'	P1、P2 参数错
'6B'	'00'	起始地址超出范围
'6D'	'00'	命令不存在
'6E'	'00'	CLA 错
'93'	'03'	应用永久锁定

L.2 国际算法 ETC 用户卡

L.2.1 国际算法 ETC 用户卡应符合本标准第 L.1 节的有关规定。

L.2.2 国际算法 ETC 用户卡的文件结构应符合下列规定：

1 国际算法 ETC 用户卡的文件结构图应符合图 L.2.2 的规定。

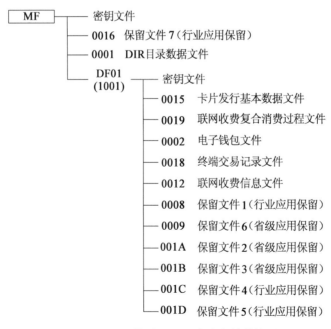

图 L.2.2 国际算法 ETC 用户卡文件结构图

2 国际算法 ETC 用户卡详细文件结构应符合表 L.2.2-1 的规定。

表 L.2.2-1 国际算法 ETC 用户卡详细文件结构

文件名称	文件类型	文件标识符	读权	写权	备注
MF	主文件	3F00		建立权/擦除权：MK_{MF}	厂商交货时已经建立
密钥文件	密钥文件	—	禁止	增加密钥权：MK_{MF}	禁止读，通过卡片主控密钥 MK_{MF} 采用密文+MAC 方式写入密钥
保留文件 7	二进制文件	0016	自由	$DAMK_{MF}$	自由读，写时使用卡片维护密钥 $DAMK_{MF}$ 进行线路保护（明文 + MAC）
DIR 目录数据文件	变长记录	0001	自由	$DAMK_{MF}$	自由读，写时使用卡片维护密钥 $DAMK_{MF}$ 进行线路保护（明文 + MAC）
DF01 联网收费应用目录	目录文件	1001	建立权 MK_{MF}	除权 MK_{MF}	卡片主控密钥 MK_{MF} 认证通过后建立和擦除文件
密钥文件	密钥文件	—	禁止	增加密钥权 MK_{DF01}	禁止读，通过应用主控密钥 MK_{DF01} 采用密文+MAC 方式写入密钥
卡片发行基本数据文件	二进制文件	0015	自由	$DAMK_{DF01}$	自由读，写时使用应用维护密钥 $DAMK_{DF01}$ 进行线路保护（明文 + MAC）
联网收费复合消费过程文件	变长记录文件	0019	自由	$DAMK_{DF01}$	自由读，写时使用应用维护子密钥 $DAMK_{DF01}$ 线路保护（明文 + MAC）或 UPDATE CAPP DATA CACHE 方式写
电子钱包文件	专用钱包	0002	自由	COS 维护	读写权限与状态寄存器无关；自由读；消费子密钥 DPK 认证后进行扣款；圈存子密钥 DLK 认证后充值
终端交易记录文件	循环文件	0018	PIN	不可写 COS 维护	PIN 验证通过后读，记录长度为 23 字节，不少于 50 条交易记录
联网收费信息文件	二进制文件	0012	自由	UK_{DF01}	自由读，外部认证 UK_{DF01} 通过后写，无线路保护
保留文件 1	二进制文件	0008	自由	UK_{DF01}	外部认证 UK_{DF01} 通过后写，无线路保护
保留文件 6	二进制文件	0009	自由	自由	自由读，自由写
保留文件 2	变长记录文件	001A	自由	$DAMK_{DF01}$	自由读，写时使用应用维护子密钥 $DAMK_{DF01}$ 线路保护（明文 + MAC）或 UPDATE CAPP DATA CACHE 方式写
保留文件 3	变长记录文件	001B	自由	UK_{DF01}	外部认证 UK_{DF01} 通过后写或 UPDATE CAPP DATA CACHE 方式写

续表 L.2.2-1

文件名称	文件类型	文件标识符	读权	写权	备注
保留文件 4	二进制文件	001C	自由	UK_{DF01}	外部认证 UK_{DF01} 通过后写，无线路保护
保留文件 5	二进制文件	001D	自由	UK_{DF01}	外部认证 UK_{DF01} 通过后写，无线路保护

3 国际算法 ETC 用户卡文件标识符及文件应用应符合下列规定：

1）行业应用保留文件应作为将来行业统一定义使用。

2）DF01 应用目录下尚未定义的文件标识符，应将 000A~000F（对应短文件标识符为 0A~0F）作为省级自定义应用保留，其他短文件标识符应作为行业应用保留。

3）所有预留字节初始化时应写为 0xFF。

4）MF 文件下的应用目录文件标识符，应将 DF02~DF0F 作为省级应用保留；其他应用目录文件标识符应为行业应用保留。

5）保留文件 2（001A）、保留文件 3（001B）、保留文件 6（0009）应作为省级应用保留文件。

6）保留文件 1（0008）、保留文件 4（001C）、保留文件 5（001D）、保留文件 7（0016）应作为行业应用保留文件。

4 国际算法 ETC 用户卡文件结构详细说明应符合下列规定：

1）保留文件 7（0016）文件结构应符合表 L.2.2-2 的规定。

表 L.2.2-2 保留文件 7 文件结构

文件标识符（FID）	'0016'
文件类型	二进制文件
文件长度	55 字节
读取：自由	写入：$DAMK_{MF}$ 线路保护（明文 + MAC）

字节	数据元	长度（字节）	说明
1~55	保留	55	保留的应用扩展数据单元

2）卡片发行基本数据文件（0015）结构应符合表 L.2.2-3 的规定。

表 L.2.2-3 卡片发行基本数据文件结构

文件标识符（FID）	'0015'
文件类型	二进制文件
文件长度	50 字节
读取：自由	写入：$DAMK_{DF01}$ 线路保护（明文 + MAC）

续表 L.2.2-3

字节	数据元	长度（字节）	说明
1~8	发行方标识	8	发行方唯一标识，编码方式见本标准第13.1节
9	卡片类型	1	编码方式见本标准第13.1节
10	卡片版本号	1	高4位：行业统一定义。小于或等于4表示仅支持国际算法；其他值保留。 低4位：由各省（区、市）根据需要自定义
11~12	卡片网络编号	2	编码方式见本标准第13.1节
13~20	用户卡内部编号	8	编码方式见本标准第13.1节
21~24	启用时间	4	格式：CCYYMMDD
25~28	到期时间	4	格式：CCYYMMDD
29~40	车牌号码	12	编码方式见本标准第13.1节
41	车辆用户类型	1	编码方式见本标准第13.1节
42	车牌颜色	1	编码方式见本标准第13.1节
43	车型	1	编码方式见本标准第13.1节
44~46	预留	3	行业应用保留
47~50	预留	4	省（区、市）内自定义应用

3）联网收费复合消费过程文件（0019）结构应符合表 L.2.2-4 的规定。

表 L.2.2-4 联网收费复合消费过程文件结构

文件标识符（FID）	'0019'
文件类型	变长记录文件
文件长度	576 字节
读取：自由	写入：DAMK$_{DF01}$线路保护（明文 + MAC）或 UPDATE CAPP DATA CACHE 方式

字节	数据元	长度（字节）	说明
记录一：收费公路ETC专用记录（43字节）			
1	复合应用类型标识符	1	为了使卡片在全国范围内通用，应统一该标识，指定为固定值 0xAA
2	记录长度	1	0x29
3	应用锁定标志	1	0x00：未锁定；0x01：已锁定；其他值：保留
4~5	入/出口收费路网号	2	编码方式见本标准第13.1节
6~7	入/出口收费站号	2	编码方式见本标准第13.1节
8	入/出口收费车道号	1	编码方式见本标准第13.1节

续表 L.2.2-4

字节	数据元	长度（字节）	说明
记录一：收费公路 ETC 专用记录（43 字节）			
9~12	入/出口时间	4	UNIX 时间，从格林威治标准时间 1970 年 1 月 1 日 0 时 0 分 0 秒起至现在的总秒数，不包括闰秒
13	车型	1	编码方式见本标准第 13.1 节
14	入/出口状态	1	编码方式见本标准第 13.1 节
15~17	ETC 门架编号	3	3 字节二进制编码，详见本标准第 13.1 节
18~21	通行门架时间	4	UNIX 时间，从格林威治标准时间 1970 年 1 月 1 日 0 时 0 分 0 秒起至现在的总秒数，不包括闰秒
22~33	车牌号码	12	编码方式见本标准第 13.1 节
34	车牌颜色	1	编码方式见本标准第 13.1 节
35	车轴数	1	货车总轴数
36~38	总重	3	货车总重，单位：kg
39	车辆状态标识	1	车辆本次通行状态标识，编码方式见本标准第 13.1 节
40~43	一类交易累计金额	4	单位为分，十六进制编码
预留字节			
预留应用记录 1（43 字节）			
1	复合应用类型标识符	1	为了使卡片在全国范围内通用，应统一该标识，指定为固定值 0xB1
2	记录长度	1	0x29
3	应用锁定标志	1	0x00：未锁定；0x01：已锁定；其他值：保留
4~43	记录内容	40	—
预留应用记录 2（43 字节）			
1	复合应用类型标识符	1	为了使卡片在全国范围内通用，应统一该标识，指定为固定值 0xB2
2	记录长度	1	0x29
3	应用锁定标志	1	0x00：未锁定；0x01：已锁定；其他值：保留
4~43	记录内容	40	—
预留应用记录 3（43 字节）			
1	复合应用类型标识符	1	为了使卡片在全国范围内通用，应统一该标识，指定为固定值 0xB3
2	记录长度	1	0x29
3	应用锁定标志	1	0x00：未锁定；0x01：已锁定；其他值：保留
4~43	记录内容	40	—

续表 L.2.2-4

字节	数据元	长度（字节）	说明
预留应用记录 4（43 字节）			
1	复合应用类型标识符	1	为了使卡片在全国范围内通用，应统一该标识，指定为固定值 0xB4
2	记录长度	1	0x29
3	应用锁定标志	1	0x00：未锁定；0x01：已锁定；其他值：保留
4～43	记录内容	40	—
预留应用记录 5（43 字节）			
1	复合应用类型标识符	1	为了使卡片在全国范围内通用，应统一该标识，指定为固定值 0xB5
2	记录长度	1	0x29
3	应用锁定标志	1	0x00：未锁定；0x01：已锁定；其他值：保留
4～43	记录内容	40	—
预留应用记录 6（63 字节）			
1	复合应用类型标识符	1	为了使卡片在全国范围内通用，应统一该标识，指定为固定值 0xC1
2	记录长度	1	0x3D
3	应用锁定标志	1	0x00：未锁定；0x01：已锁定；其他值：保留
4～63	记录内容	60	—
预留应用记录 7（63 字节）			
1	复合应用类型标识符	1	为了使卡片在全国范围内通用，应统一该标识，指定为固定值 0xC2
2	记录长度	1	0x3D
3	应用锁定标志	1	0x00：未锁定；0x01：已锁定；其他值：保留
4～63	记录内容	60	—
预留应用记录 8（96 字节）			
1	复合应用类型标识符	1	为了使卡片在全国范围内通用，应统一该标识，指定为固定值 0xD1
2	记录长度	1	0x5E
3	应用锁定标志	1	0x00：未锁定；0x01：已锁定；其他值：保留
4～96	记录内容	93	—
预留应用记录 9（96 字节）			
1	复合应用类型标识符	1	为了使卡片在全国范围内通用，应统一该标识，指定为固定值 0XD2
2	记录长度	1	0x5E
3	应用锁定标志	1	0x00：未锁定；0x01：已锁定；其他值：保留
4～96	记录内容	93	—

4）电子钱包文件（0002）结构应符合表 L.2.2-5 的规定。

表 L.2.2-5　电子钱包文件结构

文件标识符（FID）			'0002'
文件类型			钱包文件，循环记录
文件长度			COS 自定义
读取：自由			写入：COS 维护
字节	数据元	长度（字节）	说明
COS 自定义	金额	COS 自定义	电子钱包当前金额

5）终端交易记录文件（0018）结构应符合表 L.2.2-6 的规定。

表 L.2.2-6　终端交易记录文件结构

文件标识符（FID）			'0018'
文件类型			循环记录文件
文件长度			23×50 字节
读取：PIN			写入：COS 维护
字节	数据元	长度（字节）	说明
1~2	联机或脱机交易序号	2	ETC 用户卡内产生的交易流水号
3~5	透支限额	3	透支限额
6~9	交易金额	4	交易金额
10	交易类型标识	1	圈存、消费、复合消费等
11~16	终端机编号	6	通过网络标识的终端机唯一编码
17~20	交易日期	4	格式：CCYYMMDD
21~23	交易时间	3	格式：HHMMSS

6）联网收费信息文件（0012）结构应符合表 L.2.2-7 的规定。

表 L.2.2-7　联网收费信息文件结构

文件标识符（FID）			'0012'
文件类型			二进制文件
文件长度			40 字节
读取：自由			写入：外部认证 UK$_{DF01}$ 通过
字节	数据元	长度（字节）	说明
1~2	入口收费路网号	2	编码方式见本标准第 13.1 节
3~4	入口收费站号	2	编码方式见本标准第 13.1 节
5	入口收费车道号	1	编码方式见本标准第 13.1 节
6~9	入口时间	4	UNIX 时间，从格林威治标准时间 1970 年 1 月 1 日 0 时 0 分 0 秒起至现在的总秒数，不包括闰秒

续表 L.2.2-7

字节	数据元	长度（字节）	说明
10	车型	1	编码方式见本标准第 13.1 节
11	入出口状态	1	编码方式见本标准第 13.1 节
12~20	保留	9	—
21~23	收费员工号	3	二进制方式存放入口员工号后六位
24	入口班次	1	MTC 车道收费班次
25~36	车牌号码	12	编码方式见本标准第 13.1 节
37~40	预留	4	—

7) 保留文件 1（0008）结构应符合表 L.2.2-8 的规定。

表 L.2.2-8　保留文件 1 文件结构

文件标识符（FID）		'0008'
文件类型		二进制文件
文件长度		128 字节
读取：自由		写入：外部认证 UK_{DF01} 通过
字节	数据元	长度（字节）	说明
1~128	保留	128	保留的应用扩展数据单元

8) 保留文件 6（0009）结构应符合表 L.2.2-9 规定。

表 L.2.2-9　保留文件 6 的文件结构

文件标识符（FID）		'0009'
文件类型		二进制文件
文件长度		512 字节
读取：自由		写入：自由
字节	数据元	长度（字节）	说明
1~512	保留	512	保留的应用扩展数据单元

9) 保留文件 2（001A）结构应符合表 L.2.2-10 规定。

表 L.2.2-10　保留文件 2 的文件结构

文件标识符（FID）	'001A'
文件类型	变长记录文件
文件长度	1024 字节
读取：自由	写入：$DAMK_{DF01}$ 线路保护（明文 + MAC）或 UPDATE CAPP DATA CACHE 方式

续表 L.2.2-10

字节	数据元	长度（字节）	说明
1	复合应用类型标识符	1	为了使卡片在全国范围内进行辨识，该标识指定为各省（区、市）行政区划代码，以区分各省（区、市）自定义应用，按现行《中华人民共和国行政区划代码》（GB/T 2260）编码，如北京市，编码为"11"
2	记录长度	1	—
3	应用锁定标志	1	0x00：未锁定；0x01：已锁定；其他值：保留
4~30	记录内容	27	—
31	复合应用类型标识符	1	天津市，编码为"12"
32	记录长度	1	—
33	应用锁定标志	1	0x00：未锁定；0x01：已锁定；其他值：保留
34~60	记录内容	27	—
……	—	—	按现行《中华人民共和国行政区划代码》（GB/T 2260）第5.1节所列顺序依次建立各省（区、市）记录
991	复合应用类型标识符	1	澳门特别行政区，编码为"82"
992	记录长度	1	—
993	应用锁定标志	1	—
994~1020	记录内容	27	—
1021~1024	预留	4	—

注：省级行政区名称、代码及顺序如下：(1) 北京市，"11"；(2) 天津市，"12"；(3) 河北省，"13"；(4) 山西省，"14"；(5) 内蒙古自治区，"15"；(6) 辽宁省，"21"；(7) 吉林省，"22"；(8) 黑龙江省，"23"；(9) 上海市，"31"；(10) 江苏省，"32"；(11) 浙江省，"33"；(12) 安徽省，"34"；(13) 福建省，"35"；(14) 江西省，"36"；(15) 山东省，"37"；(16) 河南省，"41"；(17) 湖北省，"42"；(18) 湖南省，"43"；(19) 广东省，"44"；(20) 广西壮族自治区，"45"；(21) 海南省，"46"；(22) 重庆市，"50"；(23) 四川省，"51"；(24) 贵州省，"52"；(25) 云南省，"53"；(26) 西藏自治区，"54"；(27) 陕西省，"61"；(28) 甘肃省，"62"；(29) 青海省，"63"；(30) 宁夏回族自治区，"64"；(31) 新疆维吾尔自治区，"65"；(32) 台湾省，"71"；(33) 香港特别行政区，"81"；(34) 澳门特别行政区，"82"。

10）保留文件3（001B）结构应符合表 L.2.2-11 规定。

表 L.2.2-11 保留文件3的文件结构

文件标识符（FID）	'001B'
文件类型	变长记录文件
文件长度	1024 字节

续表 L.2.2-11

读取：自由			写入：外部认证 UK$_{DF01}$通过或 UPDATE CAPP DATA CACHE 方式
字节	数据元	长度（字节）	说明
1	应用类型标识符	1	为了使卡片在全国范围内进行辨识，该标识指定为各省（区、市）行政区划代码，以区分各省（区、市）自定义应用，按现行《中华人民共和国行政区划代码》（GB/T 2260）编码，如北京市，编码为"11"
2	记录长度	1	—
3	应用锁定标志	1	0x00：未锁定；0x01：已锁定；其他值：保留
4~30	记录内容	27	—
31	复合应用类型标识符	1	天津市，编码为"12"
32	记录长度	1	—
33	应用锁定标志	1	0x00：未锁定；0x01：已锁定；其他值：保留
34~60	记录内容	27	—
……	—	—	按现行《中华人民共和国行政区划代码》（GB/T 2260）第5.1节所列顺序依次建立各省（区、市）记录
991	复合应用类型标识符	1	澳门特别行政区，编码为"82"
992	记录长度	1	—
993	应用锁定标志	1	—
994~1020	记录内容	27	—
1021~1024	预留	4	—

注：省级行政名称、代码及顺序如下：(1) 北京市，"11"；(2) 天津市，"12"；(3) 河北省，"13"；(4) 山西省，"14"；(5) 内蒙古自治区，"15"；(6) 辽宁省，"21"；(7) 吉林省，"22"；(8) 黑龙江省，"23"；(9) 上海市，"31"；(10) 江苏省，"32"；(11) 浙江省，"33"；(12) 安徽省，"34"；(13) 福建省，"35"；(14) 江西省，"36"；(15) 山东省，"37"；(16) 河南省，"41"；(17) 湖北省，"42"；(18) 湖南省，"43"；(19) 广东省，"44"；(20) 广西壮族自治区，"45"；(21) 海南省，"46"；(22) 重庆市，"50"；(23) 四川省，"51"；(24) 贵州省，"52"；(25) 云南省，"53"；(26) 西藏自治区，"54"；(27) 陕西省，"61"；(28) 甘肃省，"62"；(29) 青海省，"63"；(30) 宁夏回族自治区，"64"；(31) 新疆维吾尔自治区，"65"；(32) 台湾省，"71"；(33) 香港特别行政区，"81"；(34) 澳门特别行政区，"82"。

11）保留文件 4（001C）结构应符合表 L.2.2-12 的规定。

表 L.2.2-12 保留文件 4 的文件结构

文件标识符（FID）		'001C'	
文件类型		二进制文件	
文件长度		255 字节	
读取：自由		写入：外部认证 $UK_{\_DF01}$ 通过	
字节	数据元	长度（字节）	说明
1~255	保留	255	保留的应用扩展数据单元

12）保留文件 5（001D）结构应符合表表 L.2.2-13 的规定。

表 L.2.2-13 保留文件 5 的文件结构

文件标识符（FID）		'001D'	
文件类型		二进制文件	
文件长度		255 字节	
读取：自由		写入：外部认证 $UK_{\_DF01}$ 通过	
字节	数据元	长度（字节）	说明
1~255	保留	255	保留的应用扩展数据单元

L.2.3 国际算法 ETC 用户卡的密钥应符合下列规定：

1 国际算法 ETC 用户卡密钥文件结构应符合表 L.2.3 的规定。

表 L.2.3 国际算法 ETC 用户卡密钥文件结构

密钥名称	密钥标识	密钥长度	算法标识	错误计数器
卡片主控密钥 $MK_{\_MF}$	00H	10H	00H	3
卡片维护密钥 $DAMK_{\_MF}$	01H	10H	00H	3
应用主控密钥 $MK_{\_DF01}$	00H	10H	00H	3
应用维护子密钥 $DAMK_{\_DF01}$	01H	10H	00H	3
外部认证子密钥 1 $UK1_{\_DF01}$	01H	10H	00H	3
内部认证子密钥 1 $IK1_{\_DF01}$	00H	10H	00H	—
消费子密钥 1 $DPK1_{\_DF01}$	01H	10H	00H	—
消费子密钥 2 $DPK2_{\_DF01}$	02H	10H	00H	—
圈存子密钥 1 $DLK1_{\_DF01}$	01H	10H	00H	—
圈存子密钥 2 $DLK2_{\_DF01}$	02H	10H	00H	—
TAC 子密钥 1 $DTK1_{\_DF01}$	00H	10H	00H	—
应用 PIN PIN	00H	06H	—	3
应用 PIN 解锁子密钥 1 $DPUK1_{\_DF01}$	00H	10H	00H	3
应用 PIN 重装子密钥 1 $DRPK1_{\_DF01}$	01H	10H	00H	3

2 密钥的控制关系应符合下列规定：

1）制造主密钥外部认证通过后，应将其替换成卡片主控密钥。

2）卡片主控密钥应在自身的控制下更新（密文＋MAC）。

3）卡片主控密钥外部认证通过后，应获得在卡片 MF 下创建文件的权限。

4）卡片维护密钥应在卡片主控密钥线路保护控制下装载、更新（密文＋MAC）。

5）卡片维护密钥用于 MF 区域的应用数据维护。

6）应用主控密钥应在卡片主控密钥的线路保护控制下装载（密文＋MAC）。

7）应用主控密钥应在自身的控制下更新（密文＋MAC）。

8）应用下其他密钥应在应用主控密钥的线路保护控制下装载、更新（密文＋MAC）。

9）应用主控密钥外部认证通过后，应获得在该应用下创建文件的权限。

10）应用维护子密钥用于该应用下数据维护。

11）DF01 下外部认证子密钥认证通过，应获得在 DF01 下更新联网收费信息文件、保留文件等文件的权限。

12）消费子密钥用于扣款认证操作，圈存子密钥用于充值认证操作，TAC 子密钥用于交易成功后产生 TAC 交易认证码。

13）应用 PIN 为个人口令密钥，用于钱包充值及读取终端交易记录，PIN 码应统一设为 ASCII 码"123456"。

L.3 双算法 ETC 用户卡

L.3.1 双算法 ETC 用户卡应符合本标准第 L.1 节的有关规定。

L.3.2 双算法 ETC 用户卡文件结构除应符合本标准第 L.2.2 条的有关规定外，还应符合表 L.3.2 的规定。

表 L.3.2 双算法 ETC 用户卡卡片版本号定义

卡片版本号取值	含　义
'5X'	支持国密算法

L.3.3 双算法 ETC 用户卡的密钥应符合下列规定：

1 双算法 ETC 用户卡密钥文件结构应符合表 L.3.3 的规定。

表 L.3.3 双算法 ETC 用户卡密钥文件结构

密钥名称	密钥标识	密钥长度	算法标识	错误计数器
卡片主控密钥 MK_{MF}	40H	10H	04H	15
卡片维护密钥 $DAMK_{MF}$	41H	10H	04H	15
应用主控密钥 MK_{DF01}	40H	10H	04H	15
应用维护子密钥 $DAMK_{DF01}$	41H	10H	04H	15

续表 L.3.3

密钥名称	密钥标识	密钥长度	算法标识	错误计数器
外部认证子密钥 1 UK1_{DF01}	01H	10H	00H	15
内部认证子密钥 1 IK1_{DF01}	00H	10H	00H	—
消费子密钥 1 DPK1_{DF01}	01H	10H	00H	—
消费子密钥 2 DPK2_{DF01}	02H	10H	00H	—
TAC 子密钥 1 DTK1_{DF01}	00H	10H	00H	—
应用 PIN PIN	00H	06H	—	15
应用 PIN 解锁子密钥 1 DPUK1_{DF01}	00H	10H	00H	15
应用 PIN 重装子密钥 1 DRPK1_{DF01}	01H	10H	00H	15
外部认证子密钥 2 UK2_{DF01}	41H	10H	04H	15
内部认证子密钥 2 IK2_{DF01}	40H	10H	04H	—
消费子密钥 3 DPK3_{DF01}	41H	10H	04H	—
消费子密钥 4 DPK4_{DF01}	42H	10H	04H	—
圈存子密钥 3 DLK3_{DF01}	41H	10H	04H	—
圈存子密钥 4 DLK4_{DF01}	42H	10H	04H	—
TAC 子密钥 2 DTK2_{DF01}	40H	10H	04H	—
应用 PIN 解锁子密钥 2 DPUK2_{DF01}	40H	10H	04H	15
应用 PIN 重装子密钥 2 DRPK2_{DF01}	41H	10H	04H	15

2 密钥的控制关系应符合本标准第 L.2.3 条的相关规定。

L.3.4 双算法 ETC 用户卡命令除应符合本标准第 L.1.3 条的有关规定外，还应符合下列规定：

1 SET ALGRITHM 命令应符合下列规定：

1) SET ALGORITHM 命令应实现永久关闭应用下 3DES 算法的功能。

2) 执行该命令成功后，相应应用下所有指定使用 3DES 密钥进行运算的命令都应返回错误状态 SW = "6600"。

3) 执行 SET ALGORITHM 命令前，应先选择应用目录，然后认证外部认证子密钥，成功后才能取得执行权限。

4) SET ALGORITHM 命令报文格式应符合表 L.3.4-1 的规定。

表 L.3.4-1 SET ALGORITHM 命令报文格式

代 码	数 值
CLA	'80'
INS	'FE'
P1	'03'
P2	'00'

续表 L.3.4-1

代 码	数 值
Lc	'00'
Data	不存在
Le	不存在

5）响应信息中的状态码应符合表 L.3.4-2 的规定。

表 L.3.4-2 响应信息中的状态码

SW1	SW2	说 明
'90'	'00'	命令执行成功
'65'	'81'	内存失败
'69'	'82'	不满足安全状态
'6A'	'86'	参数 P1、P2 不正确
'6D'	'00'	命令不存在
'6E'	'00'	CLA 错
'93'	'03'	应用永久锁定

附录 M OBE-SAM 技术要求

M.1 通用要求

M.1.1 OBE-SAM 的基本功能应符合下列规定：

1 支持多应用，各应用之间相互独立。

2 应支持多种文件类型，包括二进制文件、定长记录文件、变长记录文件、循环文件。

3 在通信过程中应支持多种安全保护机制。

4 应支持多种安全访问方式和权限。

5 应支持 DES、3DES、SM4 算法的一种或多种。

6 密钥标识的高四位为算法标识：'0'-3DES，'4'-SM4。

7 应支持拆卸状态设定功能。

8 OBE-SAM 的应用安全机制应符合本标准附录 P 的有关规定。

M.1.2 OBE-SAM 的基本参数应符合下列规定：

1 国际算法、双算法双片式 OBE-SAM 用户数据区非易失性存储器容量应不低于 16kbytes。

2 单片式 OBE-SAM 用户数据区非易失性存储器容量应不低于 32kbytes。

3 多逻辑通道 OBE-SAM 用户数据区非易失性存储器容量应不低于 32kbytes，至少 16kbytes 用于 OBE-SAM 应用，至少 16kbytes 用于 OBE-IC 应用。

4 应支持《识别卡　集成电路卡》（ISO/IEC 7816） T=0 通信协议。

5 《识别卡　集成电路卡》（ISO/IEC 7816）接口支持的外部时钟频率应不低于 7.5MHz。当外部时钟频率为 3.57MHz 时，通信速率应不低于 115 200bit/s，且复位期间也遵循此速率要求。

6 可支持 SPI 通信方式，通信速率应不低于 3Mbit/s。

7 电源电压应支持 1.8~3.6V 工作电压。

8 环境条件应符合下列规定：

1）工作温度：一般要求 -25~+70℃（寒区 -40~+70℃）。

2）存储温度：-20~+55℃。

3）相对工作湿度：10%~95%。

9 其他物理特性、电气特性应符合现行《识别卡　带触点的集成电路卡》（GB/T

16649）的规定。

10 安全等级应达到现行《安全芯片密码检测准则》（GM/T 0008）规定的 2 级及 2 级以上级别。

11 应通过具备相关资质的第三方安全评估测试。

M.1.3 OBE-SAM 复位信息中历史字节的约定应符合表 M.1.3 的规定。

表 M.1.3 OBE-SAM 复位信息的约定

名　　称	类　型	长度（字节）	说　　明
交通运输部标识	an	1	固定为 '4A'
卡商注册标识号	an	2	卡商注册标识
OBU 厂商标识	an	2	由收费公路联网收费密钥管理单位分配
COS 版本号	an	1	主版本号+次版本号，范围 1.0~9.9（双片式）； 主版本号+次版本号，范围 A.0~A.F（单片式）； B.0~F.F 预留
COS 修订版本号	cn	1	范围 0~99
YEAR	cn	1	生产年份
MON	cn	1	生产月份
DAY	cn	1	生产日
OBE-SAM 结构版本	cn	1	OBE-SAM 结构版本号
芯片序列号	an	4	唯一性（在卡商内部）

M.1.4 OBE-SAM 命令应符合下列规定：

1 DECREASE COUNTER 命令应符合下列规定：

1）DECREASE COUNTER 命令每成功执行一次，应将拆卸次数减 1。

2）DECREASE COUNTER 命令报文应符合表 M.1.4-1 的规定。

表 M.1.4-1 DECREASE COUNTER 命令报文

代　　码	数　　值
CLA	'00'
INS	'59'
P1	'00'
P2	'00'
Lc	不存在
Data	不存在
Le	'01'

3）DECREASE COUNTER 命令报文数据域应不存在。

4）DECREASE COUNTER 命令在 MF 及 DF 目录下均可执行，不受应用锁定情况影响。

5）DECREASE COUNTER 命令响应报文数据域应为剩余次数。

6）DECREASE COUNTER 命令响应报文状态码应符合表 M.1.4-2 的规定。

表 M.1.4-2　DECREASE COUNTER 响应报文状态码

SW1	SW2	说　明
'90'	'00'	命令执行成功
'65'	'81'	写 EEPROM 失败
'67'	'00'	Le 长度错误
'69'	'85'	使用条件不满足，拆卸次数已经为 0
'6A'	'82'	未找到文件
'6A'	'86'	P1、P2 参数错
'6D'	'00'	命令不存在
'6E'	'00'	CLA 错

2　EXTERNAL AUTHENTICATE 应符合下列规定：

1）EXTERNAL AUTHENTICATE 命令执行成功后，应使外部接口设备对 OBE-SAM 获得操作授权。

2）EXTERNAL AUTHENTICATE 命令报文格式应符合表 M.1.4-3 的规定。

表 M.1.4-3　EXTERNAL AUTHENTICATION 命令报文

代　码	数　值
CLA	'00'
INS	'82'
P1	'00'
P2	外部认证密钥标识
Lc	'08'
Data	认证数据
Le	不存在

3）认证数据计算应符合本标准第 P.5 节的有关规定。

4）EXTERNAL AUTHENTICATE 命令执行时应满足 P2 参数所指定密钥的使用权限。

5）每次认证失败时相应外部认证密钥的错误计数器应减 1，当计数器减为 '0' 值时，密钥被锁定。在计数器达到 0 之前，使用相应外部认证密钥正确执行一次 EXTERNAL AUTHENTICATE 命令，应恢复相应外部认证密钥计数器为初始值。

6) EXTERNAL AUTHENTICATE 命令响应报文状态码应符合表 M.1.4-4 的规定。

表 M.1.4-4 EXTERNAL AUTHENTICATION 响应报文状态码

SW1	SW2	说 明
'90'	'00'	命令执行成功
'63'	'CX'	认证失败,'X'为剩余的可尝试次数
'67'	'00'	Lc 不正确
'69'	'82'	安全状态不满足
'69'	'83'	认证方法锁定
'69'	'84'	引用数据无效
'69'	'88'	OPNK 认证失败
'6A'	'86'	参数 P1、P2 不正确
'6A'	'88'	引用数据找不到
'6D'	'00'	INS 不支持或错误
'6E'	'00'	CLA 不支持或错误
'93'	'03'	应用永久锁定

3 GET CHALLENGE 应符合下列规定:

1) 当 GET CHALLENGE 命令请求一个用于安全相关过程的随机数。该随机数应只能用于下一条命令,无论下一条命令是否使用了该随机数,该随机数应立即失效。

2) GET CHALLENGE 命令报文应符合表 M.1.4-5 的规定。

表 M.1.4-5 GET CHALLENGE 命令报文

代 码	数 值
CLA	'00'
INS	'84'
P1	'00'
P2	'00'
Lc	不存在
Data	不存在
Le	'04','08','10'(国际算法 OBE-SAM:'04','08')

3) GET CHALLENGE 取得的随机数长度应为 4 字节或 8 字节或 16 字节。

4) GET CHALLENGE 命令响应报文状态码应符合表 M.1.4-6 的规定。

表 M.1.4-6 GET CHALLENGE 响应报文状态码

SW1	SW2	说 明
'90'	'00'	命令执行成功
'67'	'00'	Le 长度错误
'6A'	'81'	功能不支持
'6A'	'86'	P1、P2 参数错
'6D'	'00'	命令不存在
'6E'	'00'	CLA 错

4 GET RESPONSE 命令应符合下列规定：

1) GET RESPONSE 命令应提供一种从 OBE-SAM 向接口设备传送 APDU（或 APDU 的一部分）的传输方法。

2) GET RESPONSE 命令报文应符合表 M.1.4-7 的规定。

表 M.1.4-7　GET RESPONSE 命令报文

代　码	数　值
CLA	'00'
INS	'C0'
P1	'00'
P2	'00'
Lc	不存在
Data	不存在
Le	响应的最大数据长度

3) GET RESPONSE 命令响应报文数据域长度应由 Le 的值决定。

4) Le 的值为 0，在附加数据有效时，OBE-SAM 返回数据长度应符合表 M.1.4-8 的规定；在附加数据无效时，应回送状态码 '6F00'。

表 M.1.4-8　Le=0 时的命令响应信息

实际长度	小于 256 字节	等于 256 字节	大于 256 字节
返回数据	6CXX，其中 XX 为实际长度	256 字节	256 字节

5) OBE-SAM 回送的响应信息中出现的状态码应符合表 M.1.4-9 的规定。

表 M.1.4-9　GET RESPONSE 响应报文状态码

SW1	SW2	说　明
'90'	'00'	命令执行成功
'61'	'XX'	还有 XX 字节需要返回
'62'	'81'	回送数据有错
'67'	'00'	Lc 或 Le 长度错误
'6A'	'86'	P1、P2 参数错
'6C'	'XX'	长度错误，'XX' 表示实际长度
'6D'	'00'	命令不存在
'6E'	'00'	CLA 错
'6F'	'00'	数据无效

5 GET SN 命令应符合下列规定：

1) 当 GET SN 命令成功执行后，应读取 OBE-SAM 安全模块中卡商唯一的芯片序列号。

2) GET SN 命令在 MF 及 DF 目录下均可执行成功，不受应用锁定情况影响。

3）GET SN 命令报文应符合表 M.1.4-10 的规定。

表 M.1.4-10　GET SN 命令报文

代　码	数　值
CLA	'80'
INS	'F6'
P1	'00'
P2	'03'
Lc	不存在
Data	不存在
Le	'04'

4）GET SN 命令响应报文数据域应包括 4 字节芯片序列号。

5）GET SN 的响应信息中出现的状态码应符合表 M.1.4-11 的规定。

表 M.1.4-11　GET SN 响应报文状态码

SW1	SW2	说　明
'90'	'00'	命令执行成功
'6A'	'86'	P1、P2 参数错
'6C'	'XX'	Le 长度错误，'XX' 表示实际长度
'6D'	'00'	命令不存在
'6E'	'00'	CLA 错

6　READ BINARY 命令应符合下列规定：

1）当 READ BINARY 命令成功执行后，应读出二进制文件的内容。

2）READ BINARY 命令报文应符合表 M.1.4-12 的规定。

表 M.1.4-12　READ BINARY 命令报文

代　码	数　值								
CLA	'00' 或 '04'								
INS	'B0'								
P1	b8	b7	b6	b5	b4	b3	b2	b1	说明
	0	X	X	X	X	X	X	X	当前文件高位地址
	1	0	0	X	X	X	X	X	通过 SFI 方式访问
P2	若 P1 的 b8 = 0，P2 为文件的低位地址； 若 P1 的 b8 = 1，P2 为文件地址								
Lc	1）不存在—明文方式； 2）'04'—安全报文方式								
Data	1）不存在—明文方式； 2）MAC—安全报文方式								
Le	期望返回的数据长度								

3）READ BINARY 命令使用 SFI 读取文件后,该文件应成为当前文件。

4）MAC 的计算方法和长度应符合本标准第 P.4 节的有关规定。

5）当 READ BINARY 命令使用安全报文方式时,MAC 每错误一次,相应密钥的计数器应自动减 1。当计数器达到 0 时,密钥应被锁定。在计数器达到 0 之前,使用该密钥正确执行一次命令,应恢复密钥计数器为初始值。

6）READ BINARY 命令响应报文数据域,当 Le 的值为 0 时,从指定的偏移量至文件结束,在附加数据有效时,返回数据长度应符合表 M.1.4-13 的规定。

表 M.1.4-13　Le=0 时的命令响应信息

实际长度	小于 256 字节	等于 256 字节	大于 256 字节
返回数据	6CXX,其中 XX 为实际长度	256 字节	256 字节

7）OBE-SAM 回送的响应信息中的状态码应符合表 M.1.4-14 的规定。

表 M.1.4-14　READ BINARY 响应报文状态码

SW1	SW2	说　明
'90'	'00'	命令执行成功
'61'	'XX'	还有 XX 字节要返回
'62'	'81'	部分回送的数据有错
'62'	'82'	文件长度 < Le
'65'	'81'	写 EEPROM 失败
'67'	'00'	Lc 长度错误
'69'	'81'	当前文件不是二进制文件
'69'	'82'	不满足安全状态
'69'	'83'	认证密钥锁定
'69'	'84'	引用数据无效（未申请随机数）
'69'	'85'	使用条件不满足
'69'	'86'	没有选择当前文件
'69'	'88'	安全信息（MAC 和加密）数据错误
'6A'	'81'	功能不支持
'6A'	'82'	未找到文件
'6A'	'86'	P1、P2 参数错
'6A'	'88'	未找到密钥数据
'6B'	'00'	起始地址超出范围
'6C'	'XX'	Le 长度错误。'XX' 表示实际长度
'6D'	'00'	命令不存在
'6E'	'00'	CLA 错
'93'	'03'	应用永久锁定

7 READ RECORD 命令应符合下列规定：

1）当 READ RECORD 命令成功执行后，应读记录文件中的内容。

2）READ RECORD 命令报文应符合表 M.1.4-15 的规定。

表 M.1.4-15 READ RECORD 命令报文

代 码	数 值								
CLA	'00' 或 '04'								
INS	'B2'								
P1	记录号								
P2	b8	b7	b6	b5	b4	b3	b2	b1	说明
	0	0	0	0	0	—	—	—	当前文件
	X	X	X	X	X	—	—	—	通过 SFI 方式访问
	—	—	—	—	—	1	0	0	P1 指定的记录号
	其他值									保留
Lc	1）不存在—明文方式； 2）'04'—安全报文方式								
Data	1）不存在—明文方式； 2）MAC—安全报文方式								
Le	期望返回的记录数据								

3）READ RECORD 命令使用 SFI 读取文件后，该文件应成为当前文件。

4）MAC 的计算方法和长度应符合本标准第 P.4 节的有关规定。

5）当 READ RECORD 命令使用安全报文时，MAC 每错误一次，相应密钥的计数器应自动减 1。当计数器达到 0 时，密钥应被锁定。在计数器达到 0 之前，使用该密钥正确执行一次命令，应恢复密钥计数器为初始值。

6）所有执行成功的 READ RECORD 命令的响应报文数据域应由读取的记录组成。

7）OBE-SAM 回送的响应信息中的状态码应符合表 M.1.4-16 的规定。

表 M.1.4-16 READ RECORD 响应报文状态码

SW1	SW2	说 明
'90'	'00'	命令执行成功
'61'	'XX'	还有 XX 字节需要返回
'62'	'81'	回送的数据有错
'64'	'00'	标志状态位没变
'65'	'81'	写 EEPROM 失败
'67'	'00'	Lc 长度错误
'69'	'81'	当前文件不是记录文件
'69'	'82'	不满足安全状态
'69'	'83'	认证密钥锁定

续表 M.1.4-16

SW1	SW2	说　明
'69'	'84'	引用数据无效（未申请随机数）
'69'	'85'	使用条件不满足
'69'	'86'	没有选择当前文件
'69'	'88'	安全信息（MAC 和加密）数据错误
'6A'	'81'	功能不支持
'6A'	'82'	未找到文件
'6A'	'83'	未找到记录
'6A'	'85'	Lc 与 TLV 结构不匹配
'6A'	'86'	P1、P2 参数错
'6A'	'88'	未找到密钥数据
'6C'	'XX'	Le 错误，'XX' 表示实际长度
'6D'	'00'	命令不存在
'6E'	'00'	CLA 错
'93'	'03'	应用永久锁定

8 SELECT FILE 命令应符合下列规定：

1) 通过文件标识或应用名应选择 OBE-SAM 中的 MF、DDF、ADF 或 EF 文件。
2) 成功执行该命令应设定 MF、DDF 或 ADF 的路径。
3) 应用到 EF 的后续命令应将采用 SFI 方式联系到所选定的 MF、DDF 或 ADF。
4) 从 OBE-SAM 返回的应答报文应包含回送 FCI。
5) FCI 数据应从数据分组中获得。
6) SELECT FILE 命令报文应符合表 M.1.4-17 的规定。

表 M.1.4-17　SELECT FILE 命令报文

代　码	数　值
CLA	'00'
INS	'A4'
P1	'00' 通过 FID 选择 DF、EF，当 Lc = '00' 时，选 MF； '04' 通过 DF 名选择应用
P2	'00' '02' 选择下一个文件（P1 = 04h 时）
Lc	P1 = '00' 时，Lc = '00' 或 '02'； P1 = '04' 时，Lc = '05' ~ '10'
Data	文件标识符（FID—2 字节） 应用名（App-Name，P1 = '04'）
Le	FCI 文件的信息长度（选择 DF 时）

7) 命令报文数据域应包括所选择的 DDF 名、DF 名或 FID，以及 EF 的 FID。

8) 响应报文数据域中的数据应包括所选择的 MF、DDF、ADF 的 FCI。

9) 成功选择 MF 后回送的 FCI 应符合表 M.1.4-18 的规定。

表 M.1.4-18 成功选择 MF 响应报文 FCI

标 识			值	存在性
'6F'			FCI 模板	M
	'84'		DF 名	M
	'A5'		FCI 数据专用模板	M
		'88'	目录基本文件的 SFI	M
		'9F0C'	FCI 文件内容	O

10) 成功选择 DDF 后回送的 FCI 应符合表 M.1.4-19 的规定。

表 M.1.4-19 成功选择 DDF 响应报文 FCI

标 签			值	存在性
'6F'			FCI 模板	M
	'84'		DF 名	M
	'A5'		FCI 数据专用模板	M
		'88'	目录基本文件的 SFI	M
		'9F0C'	FCI 文件内容	O

11) 成功选择 ADF 后回送的 FCI 应符合表 M.1.4-20 的规定。

表 M.1.4-20 成功选择 ADF 响应报文 FCI

标 签			值	存在性
'6F'			FCI 模板	M
	'84'		DF 名	M
	'A5'		FCI 数据专用模板	M
		'9F0C'	FCI 文件内容	O

12) OBE-SAM 回送的响应信息中的状态码应符合表 M.1.4-21 的规定。

表 M.1.4-21 SELECT FILE 响应报文状态码

SW1	SW2	说 明
'90'	'00'	命令执行成功
'62'	'83'	选择文件无效
'62'	'84'	FCI 格式与 P2 指定的不符
'64'	'00'	标志状态位没变
'67'	'00'	Lc 长度错误
'6A'	'81'	功能不支持
'6A'	'82'	未找到文件
'6A'	'86'	P1、P2 参数错

续表 M.1.4-21

SW1	SW2	说　明
'6A'	'87'	Lc 与 P1、P2 不匹配
'6D'	'00'	命令不存在
'6E'	'00'	CLA 错
'93'	'03'	应用永久锁定

9 UPDATE BINARY 命令应符合下列规定：

1）当 UPDATE BINARY 命令成功执行后，应更新二进制文件中的数据。

2）UPDATE BINARY 命令报文应符合表 M.1.4-22 的规定。

表 M.1.4-22　UPDATE BINARY 命令报文

代码	数　值								
CLA	'00' 或 '04'								
INS	'D6'								
P1	b8	b7	b6	b5	b4	b3	b2	b1	说明
	0	X	X	X	X	X	X	X	当前文件高位地址
	1	0	0	X	X	X	X	X	通过 SFI 方式访问
P2	若 P1 的 b8=0，P2 为文件的低位地址； 若 P1 的 b8=1，P2 为文件地址								
Lc	Data 域数据长度								
Data	明文方式：明文数据； 加密方式：密文数据； 安全报文方式：明文数据‖MAC； 安全报文加密方式：密文数据‖MAC								
Le	不存在								

3）UPDATE BINARY 命令使用 SFI 更新文件后，该文件应成为当前文件。

4）命令报文数据域应包括更新原有数据的数据域。

5）MAC 的计算方法和长度应符合本标准第 P.4 节的有关规定。

6）当 UPDATE BINARY 命令使用安全报文方式时，MAC 每错误一次，相应维护密钥的计数器应自动减 1。当计数器达到 0 时，对于多逻辑通道 OBE-SAM，应用维护密钥应被锁定。对于单片式 OBE-SAM、国际算法双片式 OBE-SAM、双算法双片式 OBE-SAM，应永久锁定当前应用。在计数器达到 0 之前，使用该维护密钥正确执行一次命令，应恢复该维护密钥计数器为初始值。

7）OBE-SAM 回送的响应信息中的状态码应符合表 M.1.4-23 的规定。

表 M.1.4-23　UPDATE BINARY 响应报文状态码

SW1	SW2	说　明
'90'	'00'	命令执行成功
'65'	'81'	写 EEPROM 失败

续表 M.1.4-23

SW1	SW2	说　明
'67'	'00'	Lc 长度错误
'69'	'81'	当前文件不是二进制文件
'69'	'82'	不满足安全状态
'69'	'83'	认证密钥锁定
'69'	'84'	引用数据无效（未申请随机数）
'69'	'85'	使用条件不满足
'69'	'86'	未选择文件
'69'	'88'	安全信息（MAC 和加密）数据错误
'6A'	'81'	功能不支持
'6A'	'82'	未找到文件
'6A'	'86'	P1、P2 参数错
'6A'	'88'	未找到密钥数据
'6B'	'00'	起始地址超出范围
'6D'	'00'	命令不存在
'6E'	'00'	CLA 错
'93'	'03'	应用永久锁定

10　UPDATE RECORD 命令应符合下列规定：

1）当 UPDATE RECORD 命令成功执行后，应更新记录文件中的数据。

2）在使用当前记录地址时，该命令应在修改记录成功后重新设定记录指针。

3）UPDATE RECORD 命令报文应符合表 M.1.4-24 的规定。

表 M.1.4-24　UPDATE RECORD 命令报文

代　码	数　值								
CLA	'00' 或 '04'								
INS	'DC'								
P1	P1 = '00' 表示当前记录 P1 ≠ '00' 表示指定的记录号或记录标识								
P2	b8	b7	b6	b5	b4	b3	b2	b1	说明
	0	0	0	0	0	—	—	—	当前文件
	X	X	X	X	X	—	—	—	通过 SFI 方式访问
	—	—	—	—	—	1	0	0	P1 指定的记录号
	—	—	—	—	—	0	0	0	按记录标识查找匹配的第一条记录
	—	—	—	—	—	0	0	1	按记录标识查找匹配的最后一条记录
	—	—	—	—	—	0	1	0	按记录标识查找匹配的下一条记录
	—	—	—	—	—	0	1	1	按记录标识查找匹配的前一条记录
	其他值								保留

续表 M.1.4-24

代 码	数 值
Lc	Data 域数据长度
Data	明文方式：明文记录数据； 加密方式：密文记录数据； 安全报文方式：明文记录数据‖MAC； 安全报文加密方式：密文记录数据‖MAC
Le	不存在

4）UPDATE RECORD 命令使用 SFI 更新文件后，该文件应成为当前文件。

5）命令报文数据域应由更新原有记录的新记录组成。

6）MAC 的计算方法和长度应符合本标准第 P.4 节的有关规定。

7）当 UPDATE RECORD 命令使用安全报文方式时，MAC 每错误一次，相应维护密钥的计数器应自动减 1。当计数器达到 0 时，对于多逻辑通道 OBE-SAM，应用维护密钥应被锁定。对于单片式 OBE-SAM、国际算法双片式 OBE-SAM、双算法双片式 OBE-SAM，应永久锁定当前应用。在计数器达到 0 之前，使用该维护密钥正确执行一次命令，应恢复维护密钥计数器为初始值。

8）OBE-SAM 回送的响应信息中的状态码应符合表 M.1.4-25 的规定。

表 M.1.4-25 UPDATE RECORD 响应报文状态码

SW1	SW2	说 明
'90'	'00'	命令执行成功
'65'	'81'	写 EEPROM 失败
'67'	'00'	Lc 长度错误
'69'	'81'	当前文件不是记录文件
'69'	'82'	不满足安全状态
'69'	'83'	认证密钥锁定
'69'	'86'	未选择文件
'69'	'88'	安全信息（MAC 和加密）数据错误
'6A'	'81'	功能不支持
'6A'	'82'	未找到文件
'6A'	'83'	未找到记录
'6A'	'84'	存储空间不够
'6A'	'85'	Lc 与 TLV 结构不匹配
'6A'	'86'	P1、P2 参数错
'6A'	'88'	未找到密钥数据
'6D'	'00'	命令不存在
'6E'	'00'	CLA 错
'93'	'03'	应用永久锁定

M.2 单片式 OBE-SAM

M.2.1 单片式 OBE-SAM 应符合本标准第 M.1 节的有关规定。

M.2.2 单片式 OBE-SAM 产品形态应符合下列规定：

1 单片式 OBE-SAM 应采用 SOP8 封装形式，应符合图 M.2.2-1 的规定。

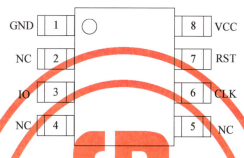

图 M.2.2-1　SOP8 封装形式示意图

2 SOP8 引脚定义应符合表 M.2.2-1 的规定。

表 M.2.2-1　SOP8 引脚定义

序号	名称	类型	描述说明
1	GND	电源	地
2	NC	—	—
3	IO	数字输入/输出	双向数据信号（内置上拉电阻）
4	NC	—	—
5	NC	—	—
6	CLK	数字输入	《识别卡　集成电路卡》（ISO/IEC 7816）时钟信号
7	RST	数字输入	复位信号，低电平有效
8	VCC	电源	电源

3 SOP8 封装模块关键尺寸标注如图 M.2.2-2 所示，各参数应符合表 M.2.2-2 的规定。

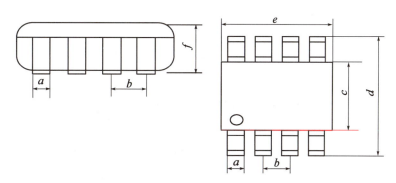

图 M.2.2-2　SOP8 封装模块关键尺寸标注

表 M.2.2-2 模块关键尺寸定义

标 志	含 义	尺寸（mm）			尺寸（in）		
		最小	标称值	最大	最小	标称值	最大
a	电镀后管脚宽度	0.3	0.4	0.55	0.012	0.016	0.022
b	管脚节距	—	1.27	—	—	0.050	—
c	胶体宽度	3.75	3.95	4.15	0.148	0.156	0.163
d	管脚跨度	5.7	6.0	6.3	0.224	0.236	0.248
e	胶体长度	4.72	4.92	5.12	0.186	0.194	0.202
f	胶体厚度	1.3	1.5	1.7	0.051	0.059	0.067

注：1in = 25.4mm。

M.2.3 单片式 OBE-SAM 文件结构应符合下列规定：

1 单片式 OBE-SAM 文件结构图应符合图 M.2.3 的规定。

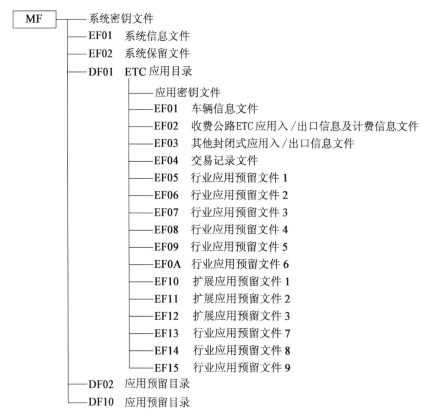

图 M.2.3 单片式 OBE-SAM 文件结构图

2 单片式 OBE-SAM 详细文件结构应符合表 M.2.3-1 的规定。

表 M.2.3-1 单片式 OBE-SAM 详细文件结构

文件名称	文件类型	文件标识符	读权	写权	说 明
MF	主文件	3F00	建立权/擦除权：MK_{MF}		厂商交货时已经建立
系统密钥文件	密钥文件	—	禁止	增加密钥权：MK_{MF}	禁止读，通过系统主控密钥 MK_{MF} 采用密文 + MAC 方式写入密钥

续表 M.2.3-1

文件名称	文件类型	文件标识符	读权	写权	说明
系统信息文件	二进制文件	EF01	自由	$DAMK_{MF}$	自由读,写时使用系统维护密钥$DAMK_{MF}$进行线路保护(明文+MAC)
系统预留文件	二进制文件	EF02	自由	$DAMK_{MF}$	自由读,写时使用系统维护密钥$DAMK_{MF}$进行线路保护(明文+MAC)
DF01 ETC应用目录	目录文件	DF01	建立权MK_{MF}	擦除权MK_{MF}	卡主控密钥MK_{MF}认证通过后建立和擦除文件
应用密钥文件	密钥文件	—	禁止	增加密钥权MK_{DF01}	禁止读,通过应用主控密钥MK_{DF01}采用密文+MAC方式写入密钥
ETC应用车辆信息文件	二进制文件	EF01	认证读	$DAMK_{DF01}$	使用$OPNK11_{DF01}$、$OPNK12_{DF01}$、$OPNK21_{DF01}$、$OPNK22_{DF01}$或$OPNK3_{DF01}$外部认证后读,写时使用应用维护密钥$DAMK_{DF01}$进行线路保护(明文+MAC)
收费公路ETC应用入/出口信息及计费信息文件	二进制文件	EF02	自由	$OPNK11_{DF01}$或$OPNK12_{DF01}$	自由读,使用$OPNK11_{DF01}$或$OPNK12_{DF01}$外部认证后写
其他封闭式应用入/出口信息文件	二进制文件	EF03	自由	$OPNK21_{DF01}$或$OPNK22_{DF01}$	自由读,使用$OPNK21_{DF01}$或$OPNK22_{DF01}$外部认证后写
交易记录文件	循环定长记录文件	EF04	自由	自由	自由读,自由写。每条记录30字节,200条记录
行业应用预留文件1	二进制文件	EF05	自由	$DAMK_{DF01}$	自由读,写时使用应用维护密钥$DAMK_{DF01}$进行线路保护(明文+MAC)
行业应用预留文件2	二进制文件	EF06	自由	自由	自由读,自由写
行业应用预留文件3	二进制文件	EF07	自由	认证写	自由读,外部认证$UK1_{DF01}$通过后写,无线路保护
行业应用预留文件4	二进制文件	EF08	自由	$DAMK_{DF01}$	自由读,写时使用应用维护密钥$DAMK_{DF01}$进行线路保护(明文+MAC)
行业应用预留文件5	二进制文件	EF09	自由	自由	自由读,自由写
行业应用预留文件6	二进制文件	EF0A	自由	认证写	自由读,外部认证$UK2_{DF01}$通过后写,无线路保护
扩展应用预留文件1	二进制文件	EF10	自由	$DAMK_{DF01}$	自由读,写时使用应用维护密钥$DAMK_{DF01}$进行线路保护(明文+MAC)
扩展应用预留文件2	二进制文件	EF11	自由	自由	自由读,自由写

续表 M.2.3-1

文件名称	文件类型	文件标识符	读权	写权	说明
扩展应用预留文件3	二进制文件	EF12	自由	认证写	自由读，外部认证 UK3$_{DF01}$ 通过后写，无线路保护
行业应用预留文件7	二进制文件	EF13	自由	OPNK11$_{DF01}$ 或 OPNK12$_{DF01}$	自由读，使用 OPNK11$_{DF01}$ 或 OPNK12$_{DF01}$ 外部认证后写
行业应用预留文件8	二进制文件	EF14	自由	OPNK21$_{DF01}$ 或 OPNK22$_{DF01}$	自由读，使用 OPNK21$_{DF01}$ 或 OPNK22$_{DF01}$ 外部认证后写
行业应用预留文件9	二进制文件	EF15	自由	OPNK3$_{DF01}$	自由读，使用 OPNK3$_{DF01}$ 外部认证后写

3 单片式 OBE-SAM 文件标识符及文件应用应符合下列规定：

1）行业应用预留文件应作为将来行业统一定义使用，扩展应用预留文件应作为其他应用统一使用。

2）所有预留字节初始化时应写为 0xFF。

3）DF02 应用初始主控密钥应为 16 字节 0x22。

4）DF10 应用初始主控密钥应为 16 字节 0x10。

5）MF 下未定义的应用目录文件标符应作为交通运输行业应用保留。

4 文件结构详细说明应符合下列规定：

1）系统信息文件详细说明应符合表 M.2.3-2 的规定。

表 M.2.3-2 系统信息文件说明

文件标识（FID）			'EF01'
文件类型			二进制文件
文件长度			99 字节
读取：自由			写入：DAMK$_{MF}$ 线路保护（明文+MAC）
字节	类型	长度（字节）	内容
1~8	cn	8	发行方标识，编码方式见本标准第 13.1 节
9	cn	1	协约类型
10	cn	1	合同版本 高 4 位统一定义为"5"，其他值保留
11~18	cn	8	合同序列号
19~22	cn	4	合同签署日期 格式：CCYYMMDD
23~26	cn	4	合同过期日期 格式：CCYYMMDD
27	B	1	拆卸状态，应符合表 M.2.3-3 的规定
28~99	an	72	预留

2）拆卸状态说明应符合表 M.2.3-3 的规定。

表 M.2.3-3 拆卸状态说明

字节	值	状态	描述
高 4 位	0000	RS	由路侧根据防拆信息控制 OBU 的通行
	0001	OB	由 OBU 根据防拆信息设置自身工作状态
	1111	NU	防拆信息未启用
	其他	—	保留
低 4 位	0000	PF	标签已被非法拆卸
	0001	OK	正常工作状态
	其他	—	保留

3）MF 下系统预留文件详细说明应符合表 M.2.3-4 的规定。

表 M.2.3-4 MF 下系统预留文件说明

文件标识（FID）			'EF02'
文件类型			二进制文件
文件长度			512 字节
读取：自由			写入：$DAMK_{MF}$ 线路保护（明文 + MAC）
字节	类型	长度（字节）	内容
1~512	字母数字	512	预留

4）ETC 应用车辆信息文件详细说明应符合表 M.2.3-5 的规定。

表 M.2.3-5 ETC 应用车辆信息文件说明

文件标识（FID）		'EF01'
文件类型		二进制文件
文件长度		79 字节
读取：任一条 OPNK		写入：$DAMK_{DF01}$ 线路保护（明文 + MAC）
字节	长度（字节）	内容
1~12	12	车牌号，编码方式见本标准第 13.1 节
13~14	2	车牌颜色，高字节为 0x00，低字节编码方式见本标准第 13.1 节
15	1	车型，编码方式见本标准第 13.1 节
16	1	车辆用户类型，编码方式见本标准第 13.1 节
17~22	6	车辆尺寸［长（2 字节）×宽（2 字节）×高（2 字节）］，单位：mm
23~25	3	车辆核定载质量/准牵引总质量，其中，质量单位为：kg 当为载货汽车时，对应行驶本上的核定载质量；当为牵引车时，对应行驶本上的准牵引总质量
26~28	3	整备质量，单位：kg 对应行驶本的整备质量
29~31	3	车辆总质量，单位：kg 对应行驶本上的总质量；当行驶本该数值为空时，写入 0xFF

续表 M.2.3-5

字节	长度（字节）	内容
32	1	核定载人数 对应行驶本上的核定载人数
33～49	17	车辆识别代号，采用字符型存储
50～65	16	车辆特征描述，可选填，不填写默认写入 0xFF
66～79	14	保留字段，默认写入 0xFF

5）收费公路 ETC 应用入/出口信息及计费信息文件说明应符合表 M.2.3-6 的规定。

表 M.2.3-6 收费公路 ETC 应用入/出口信息及计费信息文件说明

文件标识（FID）			'EF02'
文件类型			二进制文件
文件长度			512 字节
读取：自由			写入：使用 OPNK11$_{DF01}$ 或使用 OPNK12$_{DF01}$ 外部认证后写
字节	数据元	长度（字节）	内容
1～2	入/出口收费网络号	2	编码方式见本标准第 13.1 节
3～4	入/出口收费站号 （2 字节整体读写）	2	编码方式见本标准第 13.1 节
5	入/出口收费车道	1	编码方式见本标准第 13.1 节
6～9	入/出口时间	4	UNIX 时间，从格林威治标准时间 1970 年 1 月 1 日 0 时 0 分 0 秒起至现在的总秒数，不包括闰秒
10	入/出口状态	1	编码方式见本标准第 13.1 节
11	车轴数	1	货车总轴数
12～14	总重	3	货车总重，单位：kg
15	车辆状态标识	1	车辆本次通行状态标识，见本标准第 13.1 节
16～18	ETC 门架编号	3	3 字节二进制编码，详见本标准第 13.1 节
19～22	通行门架时间	4	UNIX 时间，从格林威治标准时间 1970 年 1 月 1 日 0 时 0 分 0 秒起至现在的总秒数，不包括闰秒
23	累计通行省（区、市）个数	1	ETC 门架系统（含兼具门架功能的收费站入出口）根据 OBU 返回状态判断后累加写入。入口写入 0x01，出口写入 0x00
24～26	累计应收金额	3	全程应收金额累计，单位：分
27～29	累计实收金额	3	全程实收金额累计，单位：分
30～31	累计交易成功次数	2	ETC 门架系统（含兼具门架功能的收费站入出口）根据 OBU 返回状态判断后累加写入
32～34	累计计费里程	3	计费里程，单位：m
35～37	本省（区、市）入口编码	3	入口收费站（写入 3 字节 0x00）或省界入口门架 HEX 码

续表 M.2.3-6

字节	数据元	长度（字节）	内容
38~40	本省（区、市）累计应收金额	3	ETC门架系统（含兼具门架功能的收费站入出口）根据OBU返回状态判断后累加写入应收金额，进入下一省（区、市）后重新计数
41	本省（区、市）累计交易成功数量	1	ETC门架系统（含兼具门架功能的收费站入出口）根据OBU返回状态判断后累加写入，进入下一省（区、市）后重新计数
42~44	本省（区、市）累计实收金额	3	ETC门架系统（含兼具门架功能的收费站入出口）根据OBU返回状态判断后累加写入，进入下一省（区、市）后重新计数
45~124	通行省（区、市）n累计实收金额（n≤20）	4×n	1字节省级行政区域代码+3字节累计实收金额（例如北京收费金额1分钱取值为0x11000001）
125~512	保留	388	保留

6）其他封闭式应用入/出口信息文件详细说明应符合表 M.2.3-7 的规定。

表 M.2.3-7 其他封闭式应用入/出口信息文件说明

文件标识（FID）	'EF03'
文件类型	二进制文件
文件长度	512 字节
读取：自由	写入：使用 OPNK21$_{DF01}$ 或 OPNK22$_{DF01}$ 外部认证后写

字节	长度（字节）	内容
1~512	512	预留

7）交易记录文件详细说明应符合表 M.2.3-8 的规定。

表 M.2.3-8 交易记录文件说明

文件标识（FID）	'EF04'
文件类型	循环定长记录文件
文件长度	30 字节×200 条记录
读取：自由	写入：自由

字节	长度（字节）	内容
1~4	4	交易金额
5	1	交易类型
6~11	6	终端机编号
12~15	4	终端交易序号
16~22	7	交易时间
23~25	3	ETC门架编号/收费站编号
26~30	5	预留

8) 行业应用预留文件 1 详细说明应符合表 M.2.3-9 的规定。

表 M.2.3-9　行业应用预留文件 1 说明

文件标识（FID）			'EF05'
文件类型			二进制文件
文件长度			512 字节
读取：自由			写入：DAMK_{DF01}线路保护（明文 + MAC）
字节	类型	长度（字节）	内容
1~512	字母数字	512	预留

9) 行业应用预留文件 2 详细说明应符合表 M.2.3-10 的规定。

表 M.2.3-10　行业应用预留文件 2 说明

文件标识（FID）			'EF06'
文件类型			二进制文件
文件长度			512 字节
读取：自由			写入：自由
字节	类型	长度（字节）	内容
1~512	字母数字	512	预留

10) 行业应用预留文件 3 详细说明应符合表 M.2.3-11 的规定。

表 M.2.3-11　行业应用预留文件 3 说明

文件标识（FID）			'EF07'
文件类型			二进制文件
文件长度			512 字节
读取：自由			写入：外部认证 UK1_DF01 通过后写，无线路保护
字节	类型	长度（字节）	内容
1~512	字母数字	512	预留

11) 行业应用预留文件 4 详细说明应符合表 M.2.3-12 的规定。

表 M.2.3-12　行业应用预留文件 4 说明

文件标识（FID）			'EF08'
文件类型			二进制文件
文件长度			512 字节
读取：自由读			写入：DAMK_{DF01}线路保护（明文 + MAC）
字节	数据元	长度（字节）	内容
1~512	预留	512	预留

12) 行业应用预留文件 5 详细说明应符合表 M.2.3-13 的规定。

表 M.2.3-13 行业应用预留文件 5 说明

文件标识（FID）			'EF09'
文件类型			二进制文件
文件长度			512 字节
读取：自由			写入：自由
字节	数据元	长度（字节）	内容
1~512	预留	512	预留

13) 行业应用预留文件 6 详细说明应符合表 M.2.3-14 的规定。

表 M.2.3-14 行业应用预留文件 6 说明

文件标识（FID）			'EF0A'
文件类型			二进制文件
文件长度			512 字节
读取：自由			写入：外部认证 $UK2_{DF01}$ 通过后写，无线路保护
字节	数据元	长度（字节）	内容
1~512	预留	512	预留

14) 扩展应用预留文件 1 详细说明应符合表 M.2.3-15 的规定。

表 M.2.3-15 扩展应用预留文件 1 说明

文件标识（FID）			'EF10'
文件类型			二进制文件
文件长度			512 字节
读取：自由			写入：$DAMK_{DF01}$ 线路保护（明文 + MAC）
字节	数据元	长度（字节）	内容
1~512	预留	512	预留

15) 扩展应用预留文件 2 详细说明应符合表 M.2.3-16 的规定。

表 M.2.3-16 扩展应用预留文件 2 说明

文件标识（FID）			'EF11'
文件类型			二进制文件
文件长度			512 字节
读取：自由			写入：自由
字节	数据元	长度（字节）	内容
1~512	预留	512	预留

16）扩展应用预留文件 3 详细说明应符合表 M.2.3-17 的规定。

表 M.2.3-17 扩展应用预留文件 3 说明

文件标识（FID）			'EF12'
文件类型			二进制文件
文件长度			512 字节
读取：自由			写入：外部认证 UK3$_{DF01}$ 通过后写，无线路保护
字节	数据元	长度（字节）	内容
1~512	预留	512	预留

17）行业应用预留文件 7 详细说明应符合表 M.2.3-18 的规定。

表 M.2.3-18 行业应用预留文件 7 说明

文 件 标 识			'EF13'
文件类型			二进制文件
文件长度			512 字节
读取：自由			写入：使用 OPNK11$_{DF01}$ 或使用 OPNK12$_{DF01}$ 外部认证后写
字节	数据元	长度（字节）	内容
1~512	预留	512	预留

18）行业应用预留文件 8 详细说明应符合表 M.2.3-19 的规定。

表 M.2.3-19 行业应用预留文件 8 说明

文 件 标 识			'EF14'
文件类型			二进制文件
文件长度			512 字节
读取：自由			写入：使用 OPNK21$_{DF01}$ 或使用 OPNK22$_{DF01}$ 外部认证后写
字节	数据元	长度（字节）	内容
1~512	预留	512	预留

19）行业应用预留文件 9 详细说明应符合表 M.2.3-20 的规定。

表 M.2.3-20 行业应用预留文件 9 说明

文 件 标 识			'EF15'
文件类型			二进制文件
文件长度			512 字节
读取：自由			写入：使用 OPNK3$_{DF01}$ 外部认证后写
字节	数据元	长度（字节）	内容
1~512	预留	512	预留

M.2.4 单片式 OBE-SAM 密钥应符合下列规定：

1 单片式 OBE-SAM 密钥结构应符合表 M.2.4 的规定。

表 M.2.4 单片式 OBE-SAM 密钥结构

密 钥 名 称	密钥用途	密钥标识	错误计数器	密钥长度
系统主控密钥 MK_{MF}	00H	40H	15	10H
系统维护密钥 $DAMK_{MF}$	01H	41H	15	10H
应用主控密钥 MK_{DF01}	00H	40H	15	10H
应用维护密钥 $DAMK_{DF01}$	01H	41H	15	10H
外部认证密钥 1 $UK1_{DF01}$	00H	41H	15	10H
外部认证密钥 2 $UK2_{DF01}$	00H	42H	15	10H
外部认证密钥 3 $UK3_{DF01}$	00H	43H	15	10H
收费公路 ETC 访问许可密钥 1 $OPNK11_{DF01}$	00H	44H	—	10H
其他封闭式应用访问许可密钥 1 $OPNK21_{DF01}$	00H	45H	—	10H
收费公路 ETC 访问许可密钥 2 $OPNK12_{DF01}$	00H	46H	—	10H
其他封闭式应用访问许可密钥 2 $OPNK22_{DF01}$	00H	47H	—	10H
其他应用访问许可密钥 $OPNK3_{DF01}$	00H	48H	—	10H
鉴别码计算密钥 LTK_{DF01}	02H	41H	—	10H
TAC 计算密钥 $TACK_{DF01}$	03H	40H	—	10H

2 密钥的控制关系应符合下列规定：

1）系统主控密钥应在自身的控制下更新（密文＋MAC）。

2）系统主控密钥外部认证通过后，应获得在 MF 下创建文件的权限。

3）系统维护密钥应在系统主控密钥线路保护控制下装载、更新（密文＋MAC）。

4）系统维护密钥应用于 MF 区域的应用数据维护。

5）应用主控密钥应在系统主控密钥的线路保护控制下装载（密文＋MAC）。

6）应用主控密钥应在自身的控制下更新（密文＋MAC）。

7）应用下其他密钥应在应用主控密钥的线路保护控制下装载、更新（密文＋MAC）。

8）应用主控密钥外部认证通过后，应获得在 DF01 目录下创建文件的权限。

9）应用维护子密钥应用于 DF01 应用下的应用数据维护。

10）外部认证密钥外部认证通过后，应获得在 DF01 目录下相应文件的更新权限。

11）OBU 访问认证密钥外部认证后，应获得在 DF01 目录下相应文件的访问权限，认证错误不设次数限制。

12）鉴别码计算密钥应用于计算鉴别码。

13）TAC 计算密钥应用于产生车道交易 TAC。

M.2.5 单片式 OBE-SAM 命令除应符合本标准第 M.1.4 条的有关规定外，还应符合下列规定：

1 GENERATE AUTHENTICATOR 命令应符合下列规定：

1）GENERATE AUTHENTICATOR 命令应用于生成符合 DSRC 协议安全认证要求信息鉴别码 Authenticator。

2）执行该命令时，应满足任一条 OPNK 认证成功后的状态。

3）该命令报文格式应符合表 M.2.5-1 的规定。

表 M.2.5-1　GENERATE AUTHENTICATOR 命令报文格式

代　码	数　值
CLA	'80'
INS	'FA'
P1	'00'
P2	'XX'，LTK 密钥标识
Lc	'XX'
Data	随机数（8 字节）+ FILE（待处理的数据内容）
Le	Le = '08'
响应数据	Authenticator

4）OBE-SAM 使用 P2 指定密钥对 FILE 数据域进行鉴别码 Authenticator 计算，其计算方法应符合本标准第 P.4 节的有关规定。

5）响应信息中的状态码应符合表 M.2.5-2 的规定。

表 M.2.5-2　响应信息中的状态码

SW1	SW2	说　明
'90'	'00'	命令执行成功
'65'	'81'	内存失败
'67'	'00'	长度错误
'69'	'82'	不满足安全状态
'6A'	'86'	参数 P1、P2 不正确
'6D'	'00'	命令不存在
'6E'	'00'	CLA 错

2　LANE TRANSACTION 命令应符合下列规定：

1）当 LANE TRANSACTION 命令成功执行后，应在车道交易中完成 TAC 码计算，生成鉴别码 Authenticator，并可选地写入当次过站信息。

2）过站信息应为"封闭式应用入/出口信息文件"。

3）执行该命令时，应满足相应的操作权限：当交易类型为'8X'时，应满足 OPNK11$_{DF01}$ 或 OPNK12$_{DF01}$ 认证成功后的状态；当交易类型为'9X'时，应满足 OPNK21$_{DF01}$ 或 OPNK22$_{DF01}$ 认证成功后的状态。

4）该命令不应自动更新交易记录文件，交易记录文件的更新应由外部输入命令完成。

5）LANE TRANSACTION 命令报文格式应符合表 M.2.5-3 的规定。

表 M.2.5-3　LANE TRANSACTION 命令报文格式

代码	数值
CLA	'80'
INS	'FC'
P1	'XX'，交易类型
P2	'XX'，LTK 密钥标识
Lc	'XX'
Data	P1 = '80'，随机数（8字节）+交易金额（4字节）+终端机编号（6字节）+终端交易序号（4字节）+交易日期时间（7字节）+ETC门架编号（3字节）+车型（1字节） P1 = '81'，随机数（8字节）+交易金额（4字节）+终端机编号（6字节）+终端交易序号（4字节）+交易日期时间（7字节）+收费站编号（3字节）+车型（1字节）+收费公路ETC应用入/出口信息文件偏移量（2字节，从0开始）+收费公路ETC应用入/出口信息文件长度（1字节，值为N）+收费公路ETC应用入/出口信息文件内容（N字节） P1 = '90'，随机数（8字节）+交易金额（4字节）+终端机编号（6字节）+终端交易序号（4字节）+交易日期时间（7字节）+收费站编号（3字节）+车型（1字节）+其他封闭式应用入/出口信息文件偏移量（2字节，从0开始）+其他封闭式应用入/出口信息文件长度（1字节，值为N）+其他封闭式应用入/出口信息文件内容（N字节）
Le	Le = '0C'
响应数据	Authenticator + TAC

6）其中交易类型定义应符合表 M.2.5-4 的规定。

表 M.2.5-4　交易类型定义

交易类型数值	说明
0x80	收费公路自由流交易
0x81	收费公路封闭式交易
0x90	其他封闭式应用交易

7）Authenticator 和 TAC 的计算方法应符合本标准第 P.4 节的规定。

8）Authenticator 和 TAC 的计算数据域应符合 GetTollData 和 SetTollData 原语。

9）响应信息中的状态码应符合表 M.2.5-5 的规定。

表 M.2.5-5　响应信息中的状态码

SW1	SW2	说明
'90'	'00'	命令执行成功
'65'	'81'	内存失败
'67'	'00'	长度错误
'69'	'82'	不满足安全状态
'6A'	'86'	参数 P1、P2 不正确
'6D'	'00'	命令不存在
'6E'	'00'	CLA 错

3 UPDATE KEY 命令应符合下列规定：

1）当 UPDATE KEY 命令成功执行后，应更新一个已经存在的密钥。

2）密钥写入应采用密文+MAC的方式，在主控密钥的控制下进行。

3）在密钥装载前，应用 GET CHANLLEGE 命令从 OBE-SAM 获取一组随机数。

4）UPDATE KEY 命令中 MAC 每错误一次，主控密钥错误计数器应自动减1。当错误计数器达到0时，主控密钥应被锁定。在主控密钥错误计数器达到0之前，使用该主控密钥正确地执行一次命令，应恢复主控密钥计数器为初始值。

5）UPDATE KEY 命令报文应符合表 M.2.5-6 的规定。

表 M.2.5-6 UPDATE KEY 命令报文

代 码	数 值
CLA	'84'
INS	'D4'
P1	'01'
P2	'00'——更新主控密钥； 'FF'——更新其他密钥
Lc	'24'
Data	密文密钥信息‖MAC
Le	不存在

6）命令报文数据域应包括要装载的密钥密文信息和 MAC。

7）密文密钥信息是用主控密钥对以下数据加密（按所列顺序）产生，计算方法应符合本标准第 P.2 节的有关规定。

——密钥用途；

——密钥标识；

——密钥值。

8）MAC 计算应符合本标准第 P.4 节的有关规定。

9）响应信息中的状态码应符合表 M.2.5-7 的规定。

表 M.2.5-7 UPDATE KEY 响应报文状态码

SW1	SW2	说 明
'90'	'00'	命令执行成功
'65'	'81'	写 EEPROM 失败
'67'	'00'	Lc 长度错误
'69'	'82'	不满足安全状态
'69'	'83'	认证密钥锁定
'69'	'84'	引用数据无效（未申请随机数）

续表 M.2.5-7

SW1	SW2	说　明
'69'	'85'	使用条件不满足
'69'	'88'	安全信息（MAC 和密文）数据错误
'6A'	'80'	数据域参数错误
'6A'	'81'	功能不支持
'6A'	'82'	未找到文件
'6A'	'84'	文件空间已满
'6A'	'86'	P1、P2 参数错
'6A'	'88'	未找到密钥数据
'6D'	'00'	命令不存在
'6E'	'00'	CLA 错
'93'	'03'	应用永久锁定

M.3　国际算法双片式 OBE-SAM

M.3.1　国际算法双片式 OBE-SAM 应符合本标准第 M.1 节的有关规定。

M.3.2　国际算法双片式 OBE-SAM 产品形态应符合下列规定：
1　国际算法双片式 OBE-SAM 应采用 SOP8 或 SOP16 封装形式。
2　SOP8 封装应符合本标准第 M.2.2 条的规定。
3　SOP16 封装如图 M.3.2-1 所示。

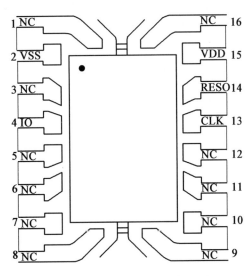

图 M.3.2-1　SOP16 管脚定义图

4 SOP16引脚定义应符合表M.3.2-1的规定。

表M.3.2-1 SOP16引脚定义

序号	名称	类型	描述说明
1	NC	—	—
2	VSS	电源	地
3	NC	—	—
4	IO	数字输入/输出	双向数据信号（内置上拉电阻）
5	NC	—	—
6	NC	—	—
7	NC	—	—
8	NC	—	—
9	NC	—	—
10	NC	—	—
11	NC	—	—
12	NC	—	—
13	CLK	数字输入	《识别卡 集成电路卡》（ISO/IEC 7816）时钟信号
14	RESO	数字输入	复位信号，低电平有效
15	VDD	电源	电源
16	NC	—	—

5 SOP16封装模块关键尺寸标注如图M.3.2-2所示，各参数应符合表M.3.2-2的规定。

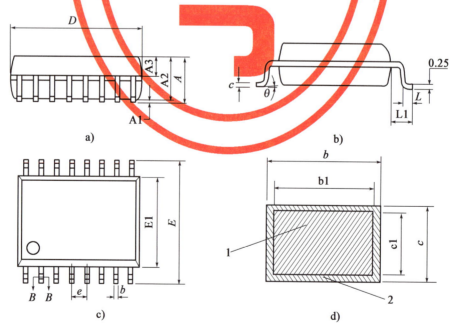

图M.3.2-2 SOP16封装模块关键尺寸标注
1-贱金属；2-电镀

表 M.3.2-2 模块关键尺寸定义

标 志	含 义	尺寸（mm）		
		最小	标称值	最大
A	总厚度	—	—	2.65
A1	站高	0.10	—	0.30
A2	胶体厚度	2.25	2.30	2.45
A3	上胶体厚度	0.97	1.02	1.07
b	电镀后管脚宽度	0.35	—	0.43
b1	电镀前管脚宽度	0.34	0.37	0.40
c	电镀后材料厚度	0.25	—	0.29
c1	电镀前材料厚度	0.24	0.25	0.26
D	胶体长度	10.20	10.30	10.40
E	管脚跨度	10.10	10.30	10.50
E1	胶体宽度	7.40	7.50	7.60
e	管脚节距		1.27BSC	
L	焊接长度	0.55	—	0.85
L1	引脚长度		1.40REF	
θ	成形角度	0°	—	8°

M.3.3 国际算法双片式 OBE-SAM 文件结构应符合下列规定：

1 国际算法双片式 OBE-SAM 的文件结构应符合图 M.3.3 的规定。

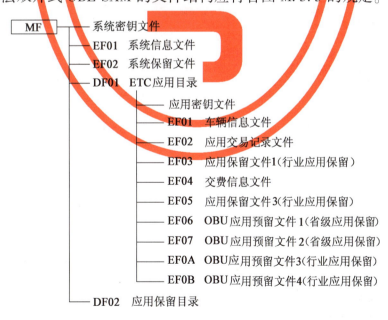

图 M.3.3 国际算法双片式 OBE-SAM 文件结构图

2 国际算法双片式 OBE-SAM 详细文件结构应符合表 M.3.3-1 的规定。

表 M.3.3-1　国际算法双片式 OBE-SAM 详细文件结构

文件名称	文件类型	文件标识符	读权	写权	说明
MF	主文件	3F00	建立权/擦除权：MK_{MF}		厂商交货时已经建立
密钥文件	密钥文件	—	禁止	增加密钥权：MK_{MF}	禁止读，通过卡片主控密钥 MK_{MF} 采用密文 + MAC 方式写入密钥
系统信息文件	二进制文件	EF01	自由	$DAMK_{MF}$	自由读，写时使用卡片维护密钥 $DAMK_{MF}$ 进行线路保护（明文 + MAC）
系统保留文件	二进制文件	EF02	自由	$DAMK_{MF}$	自由读，写时使用卡片维护密钥 $DAMK_{MF}$ 进行线路保护（明文 + MAC）
DF01 ETC 应用目录	目录文件	DF01	建立权 MK_{MF}	擦除权 MK_{MF}	卡主控密钥 MK_{MF} 认证通过后建立和擦除文件
应用密钥文件	密钥文件	—	禁止	增加密钥权 MK_{DF01}	禁止读，通过应用主控密钥 MK_{DF01} 采用密文 + MAC 方式写入密钥
车辆信息文件	二进制文件	EF01	DF01 应用加密密钥线路保护	$DAMK_{DF01}$	DF01 应用加密密钥线路保护读，写时使用应用维护密钥 $DAMK_{DF01}$ 进行线路保护（明文 + MAC）
应用交易记录文件	循环定长记录文件	EF02	自由	自由	自由读，自由写，57 字 x50 条记录
应用保留文件 1	二进制文件	EF03	自由	$DAMK_{DF01}$	自由读，写时使用应用维护密钥 $DAMK_{DF01}$ 进行线路保护（明文 + MAC）
交费信息文件	二进制文件	EF04	自由	自由	自由读，自由写
应用保留文件 3	二进制文件	EF05	认证读	$DAMK_{DF01}$	应用认证密钥认证读，写时使用应用维护密钥 $DAMK_{DF01}$ 进行线路保护（明文 + MAC）
OBU 应用预留文件 1	二进制文件	EF06	自由	$DAMK_{DF01}$	自由读，写时使用应用维护密钥 $DAMK_{DF01}$ 进行线路保护（明文 + MAC）
OBU 应用预留文件 2	二进制文件	EF07	自由	自由	自由读，自由写
OBU 应用预留文件 3	二进制文件	EF0A	自由	认证写	自由读，外部认证 UK_{DF01} 通过后写，无线路保护
OBU 应用预留文件 4	二进制文件	EF0B	自由	认证写	自由读，外部认证 UK_{DF01} 通过后写，无线路保护

3 国际算法双片式 OBE-SAM 文件标识符及文件应用应符合下列规定：

1）行业应用保留文件应作为将来行业统一定义使用。

2）所有预留字节初始化时应写为 0xFF。

3）MF 文件下的应用目录文件标识符，应将 DF02~DF0F 作为省级应用保留，其他应用目录文件标识符应作为行业应用保留。

4）应用保留文件 1、应用保留文件 3、OBU 应用预留文件 3 和 OBU 应用预留文件 4 应作为行业应用保留文件。

4 国际算法双片式 OBE-SAM 文件结构详细说明应符合下列规定：

1）系统信息文件（EF01）结构应符合表 M.3.3-2 的规定。

表 M.3.3-2 系统信息文件

文件标识（FID）			'EF01'
文件类型			二进制文件
文件大小			99 字节
读取：自由			写入：$DAMK_{MF}$ 线路保护（明文 + MAC）
字节	类型	长度（字节）	内容
1~8	cn	8	发行方标识，编码方式见本标准第 13.1 节
9	cn	1	协约类型
10	cn	1	合同版本 高 4 位：行业统一定义。小于或等于 4 表示仅支持国际算法；其他值保留。 低 4 位：由各省（区、市）根据需要自定义
11~18	cn	8	合同序列号
19~22	cn	4	合同签署日期 格式：CCYYMMDD
23~26	cn	4	合同过期日期 格式：CCYYMMDD
27	B	1	拆卸状态，应符合表 M.3.3-3 的规定。低 4 位为拆卸次数
28~99	an	72	预留

2）拆卸状态定义应符合表 M.3.3-3 的规定。

表 M.3.3-3 拆卸状态定义

字节	值	状态	描述
高 4 位	0000	RS	由路侧根据防拆信息控制 OBU 的通行
	0001	OB	由 OBU 根据防拆信息设置自身工作状态
	1111	NU	防拆信息未启用
	其他值被保留		
低 4 位	0000	PF	标签已被非法拆卸
	0001	OK	正常工作状态
	其他值被保留		

3) 系统保留文件（EF02）应符合表 M.3.3-4 的规定。

表 M.3.3-4 系统保留文件

文件标识（FID）			'EF02'
文件类型			二进制文件
文件大小			512 字节
读取：自由			写入：DAMK_MF 线路保护（明文 + MAC）
字节	类型	长度（字节）	内容
1~512	an	512	预留

4) 车辆信息文件（EF01）结构应符合表 M.3.3-5 和表 M.3.3-6 的规定。

表 M.3.3-5 车辆信息文件（客车）

文件标识（FID）		'EF01'
文件类型		二进制文件
文件长度		79 字节
读取：DF01 应用加密密钥线路保护		写入：DAMK_DF01 线路保护（明文 + MAC）
字节	长度（字节）	内容
1~12	12	车牌号，编码方式见本标准第 13.1 节
13~14	2	车牌颜色，高字节为 0x00，低字节编码方式见本标准第 13.1 节
15	1	车型，编码方式见本标准第 13.1 节
16	1	车辆用户类型，编码方式见本标准第 13.1 节
17~20	4	车辆尺寸（长[2字节]×宽[1字节]×高[1字节]），单位：dm
21	1	车轮数
22	1	车轴数
23~24	2	轴距，单位：dm
25~27	3	车辆核定载重/座位数，其中，载重的单位为：kg
28~43	16	车辆特征描述
44~59	16	车辆发动机号
60~79	20	保留字段

表 M.3.3-6 车辆信息文件（货车及专项作业车）

文件标识（FID）		'EF01'
文件类型		二进制文件
文件长度		79 字节
读取：DF01 应用加密密钥线路保护		写入：DAMK_DF01 线路保护（明文 + MAC）
字节	长度（字节）	内容
1~12	12	车牌号，编码方式见本标准第 13.1 节
13~14	2	车牌颜色，高字节为 0x00，低字节编码方式见本标准第 13.1 节

续表 M.3.3-6

字节	长度（字节）	内容
15	1	车型，编码方式见本标准第 13.1 节
16	1	车辆用户类型，编码方式见本标准第 13.1 节
17~22	6	车辆尺寸［长（2 字节）×宽（2 字节）×高（2 字节）］，单位：mm
23~25	3	车辆核定载质量/准牵引总质量，其中，质量单位为：kg；当为载货汽车时，对应行驶本上的核定载质量；当为牵引车时，对应行驶本上的准牵引总质量
26~28	3	整备质量，质量单位为：kg 对应行驶本的整备质量
29~31	3	车辆总质量，质量单位为：kg 对应行驶本上的总质量；当行驶本该数值为空时，写入 0xFF
32	1	核定载人数 对应行驶本上的核定载人数
33~49	17	车辆识别代号，采用字符型存储
50~65	16	车辆特征描述，可选填，不填写默认写入 0xFF
66~79	14	保留字段，默认写入 0xFF

5）应用交易记录文件（EF02）结构应符合表 M.3.3-7 的规定。

表 M.3.3-7 应用交易记录文件

文件标识（FID）			'EF02'
文件类型			循环定长记录文件
文件大小			57 字节×50 条记录
读取：自由			写入：自由
字节	类型	长度（字节）	内容
1~4	Datetime	4	出入口时间（UNIX 时间），从格林威治标准时间 1970 年 1 月 1 日 0 时 0 分 0 秒起至现在的总秒数，不包括闰秒
5~6	b	2	收费路网号，编码方式见本标准第 13.1 节
7~8	b	2	收费站号，编码方式见本标准第 13.1 节
9	b	1	收费车道号，编码方式见本标准第 13.1 节
10	b	1	卡片类型，编码方式见本标准第 13.1 节
11~18	b	8	卡号
19	b	1	车型，编码方式见本标准第 13.1 节
20~31	b	12	车牌号，编码方式见本标准第 13.1 节
32~33	SmallInt	2	收费额
34~37	b	4	OBU 的 MAC 地址，编码方式见本标准第 13.1 节
38~57	b	20	保留字段

6) 应用保留文件1（EF03）结构应符合表 M.3.3-8 的规定。

表 M.3.3-8 应用保留文件1

文件标识（FID）			'EF03'
文件类型			二进制文件
文件大小			512 字节
读取：自由			写入：DAMK$_{DF01}$线路保护（明文 + MAC）
字节	类型	长度（字节）	内容
1~512	an	512	预留

7) 交费信息文件（EF04）结构应符合表 M.3.3-9 的规定。

表 M.3.3-9 交费信息文件

文件标识			'EF04'
文件类型			二进制文件
文件长度			512 字节
读取：自由			写入：自由
字节	数据元	长度（字节）	内容
1~314	保留	314	保留
315~353	同 0019 文件第 1~39 字节	39	见表 L.2.2-4 的记录一：收费公路 ETC 专用记录前 39 字节其中： （1）第 315 字节为： ①0xAA，ETC 正常插卡； ②0xBB，ETC 用户入口异常，入口信息写入 OBU； ③0xCC，ETC 用户入口异常，第一个读取到 OBU 的门架作为入口门架写入。 （2）第 316 字节为 0x29。 （3）第 317 字节为 0x00
354~373	用户卡信息	20	写入 0015 文件第 1~20 字节
374	车辆用户类型	1	写入 0015 文件第 41 字节
375	累计通行省（区、市）个数	1	ETC 门架系统（含兼具门架功能的收费站入出口）根据 OBU 返回状态判断后累加写入。入口写入 0x01，出口写入 0x00
376~378	累计应收金额	3	全程应收金额累计，单位：分
379~381	累计实收金额	3	全程实收金额累计，单位：分
382~383	累计交易成功次数	2	ETC 门架系统（含兼具门架功能的收费站入出口）根据 OBU 返回状态判断后累加写入
384~386	累计计费里程	3	计费里程，单位：m
387	标签无卡累计次数	1	ETC 门架系统根据 OBU 返回状态判断后累加写入
388~390	本省（区、市）入口编码	3	入口收费站（写入 3 字节 0x00）或省界入口门架 HEX 码

续表 M.3.3-9

字节	数据元	长度（字节）	内容
391~393	本省（区、市）累计应收金额	3	ETC门架系统（含兼具门架功能的收费站入出口）根据OBU返回状态判断后累加写入应收金额，进入下一省（区、市）后重新计数
394	本省（区、市）累计交易成功数量	1	ETC门架系统（含兼具门架功能的收费站入出口）根据OBU返回状态判断后累加写入，进入下一省（区、市）后重新计数
395~397	本省（区、市）累计实收金额	3	ETC门架系统（含兼具门架功能的收费站入出口）根据OBU返回状态判断后累加写入，进入下一省（区、市）后重新计数
398~405	加密摘要	8	数据合法性认证码
406~485	通行省（区、市）n累计实收金额（n≤20）	4×n	1字节省级行政区域代码+3字节累计实收金额（例如北京收费金额1分钱取值为0x11000001）
486~512	保留	27	保留

8) 应用保留文件3（EF05）结构应符合表 M.3.3-10 的规定。

表 M.3.3-10 应用保留文件3

文件标识（FID）			'EF05'
文件类型			二进制文件
文件大小			512字节
读取：认证读（安全报文）			写入：DAMK$_{DF01}$线路保护（明文 + MAC）
字节	类型	长度（字节）	内容
1~512	an	512	预留

9) OBU 应用预留文件1（EF06）结构应符合表 M.3.3-11 的规定。

表 M.3.3-11 OBU 应用预留文件1

文件标识（FID）			'EF06'
文件类型			二进制文件
文件大小			512字节
读取：自由			写入：DAMK$_{DF01}$线路保护（明文 + MAC）
字节	类型	长度（字节）	内容
1~512	an	512	预留

10) OBU 应用预留文件2（EF07）应符合表 M.3.3-12 的规定。

表 M.3.3-12 OBU 应用预留文件2

文件标识（FID）			'EF07'
文件类型			二进制文件
文件大小			512字节
读取：自由			写入：自由
字节	类型	长度（字节）	内容
1~512	an	512	预留

11）OBU 应用预留文件 3（EF0A）结构应符合表 M.3.3-13 的规定。

表 M.3.3-13 OBU 应用预留文件 3

文件标识（FID）			'EF0A'
文件类型			二进制文件
文件大小			128 字节
读取：自由			写入：外部认证 UK_{DF01} 通过后以写
字节	类型	长度（字节）	内容
1~128	an	128	预留

12）OBU 应用预留文件 4（EF0B）结构应符合表 M.3.3-14 的规定。

表 M.3.3-14 OBU 应用预留文件 4

文件标识（FID）			'EF0B'
文件类型			二进制文件
文件大小			512 字节
读取：自由			写入：外部认证 UK_{DF01} 通过后写
字节	类型	长度（字节）	内容
1~512	an	512	预留

M.3.4 国际算法双片式 OBE-SAM 密钥应符合下列规定：

1 国际算法双片式 OBE-SAM 密钥结构应符合表 M.3.4 的规定。

表 M.3.4 国际算法双片式 OBE-SAM 密钥结构

密钥名称	密钥用途	密钥标识	密钥版本	密钥长度	错误计数器
系统主控密钥 MK_{MF}	00H	00H	00H	10H	3
系统维护密钥 $DAMK_{MF}$	01H	01H	00H	10H	3
应用主控密钥 MK_{DF01}	00H	00H	00H	10H	3
应用维护密钥 $DAMK_{DF01}$	01H	01H	00H	10H	3
外部认证密钥 UK_{DF01}	00H	01H	00H	10H	3
应用认证密钥 $RK1_{DF01}$	01H	02H	00H	10H	3
应用加密密钥 1 $RK21_{DF01}$	01H	03H	00H	10H	—
应用加密密钥 2 $RK22_{DF01}$	01H	03H	01H	10H	—
应用加密密钥 3 $RK23_{DF01}$	01H	03H	02H	10H	—

注："密钥用途"为 '00' 时，用于外部认证命令；为 '01' 时，用于数据传输时加密或计算 MAC。

2 密钥的控制关系应符合下列规定：

1）系统主控密钥应在自身的控制下更新（密文 + MAC）。

2）系统主控密钥外部认证通过后，应获得在 MF 下创建文件的权限。

3）系统维护密钥应在系统主控密钥线路保护控制下装载、更新（密文 + MAC）。

4）系统维护密钥应用于 MF 区域的应用数据维护。

5）应用主控密钥应在系统主控密钥的线路保护控制下装载（密文+MAC）。

6）应用主控密钥应在自身的控制下更新（密文+MAC）。

7）应用下其他密钥应在应用主控密钥的线路保护控制下装载、更新（密文+MAC）。

8）应用主控密钥外部认证通过后，应获得在 DF01 目录下创建文件的权限。

9）应用维护子密钥应用于 DF01 应用下的应用数据维护。

10）外部认证密钥外部认证通过后，应获得在 DF01 目录下相应文件的更新权限。

11）OBU 认证密钥应用于相应文件读取权限的获得。

12）OBU 加密密钥应用于加密读取车辆信息文件。

M.3.5 国际算法双片式 OBE-SAM 命令除应符合本标准第 M.1.4 条的有关规定外，还应符合下列规定：

1 READ DATA 命令应符合下列规定：

1）当 READ DATA 命令成功执行后，应读出应用车辆信息文件中的数据，读出的数据为密文。

2）READ DATA 命令报文格式应符合表 M.3.5-1 的规定。

表 M.3.5-1 READ DATA 命令报文

代　码	数　　值
CLA	'00'
INS	'B4'
P1	偏移地址高字节
P2	偏移地址低字节
Lc	'0A'
Data	随机数（8B）+期望读取的信息数据明文长度（1B）+密钥版本（1B）
Le	'00'

3）READ DATA 命令响应报文数据域应为"鉴别码+读取数据"的密文形式。

4）鉴别码和密文的计算方法应符合本标准附录 P 的有关规定。

5）OBE-SAM 回送的响应信息中的状态码应符合表 M.3.5-2 的规定。

表 M.3.5-2 READ DATA 响应报文状态码

SW1	SW2	说　　明
90	00	命令执行成功
61	XX	还有 XX 字节要返回
62	81	部分回送的数据有错
65	81	写 EEPROM 失败
67	00	Lc 长度错误
69	81	当前文件不是二进制文件

续表 M.3.5-2

SW1	SW2	说 明
69	85	使用条件不满足
6A	81	功能不支持
6A	82	未找到文件
6A	86	P1、P2 参数错
6B	00	起始地址超出范围
6C	XX	Le 长度错误。'XX'表示实际长度
6D	00	命令不存在
6E	00	CLA 错
93	03	应用永久锁定
94	03	未找到密钥数据

2 UPDATE KEY 命令应符合下列规定：

1）UPDATE KEY 命令应更新一个已经存在的密钥。

2）UPDATE KEY 命令应支持 8 字节或 16 字节的密钥，密钥写入应采用密文 + MAC 方式，在主控密钥的控制下进行。

3）UPDATE KEY 命令在密钥装载前应用 GET CHANLLEGE 命令从 OBE-SAM 获取一组随机数。

4）UPDATE KEY 命令中 MAC 每错误一次，主控密钥错误计数器应自动减 1。当错误计数器达到 0 时，主控密钥应被锁定。在主控密钥错误计数器达到 0 之前，使用该主控密钥正确地执行一次命令，应恢复主控密钥计数器为初始值。

5）UPDATE KEY 命令报文应符合表 M.3.5-3 的规定。

表 M.3.5-3 UPDATE KEY 命令报文

代 码	数 值
CLA	'84'
INS	'D4'
P1	'01'
P2	'00'——更新主控密钥； 'FF'——更新其他密钥
Lc	'1C' 或 '14' 或 '24'
Data	密文密钥信息 ‖ MAC
Le	不存在

6）命令报文数据域应包括要装载的密钥密文信息和 MAC。

7）密钥密文信息是用主控密钥对以下数据加密（按所列顺序）产生，计算方法应符合本标准第 P.2 节的有关规定。

——密钥用途；

——密钥标识；

——密钥版本；

——密钥值。

8) MAC 计算应符合本标准第 P.4 节的有关规定。

9) 响应信息中的状态码应符合表 M.3.5-4 的规定。

表 M.3.5-4 UPDATE KEY 响应报文状态码

SW1	SW2	说　　明
'90'	'00'	命令执行成功
'65'	'81'	写 EEPROM 失败
'67'	'00'	Lc 长度错误
'69'	'82'	不满足安全状态
'69'	'83'	认证密钥锁定
'69'	'84'	引用数据无效（未申请随机数）
'69'	'85'	使用条件不满足
'69'	'88'	安全信息（MAC 和密文）数据错误
'6A'	'80'	数据域参数错误
'6A'	'81'	功能不支持
'6A'	'82'	未找到文件
'6A'	'83'	未找到密钥数据
'6A'	'84'	文件空间已满
'6A'	'86'	P1、P2 参数错
'6A'	'88'	未找到密钥数据
'6D'	'00'	命令不存在
'6E'	'00'	CLA 错
'93'	'03'	应用永久锁定

M.4 双算法双片式 OBE-SAM

M.4.1 双算法双片式 OBE-SAM 应符合本标准第 M.1 节的有关规定。

M.4.2 双算法双片式 OBE-SAM 产品形态应符合本标准第 M.3.2 条的有关规定。

M.4.3 双算法双片式 OBE-SAM 文件结构除应符合本标准第 M.3.3 条的有关规定外，还应符合表 M.4.3 的规定。

表 M.4.3 双算法双片式 OBE-SAM 合同版本定义

合同版本取值	含　义
'5X'	支持国密算法

M.4.4 双算法双片式 OBE-SAM 密钥应符合下列规定：

1 双算法双片式 OBE-SAM 密钥结构应符合表 M.4.4 的规定。

表 M.4.4 双算法双片式 OBE-SAM 密钥结构

密钥名称	密钥用途	密钥标识	密钥版本	密钥长度	错误计数器
系统主控密钥 MK_{MF}	00H	40H	00H	10H	15
系统维护密钥 $DAMK_{MF}$	01H	41H	00H	10H	15
应用主控密钥 MK_{DF01}	00H	40H	00H	10H	15
应用维护密钥 $DAMK_{DF01}$	01H	41H	00H	10H	15
外部认证密钥 $UK1_{DF01}$	00H	01H	00H	10H	15
应用加密密钥1 $RK21_{DF01}$	01H	03H	00H	10H	—
应用加密密钥2 $RK22_{DF01}$	01H	03H	01H	10H	—
应用加密密钥3 $RK23_{DF01}$	01H	03H	02H	10H	—
外部认证密钥 $UK2_{DF01}$	00H	41H	00H	10H	15
应用认证密钥 $RK3_{DF01}$	01H	42H	00H	10H	15
应用加密密钥1 $RK41_{DF01}$	01H	43H	40H	10H	—
应用加密密钥2 $RK42_{DF01}$	01H	43H	41H	10H	—
应用加密密钥3 $RK43_{DF01}$	01H	43H	42H	10H	—

2 密钥的控制关系应符合本标准第 M.3.4 条的有关规定。

M.4.5 双算法双片式 OBE-SAM 命令除应符合本标准第 M.1.4 条的有关规定外，还应符合下列规定：

1 READ DATA 命令应符合本标准第 M.3.5 条的有关规定。

2 SET ALGORITHM 命令应符合下列规定：

1）当 SET ALGORITHM 命令成功执行后应实现永久关闭应用下 3DES 算法的功能。

2）执行该命令成功后，在相应应用下所有指定使用 3DES 密钥进行运算的命令都应返回错误状态 SW = "6600"。

3）执行 SET ALGORITHM 命令前，应先选择应用，然后认证应用外部认证密钥成功后才能取得执行权限。

4）SET ALGORITHM 命令报文格式应符合表 M.4.5-1 的规定。

表 M.4.5-1　SET ALGORITHM 命令报文格式

代　码	数　值
CLA	'80'
INS	'FE'
P1	'03'
P2	'00'
Lc	'00'
Data	不存在
Le	不存在

5）响应信息中的状态码应符合表 M.4.5-2 的规定。

表 M.4.5-2　响应信息中的状态码

SW1	SW2	说　明
'90'	'00'	命令执行成功
'65'	'81'	内存失败
'69'	'82'	不满足安全状态
'6A'	'86'	参数 P1、P2 不正确
'6D'	'00'	命令不存在
'6E'	'00'	CLA 错
'93'	'03'	应用永久锁定

3　UPDATE KEY 命令应符合本标准第 M.3.5 条的有关规定。

M.5　多逻辑通道 OBE-SAM

M.5.1　多逻辑通道 OBE-SAM 应通过命令 CLA 的 bit0 指示不同通道，bit0 赋值 0 指示 OBE-SAM 通道，bit0 赋值 1 指示 OBE-IC 通道。

M.5.2　多逻辑通道 OBE-SAM 的 OBE-SAM 通道与 OBE-IC 通道密钥体系、文件系统、文件指针、安全状态、随机数状态、交易状态等应相互独立。

M.5.3　多逻辑通道 OBE-SAM 复位时，OBE-SAM 通道和 OBE-IC 通道均应进入复位状态，并返回 OBE-SAM 通道的复位信息，不返回 OBE-IC 通道的复位信息。

M.5.4　多逻辑通道 OBE-SAM 的通道号不应参与 MAC 运算，在计算 MAC 时，CLA 的 bit0 统一使用 0。

M.5.5　多逻辑通道 OBE-SAM 应分别维持 OBE-SAM 通道、OBE-IC 通道最后的工作状态，包括文件指针、操作权限等。

M.5.6 多逻辑通道 OBE-SAM 的 OBE-SAM 通道应符合本标准第 M.4 节的有关规定，OBE-IC 通道应符合本标准第 L.3 节和第 L.1 节中接触界面其他相关要求的有关规定。

M.5.7 多逻辑通道 OBE-SAM 的产品形态应符合本标准第 M.2.2 条的有关规定。

M.5.8 多逻辑通道 OBE-SAM 的 OBE-IC 通道密钥结构应符合表 M.5.8 的规定，密钥控制关系应符合本标准第 L.2.3 条的相关规定。

表 M.5.8 OBE-IC 通道密钥结构

密钥名称	密钥用途	密钥标识	密钥版本	密钥长度	错误计数器
卡片主控密钥 MK_{MF}	00H	40H	00H	10H	15
卡片维护密钥 $DAMK_{MF}$	01H	41H	00H	10H	15
应用主控密钥 MK_{DF01}	00H	40H	00H	10H	15
应用维护子密钥 $DAMK_{DF01}$	01H	41H	00H	10H	15
外部认证子密钥 1 $UK1_{DF01}$	00H	01H	00H	10H	15
内部认证子密钥 1 $IK1_{DF01}$	08H	00H	00H	10H	—
消费子密钥 1 $DPK1_{DF01}$	17H	01H	01H	10H	—
消费子密钥 2 $DPK2_{DF01}$	17H	02H	01H	10H	—
TAC 子密钥 1 $DTK1_{DF01}$	18H	00H	00H	10H	—
应用 PIN PIN	11H	00H	00H	06H	15
应用 PIN 解锁子密钥 1 $DPUK1_{DF01}$	12H	00H	00H	10H	15
应用 PIN 重装子密钥 1 $DRPK1_{DF01}$	13H	01H	00H	10H	15
外部认证子密钥 2 $UK2_{DF01}$	00H	41H	00H	10H	15
内部认证子密钥 2 $IK2_{DF01}$	08H	40H	00H	10H	—
消费子密钥 3 $DPK3_{DF01}$	17H	41H	41H	10H	—
消费子密钥 4 $DPK4_{DF01}$	17H	42H	41H	10H	—
圈存子密钥 3 $DLK3_{DF01}$	14H	41H	42H	10H	—
圈存子密钥 4 $DLK4_{DF01}$	14H	42H	42H	10H	—
TAC 子密钥 2 $DTK2_{DF01}$	18H	40H	40H	10H	—
应用 PIN 解锁子密钥 2 $DPUK2_{DF01}$	12H	40H	00H	10H	15
应用 PIN 重装子密钥 2 $DRPK2_{DF01}$	13H	41H	00H	10H	15

M.5.9 自主组合模式发行的多逻辑通道 OBE-SAM，OBE-SAM 通道的合同版本和 OBE-IC 通道的卡片版本号应为 0x48；开放平台模式发行的多逻辑通道 OBE-SAM，

OBE-SAM 通道的合同版本和 OBE-IC 通道的卡片版本号应为 0x49。

M.5.10 OBE-SAM 通道和 OBE-IC 通道 UPDATE KEY 命令均应符合本标准第 M.3.5 条的有关规定。

附录 N PSAM/PCI 密码卡技术要求

N.1 通用要求

N.1.1 PSAM/PCI 密码卡应符合下列规定：

1 在通信过程中应支持多种安全保护机制。
2 应支持多种安全访问方式和权限。
3 应支持 DES、3DES 和 SM4 算法。
4 应支持多级密钥分散机制。
5 应支持密钥使用权限设置。
6 应用安全机制应符合本标准附录 P 的有关规定。
7 环境条件应符合下列规定：
1）工作温度：一般要求 -25 ~ +70℃（寒区 -40 ~ +70℃）。
2）存储温度：-20 ~ +85℃。
3）相对工作湿度：10% ~ 95%。
8 所采用的芯片安全等级应达到现行《安全芯片密码检测准则》（GM/T 0008）规定的 2 级及 2 级以上级别。

N.1.2 PSAM/PCI 密码卡文件结构应符合下列规定：
1 PSAM/PCI 密码卡每个通道的文件结构应符合图 N.1.2 的要求。

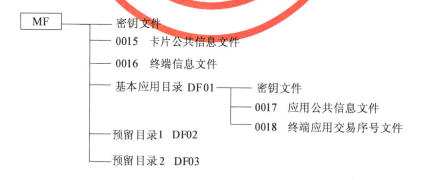

图 N.1.2 PSAM/PCI 密码卡的文件结构图

2 PSAM/PCI 密码卡的详细文件结构应符合表 N.1.2-1 的规定。

表 N.1.2-1 PSAM/PCI 密码卡文件结构

文件名称	文件类型	文件标识符	读权	写权	说明
MF	主文件	3F00		建立权/擦除权：MK_{MF}	厂商交货时已经建立
1 密钥文件	密钥文件	—	禁止	增加密钥权：MK_{MF}	通过卡片主控密钥 MK_{MF} 采用密文 + MAC 方式写入密钥
2 卡片公共信息文件	二进制文件	0015	自由	AMK_{MF}	自由读，写时使用卡片维护密钥进行线路保护（明文 + MAC）
3 终端信息文件	二进制文件	0016	自由	AMK_{MF}	自由读，写时使用卡片维护密钥进行线路保护（明文 + MAC）
DF01 联网电子收费应用	目录文件	DF01	建立权：MK_{MF}	擦除权：MK_{MF}	卡片主控密钥 MK_{MF} 认证通过后建立和擦除文件
1 密钥文件	密钥文件	—	禁止	增加密钥权：MK_{DF01}	DF01 应用密钥采用密文 + MAC 方式写入
2 应用公共信息文件	二进制文件	0017	自由	AMK_{DF01}	自由读，写时使用应用维护密钥 AMK_{DF01} 进行线路保护（明文 + MAC）
3 终端应用交易序号数据元	二进制文件	0018	自由	不可写，COS 维护	用于存储终端交易序号，由 COS 维护
DF02 预留目录 1	目录文件	DF02	建立权：MK_{MF}	擦除权：MK_{MF}	卡片主控密钥 MK_{MF} 认证通过后建立和擦除文件
DF03 预留目录 2	目录文件	DF03	建立权：MK_{MF}	擦除权：MK_{MF}	卡片主控密钥 MK_{MF} 认证通过后建立和擦除文件

3 MF 下的卡片公共信息文件（0015）结构应符合表 N.1.2-2 的规定。

表 N.1.2-2 MF 下卡片公共信息文件结构

文件标识（FID）		'0015'
文件类型		二进制文件
文件大小		14 字节
读取：自由		写入：AMK_{MF} 线路保护（明文 + MAC）
字节	数据元	长度（字节）
1~10	PSAM 序列号	10
11	PSAM 版本号	1
12	密钥卡类型	1
13~14	发卡方自定义 FCI 数据	2

4 MF 下的终端信息文件（0016）结构应符合表 N.1.2-3 的规定。

表 N.1.2-3 MF 下的终端信息文件

文件标识（FID）	'0016'
文件类型	二进制文件
文件大小	6 字节
读取：自由	写入：AMK_{MF} 线路保护（明文 + MAC）

字节	数据元	长度（字节）
1~6	终端机编号	6

5 DF01 下的应用公共信息文件（0017）结构应符合表 N.1.2-4 的规定。

表 N.1.2-4 DF01 下的应用公共信息文件

文件标识（FID）	'0017'
文件类型	二进制文件
文件大小	27 字节
读取：自由	写入：AMK_{DF01} 线路保护（明文 + MAC）

字节	数据元	长度（字节）
1	密钥索引号	1
2~9	发行方标识	8
10~17	应用区域标识	8
18~21	应用启用日期	4
22~25	应用有效日期	4
26	用户卡消费密钥标识	1
27	OBU 应用加密密钥版本	1

N.1.3 PSAM/PCI 密码卡密钥应符合下列规定：

1 密钥应以记录形式存储在密钥文件中，严禁以任何形式的外部设备读出。
2 每条密钥应具有用途、版本、算法标识、错误计数器、使用权限等属性。
3 密钥用途属性应符合表 N.1.3-1 的规定。

表 N.1.3-1 密钥用途定义

序号	密钥用途编码（二进制）	定 义
1	xxx0 0000	主控密钥、外部认证密钥
2	xxx0 0001	维护密钥
3	xxx0 0010	消费密钥
4	xxx0 0110	MAC 密钥
5	xxx0 1000	MAC、加密密钥
6	xxx1 1001	MAC、解密密钥
7	xxx	表示密钥分散级数，000 为不分散，001 为一级分散，010 为二级分散

4 密钥结构应符合表 N.1.3-2 的规定。

表 N.1.3-2 密钥结构的定义

密钥名称	密钥用途	密钥版本	密钥长度	算法标识	错误计数器	使用权限
PSAM 卡片主控密钥 MK_{MF}	00H	40H	10H	04H	15	自由
PSAM 卡片维护密钥 AMK_{MF}	01H	41H	10H	04H	15	自由
PSAM 卡片外部认证密钥 UK_{MF}	00H	41H	10H	04H	15	自由
PSAM 卡应用 1 主控密钥 MK_{DF01}	00H	40H	10H	04H	15	自由
PSAM 卡应用 1 维护密钥 AMK_{DF01}	01H	41H	10H	04H	15	自由
ETC 用户卡外部认证密钥 1 $UK1_{DF01}$	48H	01H	10H	00H	—	UK_{MF}
ETC 用户卡消费密钥 1 PK1	42H	01H	10H	00H	15	UK_{MF}
ETC 用户卡内部认证密钥 1 $IK1_{DF01}$	48H	03H	10H	00H	—	UK_{MF}
OBU 认证主密钥 1 RK1	48H	02H	10H	00H	—	UK_{MF}
OBU 加密主密钥 1 RK2	59H	03H	10H	00H	—	UK_{MF}
ETC 用户卡外部认证密钥 2 $UK2_{DF01}$	48H	41H	10H	04H	—	UK_{MF}
ETC 用户卡消费密钥 3 PK3	42H	41H	10H	04H	15	UK_{MF}
ETC 用户卡内部认证密钥 2 $IK2_{DF01}$	48H	43H	10H	04H	—	UK_{MF}
OBU 认证主密钥 2 RK3	48H	42H	10H	04H	—	UK_{MF}
OBU 加密主密钥 2 RK4	59H	43H	10H	04H	—	UK_{MF}
CPC 外部认证密钥 1 $UK1_{DF01}$	48H	44H	10H	04H	—	UK_{MF}
CPC 外部认证密钥 2 $UK2_{DF01}$	48H	45H	10H	04H	—	UK_{MF}
CPC 内部认证密钥 1 $IK1_{DF01}$	48H	46H	10H	04H	—	UK_{MF}
单片式 OBU 外部认证密钥 1 $UK1_{DF01}$	48H	47H	10H	04H	—	UK_{MF}
单片式 OBU 外部认证密钥 2 $UK2_{DF01}$	48H	48H	10H	04H	—	UK_{MF}
单片式 OBU 外部认证密钥 3 $UK3_{DF01}$	48H	49H	10H	04H	—	UK_{MF}
收费公路 ETC 访问许可密钥 1 $OPNK11_{DF01}$	48H	4AH	10H	04H	—	UK_{MF}
其他封闭式应用访问许可密钥 1 $OPNK21_{DF01}$	48H	4BH	10H	04H	—	UK_{MF}
收费公路 ETC 访问许可密钥 2 $OPNK12_{DF01}$	48H	4CH	10H	04H	—	UK_{MF}
其他封闭式应用访问许可密钥 2 $OPNK22_{DF01}$	48H	4DH	10H	04H	—	UK_{MF}
鉴别码计算密钥 LTK_{DF01}	48H	4EH	10H	04H	—	UK_{MF}
其他应用访问许可密钥 $OPNK3_{DF01}$	48H	4FH	10H	04H	—	UK_{MF}

5 密钥的控制关系应符合下列规定：

1）卡片主控密钥应在自身的控制下更新（密文 + MAC）。

2）卡片主控密钥外部认证通过后，应获得在卡片 MF 下创建文件的权限。

3）卡片维护密钥和卡片外部认证密钥应在卡片主控密钥线路保护控制下装载、更新（密文 + MAC）。

4）卡片维护密钥用于 MF 区域的应用数据维护。

5）卡片外部认证密钥用于控制 DF01 应用下的密钥使用权限。

6）应用主控密钥应在卡片主控密钥的线路保护控制下装载（密文 + MAC）。

7）应用主控密钥应在自身的控制下更新（密文 + MAC）。

8）应用下其他密钥应在应用主控密钥的线路保护控制下装载、更新（密文 + MAC）。

9）应用主控密钥外部认证通过后，应获得在 DF01 目录下创建文件的权限。

10）应用维护密钥用于该应用下数据维护。

11）DF01 应用下的应用密钥使用权限应在 PSAM 卡片外部认证密钥认证通过后获得。

12）PSAM 卡片外部认证密钥分散后，得到认证子密钥，分散因子 1 应为 0017 文件中的应用区域标识前 4 字节复制一次变为 8 字节，分散因子 2 为 0015 文件中的 PSAM 卡序列号后 8 字节。

N.1.4 PSAM/PCI 密码卡命令集应符合下列规定：

1 APPLICATION UNBLOCK 命令应符合下列规定：

1）APPLICATION UNBLOCK 命令用于恢复已被临时锁定的当前应用。当命令成功完成后，对应用访问的限制应被取消，利用消费密钥校验 MAC2 的错误计数器应被重置。

2）APPLICATION UNBLOCK 命令的执行应采用校验模式。计算 MAC 使用的 KEY 为 ADF 文件中的应用维护密钥。计算方法应符合本标准第 P.4 节的有关规定。

3）命令中的 MAC 每错一次，相应应用维护密钥计数器应自动减 1，当计数器达到 0 时，应永久锁定此应用。在计数器达到 0 之前，使用该应用维护密钥正确执行一次命令，应恢复该应用维护密钥计数器为初始值。

4）APPLICATION UNBLOCK 命令报文格式应符合表 N.1.4-1 的规定。

表 N.1.4-1 APPLICATION UNBLOCK 命令报文格式

代　码	数　值
CLA	'84'
INS	'18'
P1	'00'
P2	'00'
Lc	'04'
Data	MAC
Le	不存在

5) APPLICATION UNBLOCK 命令的响应状态码应符合表 N.1.4-2 的规定。

表 N.1.4-2 响应信息中的状态码

SW1	SW2	说 明
'90'	'00'	命令执行成功
'62'	'81'	回送数据出错
'62'	'83'	选择文件无效
'64'	'00'	状态标志位未变
'65'	'81'	写 EEPROM 失败
'67'	'00'	Lc 长度错误
'69'	'00'	无信息提供
'69'	'82'	不满足安全状态
'69'	'84'	引用数据无效（未申请随机数）
'69'	'85'	使用条件不满足
'69'	'88'	安全信息（MAC）数据错误
'6A'	'81'	功能不支持
'6A'	'86'	P1、P2 参数错
'6A'	'88'	未找到密钥数据
'6D'	'00'	命令不存在
'6E'	'00'	CLA 错
'93'	'03'	应用永久锁定

2 CIPHER DATA 命令应符合下列规定：

1) CIPHER DATA 命令用于对输入数据进行安全计算，支持的安全计算包括：DES 加密解密，DES 计算 MAC，3DES 加密解密，3DES 计算 MAC、SM4 加解密、SM4 计算 MAC。

2) 计算方法应符合本标准附录 P 的有关规定。

3) CIPHER DATA 命令的执行应以 DELIVERY KEY 命令为前提条件，即该命令的上一条命令应是 DELIVERY KEY。该命令所使用的 KEY，固定为临时密钥寄存器中的 KEY。

4) 本命令成功执行后，临时密钥寄存器中的 KEY 应即刻失效。

5) CIPHER DATA 命令报文格式应符合表 N.1.4-3 的规定。

表 N.1.4-3 CIPHER DATA 命令

代 码	数 值
CLA	'80'
INS	'FA'
P1	'00'：无后续块加密计算； '05'：唯一一块 MAC 计算； '08'：交通运输部 MAC 计算； '80'：无后续块解密

续表 N.1.4-3

代 码	数 值
P2	'00'
Lc	P1 = '08' 时：Lc > = '09'（3DES） P1 = '08' 时：Lc > = '11'（SM4）
	P1 = 00、05 或 80 时 3DES 算法：Lc 应是 8 的整数倍；SM4 算法：Lc 应是 16 的整数倍
Data	安全计算数据。 P1 = '05'，则第一个数据块为 MAC 计算初始值（3DES 算法为 8 字节，SM4 算法为 16 字节）； P1 = '08' 时，随机数（8 字节）+ 文件数据（3DES）；16 字节的初始值（8 字节随机数‖8 字节 '00'）+ 文件数据（SM4）； P1 = '80' 无后续块解密
Le	响应数据长度

6）CIPHER DATA 命令的响应状态码应符合表 N.1.4-4 的规定。

表 N.1.4-4 响应信息中的状态码

SW1	SW2	说 明
'90'	'00'	命令执行成功
'61'	'XX'	有 XX 字节要返回
'67'	'00'	Lc 长度错误
'69'	'01'	Delivery Key 命令没有执行或无效
'69'	'85'	使用条件不满足
'6A'	'81'	功能不支持
'6A'	'86'	P1、P2 参数错
'6D'	'00'	命令不存在
'6E'	'00'	CLA 错
'93'	'03'	应用永久锁定

3 CREDIT SAM FOR PURCHASE 命令应符合下列规定：

1）CREDIT SAM FOR PURCHASE 命令利用 INIT SAM FOR PURCHASE 命令产生的过程密钥 SESPK 校验 MAC2。

2）MAC2 校验失败时，计算 MAC2 的 KEY 错误计数器应减 1，并回送状态码 '63Cx'。当 KEY 错误计数器减为 0 值时，应临时锁定当前应用，可通过应用维护密钥解锁锁定应用。在计数器达到 0 之前，使用该消费密钥正确执行一次命令，应恢复该消费密钥计数器为初始值。

3）CREDIT SAM FOR PURCHASE 命令成功后，PSAM 卡应将应用中的消费交易序号加 1。

4）卡片的状态在命令执行后应复原为计算 MAC1 前的状态。

5）用于 MAC2 计算的数据应符合现行《中国金融集成电路（IC）卡规范》(JR/T 0025)。计算方法应符合本标准第 P.4 节的有关规定。

6）CREDIT SAM FOR PURCHASE 命令应在 INIT SAM FOR PURCHASE 命令成功执行后才能进行。

7）CREDIT SAM FOR PURCHASE 命令报文格式应符合表 N.1.4-5 的规定。

表 N.1.4-5　CREDIT SAM FOR PURCHASE 命令报文格式

代　码	数　值
CLA	'80'
INS	'72'
P1	'00'
P2	'00'
Lc	'04'
Data	MAC2
Le	不存在

8）CREDIT SAM FOR PURCHASE 命令响应状态码应符合表 N.1.4-6 的规定。

表 N.1.4-6　响应信息中的状态码

SW1	SW2	说　明
'90'	'00'	命令成功执行
'67'	'00'	Lc 长度错
'69'	'01'	命令不接受（无效状态）
'69'	'82'	不满足安全状态
'69'	'85'	使用条件不满足（应用非永久锁定）
'6A'	'81'	功能不支持（卡锁定）
'6A'	'86'	参数 P1、P2 不正确
'6D'	'00'	命令不存在
'6E'	'00'	CLA 错
'93'	'02'	MAC 无效
'93'	'03'	应用永久锁定

4　DELIVERY KEY 命令应符合下列规定：

1）DELIVERY KEY 命令将指定的 KEY 分散至临时密钥寄存器中。

2）该命令只支持分散 KEY，不产生过程 KEY。分散后的子 KEY 应继承原始 KEY 的属性。

3）密钥的分散方法应符合本标准第 P.1 节的有关规定。

4）DELIVERY KEY 命令的执行应满足 KEY 的使用权。

5）DELIVERY KEY 命令应不支持下列密钥的临时计算：

——主控密钥；

——维护密钥；

——消费密钥。

6) DELIVERY KEY 命令报文格式应符合表 N.1.4-7 的规定。

表 N.1.4-7　DELIVERY KEY 命令报文格式

代　码	数　值
CLA	'80'
INS	'1A'
P1	密钥用途
P2	密钥标识
Lc	分散数据长度 '00'：分散级数为 0 时； '08'：分散级数为 1 时； '10'：分散级数为 2 时； '18'：分散级数为 3 时； 其他值保留
Data	Lc = '00' 不存在 分散因子
Le	不存在

7) DELIVERY KEY 命令响应状态码应符合表 N.1.4-8 的规定。

表 N.1.4-8　响应信息中的状态码

SW1	SW2	说　明
'90'	'00'	命令执行成功
'67'	'00'	Lc 长度错误
'69'	'82'	不满足安全状态
'69'	'83'	认证密钥锁定
'69'	'85'	使用条件不满足
'6A'	'80'	数据域参数不正确
'6A'	'81'	功能不支持
'6A'	'86'	P1、P2 参数错
'6A'	'88'	未找到密钥数据
'6D'	'00'	命令不存在
'6E'	'00'	CLA 错
'93'	'03'	应用永久锁定

5　EXTERNAL AUTHENTICATE 命令应符合下列规定：

1) EXTERNAL AUTHENTICATE 命令执行成功后，应使外部接口设备对 PSAM/PCI 密码卡获得操作授权。

2) EXTERNAL AUTHENTICATE 命令报文格式应符合表 N.1.4-9 的规定。

表 N.1.4-9 EXTERNAL AUTHENTICATE 命令报文格式

代　　码	数　　值
CLA	'00'
INS	'82'
P1	'00'
P2	密钥版本
Lc	'08'
Data	认证数据
Le	不存在

3）认证数据计算应符合本标准第 P.5 节的有关规定。

4）EXTERNAL AUTHENTICATE 命令执行时应满足 P2 参数所指定密钥的使用权限。

5）每次认证失败时相应外部认证密钥的错误计数器应减 1，当计数器减为 '0' 值时，密钥应被锁定。在计数器达到 0 之前，使用相应外部认证密钥正确执行一次 EXTERNAL AUTHENTICATE 命令，应恢复相应外部认证密钥计数器为初始值。

6）EXTERNAL AUTHENTICATE 命令响应状态应符合表 N.1.4-10 的规定。

表 N.1.4-10 响应信息中的状态码

SW1	SW2	说　　明
'90'	'00'	命令执行成功
'63'	'CX'	认证失败，还可认证 x 次
'65'	'81'	写 EEPROM 失败
'67'	'00'	Lc 长度错误
'69'	'82'	不满足安全状态
'69'	'83'	认证密钥锁定
'69'	'84'	引用数据无效（未申请随机数）
'69'	'85'	使用条件不满足
'6A'	'81'	功能不支持
'6A'	'86'	P1、P2 参数错
'6A'	'88'	未找到密钥数据
'6D'	'00'	命令不存在
'6E'	'00'	CLA 错
'93'	'03'	应用永久锁定

6　GET CHALLENGE 命令应符合下列规定：

1）GET CHALLENGE 命令从 PSAM/PCI 密码卡中获取一组随机数，用于相关命令的安全认证。该随机数只能用于下一条命令，无论下一条命令是否使用了该随机数，该随机数都应立即失效。

2）GET CHALLENGE 命令报文格式应符合表 N.1.4-11 的规定。

表 N.1.4-11　GET CHALLENGE 命令报文格式

代　　码	数　　值
CLA	
INS	'84'
P1	'00'
P2	'00'
Lc	不存在
Data	不存在
Le	'04'、'08' 或 '10'

3）命令响应状态码应符合表 N.1.4-12 的规定。

表 N.1.4-12　响应信息中的状态码

SW1	SW2	说　　明
'90'	'00'	命令执行成功
'67'	'00'	Le 长度错误
'6A'	'81'	功能不支持
'6A'	'86'	P1、P2 参数错
'6D'	'00'	命令不存在
'6E'	'00'	CLA 错

7　INIT SAM FOR PURCHASE 命令应符合下列规定：

1）INIT SAM FOR PURCHASE 命令应支持最多三级消费密钥分散机制，并产生 MAC1。

2）PSAM/PCI 密码卡产生脱机交易流程中 MAC1 的过程应符合下列规定：

——PSAM/PCI 密码卡在其内部用 ETC 用户卡消费密钥 PK 对区域分散因子分散，得到二级消费主密钥 BMPK；

——PSAM/PCI 密码卡在其内部用 BMPK 对卡片应用序列号分散，得到卡片消费子密钥 DPK；

——PSAM/PCI 密码卡在其内部用 DPK 对卡片传来的伪随机数、脱机交易序号、终端交易序号加密，得到过程密钥 SESPK，作为临时密钥存放在卡中；

——PSAM/PCI 密码卡在其内部用 SESPK 对交易金额、交易类型标识、终端机编号、交易日期（终端）和交易时间（终端）加密得到 MAC1，将 MAC1 传送出去。

3）INIT SAM FOR PURCHASE 命令中消费密钥的分散过程由 Lc 和消费密钥的属性共同确定，如果二者不一致，应返回错误信息。

4）消费密钥的分散方法应符合本标准第 P.1 节的有关规定。

5）只有执行 INIT SAM FOR PURCHASE 命令后，才可执行 MAC2 校验命令。

6）INIT SAM FOR PURCHASE 命令报文格式应符合表 N.1.4-13 的规定。

表 N.1.4-13 INIT SAM FOR PURCHASE 命令报文格式

代 码	数 值
CLA	'80'
INS	'70'
P1	'00'
P2	'00'
Lc	14h + 8 × N（N = 1, 2, 3）
Data	用户卡随机数，4 字节 用户卡交易序号，2 字节 交易金额，4 字节 交易类型标识，1 字节 交易日期（终端），4 字节 交易时间（终端），3 字节 消费密钥版本号，1 字节 消费密钥算法标识，1 字节 用户卡应用序列号，8 字节 用户卡区域信息，8 字节
Le	'08'（终端交易序号，4 字节；MAC1，4 字节）

7）INIT SAM FOR PURCHASE 命令响应状态码应符合表 N.1.4-14 的规定。

表 N.1.4-14 响应信息中的状态码

SW1	SW2	说 明
'90'	'00'	命令执行成功
'67'	'00'	Lc 长度错
'69'	'82'	不满足安全状态
'69'	'85'	使用条件不满足（应用非永久锁定）
'6A'	'81'	功能不支持（卡锁定）
'6A'	'86'	参数 P1、P2 不正确
'6A'	'88'	未找到密钥参数
'6D'	'00'	命令不存在
'6E'	'00'	CLA 错
'93'	'03'	应用永久锁定

8 READ BINARY 命令应符合下列规定：

1）READ BINARY 命令用于读出二进制文件的内容。

2）READ BINARY 命令报文格式应符合表 N.1.4-15 的规定。

表 N.1.4-15 READ BINARY 命令报文格式

代 码	数 值								
CLA	'00'								
INS	'B0'								
P1	b8	b7	b6	b5	b4	b3	b2	b1	说明
	1	0	0	x	x	x	x	x	低 5 位为文件的 SFI
P2	文件地址								
Lc	不存在								
Data	不存在								
Le	期望返回的数据长度								

3）READ BINARY 命令响应信息中的数据为明文或密文数据，当 Le 的值为 0 时，从指定的偏移量至文件结束，在附加数据有效时，返回数据长度应符合表 N.1.4-16 的规定。

表 N.1.4-16　Le=0 时的命令响应信息

实际长度	小于 256 字节	等于 256 字节	大于 256 字节
返回数据	6CXX，其中 XX 为实际长度	256 字节	256 字节

4）READ BINARY 命令的响应状态码应符合表 N.1.4-17 的规定。

表 N.1.4-17　响应信息中的状态码

SW1	SW2	说 明
'90'	'00'	命令执行成功
'61'	'XX'	还有 XX 字节要返回
'62'	'81'	部分回送的数据可能有错
'62'	'82'	文件长度<Le
'65'	'81'	写 EEPROM 失败
'67'	'00'	Lc 长度错误
'69'	'81'	当前文件不是透明文件
'69'	'82'	不满足安全状态
'69'	'83'	认证密钥锁定
'69'	'85'	使用条件不满足
'6A'	'81'	功能不支持
'6A'	'82'	未找到文件
'6A'	'86'	P1、P2 参数错
'6B'	'00'	起始地址超出范围
'6C'	'XX'	Le 长度错误，'XX' 表示实际长度
'6D'	'00'	命令不存在
'6E'	'00'	CLA 错
'93'	'03'	应用永久锁定

9 SELECT FILE 命令应符合下列规定：

1) SELECT FILE 命令应通过文件标识选择 MF 或 ADF。

2) SELECT FILE 命令的响应报文应包含回送 FCI，FCI 数据从数据分组中获得。

3) SELECT FILE 命令无使用条件限制。

4) SELECT FILE 命令不应选择 PSAM/PCI 密码卡的密钥文件和 PCI 密码卡的 EF 文件。

5) SELECT FILE 命令的报文格式应符合表 N.1.4-18 的规定。

表 N.1.4-18 SELECT FILE 命令报文格式

代　码	数　值
CLA	'00'
INS	'A4'
P1	'00'
P2	'00'
Lc	'02'
Data	文件标识符（FID—2 字节）
Le	FCI 文件的信息长度

6) SELECT FILE 命令的响应报文数据应符合表 N.1.4-19 的规定。

表 N.1.4-19 成功选择 ADF 后回送的 FCI

标　签		值	存在性
'6F'		FCI 模板	M
	'84'	DF 名	M

7) SELECT FILE 命令的响应状态码应符合表 N.1.4-20 的规定。

表 N.1.4-20 响应信息中的状态码

SW1	SW2	说　明
'90'	'00'	命令执行成功
'62'	'83'	选择文件无效
'64'	'00'	标志状态位没变
'67'	'00'	Lc 长度错误
'6A'	'81'	功能不支持
'6A'	'82'	未找到文件
'6A'	'86'	P1、P2 参数错
'6D'	'00'	命令不存在
'6E'	'00'	CLA 错
'93'	'03'	应用永久锁定

10 SET ALGORITHM 命令应符合下列规定：

1) SET ALGORITHM 命令实现永久关闭 3DES 算法的功能。执行该命令成功后，所有指定使用 3DES 密钥进行运算的命令都应返回错误状态 SW = "6600"。

2）执行 SET ALGORITHM 命令前，应先认证 PSAM 外部认证密钥 UK_{MF}，成功后才能取得执行权限。

3）SET ALGORITHM 命令报文格式应符合表 N.1.4-21 的规定。

表 N.1.4-21　SET ALGORITHM 命令报文格式

代　码	值
CLA	'80'
INS	'FE'
P1	'03'
P2	'00'
Lc	'00'
Data	不存在
Le	不存在

4）SET ALGORITHM 命令的响应状态码应符合表 N.1.4-22 的规定。

表 N.1.4-22　响应信息中的状态码

SW1	SW2	说　明
'90'	'00'	命令执行成功
'65'	'81'	内存失败
'69'	'82'	不满足安全状态
'6A'	'86'	参数 P1、P2 不正确
'6D'	'00'	命令不存在
'6E'	'00'	CLA 错
'93'	'03'	应用永久锁定

11　UPDATE BINARY 命令应符合下列规定：

1）UPDATE BINARY 命令用于更新透明文件中的数据。

2）UPDATE BINARY 命令报文格式应符合表 N.1.4-23 的规定。

表 N.1.4-23　UPDATE BINARY 命令报文格式

代　码	数　值								
CLA	'04'								
INS	'D6'								
P1	b8	b7	b6	b5	b4	b3	b2	b1	说明
	1	0	0	x	x	x	x	x	低 5 位为文件的 SFI
P2	文件地址								
Lc	DATA 域的长度								
Data	明文数据 ‖ MAC								
Le	不存在								

3）UPDATE BINARY 命令使用安全报文方式时，MAC 每错一次，应将相应维护密钥的计数器减 1，当计数器达到 0 时，应永久锁定当前应用。在计数器达到 0 之前，使用该应用维护密钥正确执行一次命令，应恢复该应用维护密钥计数器为初始值。

4）MAC 的计算方法和长度应符合本标准第 P.4 节的有关规定。

5）UPDATE BINARY 命令响应状态码应符合表 N.1.4-24 的规定。

表 N.1.4-24 响应信息中的状态码

SW1	SW2	说 明
'90'	'00'	命令执行成功
'65'	'81'	写 EEPROM 失败
'67'	'00'	Lc 长度错误
'69'	'81'	当前文件不是透明文件
'69'	'82'	不满足安全状态
'69'	'83'	认证密钥锁定
'69'	'84'	引用数据无效（未申请随机数）
'69'	'85'	使用条件不满足
'69'	'88'	安全信息（MAC 和加密）数据错误
'6A'	'81'	功能不支持
'6A'	'82'	未找到文件
'6A'	'86'	P1、P2 参数错
'6A'	'88'	未找到密钥数据
'6B'	'00'	起始地址超出范围
'6D'	'00'	命令不存在
'6E'	'00'	CLA 错
'93'	'03'	应用永久锁定

12 WRITE KEY 命令应符合下列规定：

1）WRITE KEY 命令装载或更新 PSAM 中的计算密钥，主控密钥应采用 SM4 算法。

2）执行 WRITE KEY 命令前，应先要执行 GET CHANLLEGE 命令。

3）WRITE KEY 命令数据域中的密钥信息内容：

——密钥用途，1 字节；

——密钥版本，1 字节；

——密钥算法标识，1 字节；

——密钥使用权限，1 字节；

——错误计数器，1 字节；

——密钥值，16 字节。

4）MAC 的计算方法和长度应符合本标准第 P.4 节的有关规定。

5）WRITE KEY 命令中 MAC 每错误一次，主控密钥的错误计数器应自动减 1。当错误计数器达到0时，主控密钥应被锁定。在主控密钥错误计数器达到0之前，使用该主控密钥正确地执行一次命令，应恢复主控密钥计数器为初始值。

6）WRITE KEY 命令报文格式应符合表 N.1.4-25 的规定。

表 N.1.4-25　WRITE KEY 命令报文格式

代　码	数　值
CLA	'84'
INS	'D4'
P1	'00'
P2	'00'
Lc	'24'
Data	密文密钥信息 ‖ MAC
Le	不存在

7）WRITE KEY 命令响应状态码应符合表 N.1.4-26 的规定。

表 N.1.4-26　响应信息中的状态码

SW1	SW2	说　明
'90'	'00'	命令执行成功
'65'	'81'	内存失败
'67'	'00'	Lc 长度错
'69'	'83'	认证密钥锁定
'69'	'84'	引用数据无效（未取随机数）
'69'	'85'	使用条件不满足（应用非永久锁定）
'69'	'88'	安全报文数据项不正确
'6A'	'80'	数据域参数不正确
'6A'	'81'	功能不支持（卡锁定）
'6A'	'86'	参数 P1、P2 不正确
'6A'	'88'	未找到密钥参数
'6D'	'00'	命令不存在
'6E'	'00'	CLA 错
'93'	'03'	应用永久锁定

N.2　PSAM

N.2.1　PSAM 应符合本标准第 N.1 节的有关规定。

N.2.2　PSAM 的基本功能和参数应符合下列规定：
1　应为具有 COS 的接触式 CPU 卡。
2　应支持一卡多应用，且各应用之间相互独立。

3 应支持二进制文件、密钥文件等。

4 非易失性存储器容量不应低于 16kbytes。

5 应支持 $T=0$ 通信协议。

6 应支持多种速率选择,握手通信速率从 9 600bit/s 开始,符合 PPS 协议,并应支持 57 600bit/s 及 57 600bit/s 以上的通信速率。

7 支持的外部时钟频率应不低于 7.5MHz。

8 应至少支持工作电压 2.7~3.3V,对应的工作电流不应超过 6mA。

9 其他物理特性、电气特性应符合现行《识别卡 带触点的集成电路卡》(GB/T 16649)的有关规定。

N.2.3 PSAM 命令除应符合本标准第 N.1.4 条的有关规定外,还应符合下列规定:

1 APPLICATION BLOCK 命令应符合下列规定:

1) APPLICATION BLOCK 命令应使当前选择的应用失效。

2) 当 APPLICATION BLOCK 命令成功地完成应用临时锁定后,用 SELECT 命令选择已临时锁定的应用,应回送状态字"选择文件无效"(SW1 SW2 = "6A81"),同时回送 FCI。

3) 计算 MAC 使用的 KEY 为 ADF 文件中的应用维护密钥。

4) MAC 的计算方法和长度应符合本标准第 P.4 节的有关规定。

5) 命令中的 MAC 错误,不应减应用维护密钥计数器,仅返回错误状态 SW = "6988"。

6) APPLICATION BLOCK 命令报文格式应符合表 N.2.3-1 的规定。

表 N.2.3-1 APPLICATION BLOCK 命令报文格式

代　码	数　值
CLA	'84'
INS	'1E'
P1	'00',其他值预留
P2	'00':临时锁定应用,可用 APPLICATION UNBLOCK 命令解锁; '01':永久锁定应用
Lc	04
Data	MAC
Le	不存在

7) APPLICATION BLOCK 命令的响应状态码应符合表 N.2.3-2 的规定。

表 N.2.3-2 响应信息中的状态码

SW1	SW2	说　明
'90'	'00'	命令执行成功
'62'	'81'	回送数据出错

续表 N.2.3-2

SW1	SW2	说　明
'62'	'83'	选择文件无效
'64'	'00'	状态标志位未变
'65'	'81'	写 EEPROM 失败
'67'	'00'	Lc 长度错误
'69'	'82'	不满足安全状态
'69'	'84'	引用数据无效（未申请随机数）
'69'	'87'	安全报文数据项丢失
'69'	'88'	安全信息（MAC）数据错误
'6A'	'81'	功能不支持
'6A'	'86'	P1、P2 参数错
'6A'	'88'	未找到密钥数据
'6D'	'00'	命令不存在
'6E'	'00'	CLA 错
'93'	'03'	应用永久锁定

2　CARD BLOCK 命令应符合下列规定：

1）CARD BLOCK 命令使卡中所有应用应永久失效。

2）执行 CARD BLOCK 命令前，应先选择应用。当 CARD BLOCK 命令成功地完成后，所有后续的命令都应回送状态字"不支持此功能"（SW1 SW2 = "6A81"），且不执行任何其他操作。

3）CARD BLOCK 命令报文格式应符合表 N.2.3-3 的规定。

表 N.2.3-3　CARD BLOCK 命令报文格式

代　码	数　值
CLA	'84'
INS	'16'
P1	'00'，其他值预留
P2	'00'，其他值预留
Lc	04
DATA	MAC
Le	不存在

4）计算 MAC 使用的 KEY 为 ADF 文件中的应用维护密钥。

5）MAC 的计算方法和长度应符合本标准第 P.4 节的有关规定。

6）命令中的 MAC 错误，不应减相应密钥的错误计数器，仅返回错误状态 SW = "6988"。

7）CARD BLOCK 命令的响应状态码应符合表 N.2.3-4 的规定。

表 N.2.3-4 响应信息中的状态码

SW1	SW2	说　　明
'90'	'00'	命令执行成功
'64'	'00'	状态标志位未变
'65'	'81'	写 EEPROM 失败
'67'	'00'	Lc 长度错误
'69'	'84'	引用数据无效（未申请随机数）
'69'	'87'	安全报文数据项丢失
'69'	'88'	安全信息（MAC）数据错误
'6A'	'86'	P1、P2 参数错
'6D'	'00'	命令不存在
'6E'	'00'	CLA 错
'93'	'03'	应用永久锁定

3 GET RESPONSE 命令应符合下列规定：

1）GET RESPONSE 命令应提供一种从 PSAM 卡向接口设备传送 APDU（或 APDU 的一部分）的传输方法。

2）GET RESPONSE 命令报文应符合表 N.2.3-5 的规定。

表 N.2.3-5 GET RESPONSE 命令报文

代　　码	数　　值
CLA	'00'
INS	'C0'
P1	'00'
P2	'00'
Lc	不存在
DATA	不存在
Le	响应的最大数据长度

3）GET RESPONSE 命令响应报文数据域长度应由 Le 的值决定。

4）Le 的值为 0，在附加数据有效时，PSAM 卡返回数据长度应符合表 N.2.3-6 的规定；在附加数据无效时，应回送状态码 '6F00'。

表 N.2.3-6 Le=0 时的命令响应信息

实际长度	小于 256 字节	等于 256 字节	大于 256 字节
返回数据	6CXX，其中 XX 为实际长度	256 字节	256 字节

5）PSAM 卡回送的响应信息中出现的状态码应符合表 N.2.3-7 的规定。

表 N.2.3-7 GET RESPONSE 响应报文状态码

SW1	SW2	说　明
'90'	'00'	命令执行成功
'61'	'XX'	还有 XX 字节需要返回
'62'	'81'	回送数据有错
'67'	'00'	Lc 或 Le 长度错误
'6A'	'86'	P1、P2 参数错
'6C'	'XX'	长度错误，'XX' 表示实际长度
'6D'	'00'	命令不存在
'6E'	'00'	CLA 错
'6F'	'00'	数据无效

N.3 PCI 密码卡

N.3.1 PCI 密码卡应符合本标准第 N.2 节的有关规定。

N.3.2 PCI 密码卡的基本功能和参数还应符合下列规定：

1 应支持多通道功能，每个通道模拟一张独立的 PSAM 卡，每张 PCI 密码卡支持通道数应不少于 10。

2 每个通道交易命令响应时间应小于 0.5ms。

3 PCI 密码卡应达到《密码模块安全要求》（GM/T 0028）规定的密码模块 2 级及 2 级以上级别。

N.3.3 PCI 密码卡通信协议应符合下列规定：

1 PCI 密码卡应采用 PCI 接口或 PCI-E 接口与上位机通信。

2 PCI 密码卡接收的命令格式应符合表 N.3.3 的规定。

表 N.3.3 PCI 密码卡命令格式

协 议 头			APDU 命令
1 字节	1 字节	1 字节（通道号）	n1 字节
0x5A	0x5A	0x00～0x09（或更高）	详见 N.1.4

3 PCI 密码卡返回的数据格式应符合本标准第 N.1.4 条的有关规定。

附录 P 智能卡应用安全机制

P.1 密钥分散计算方法

P.1.1 由主密钥和 8 字节分散因子推导出子密钥的过程应符合下列规定：

1 对于数据分组长度为 64 位的加密算法，密钥分散方式应符合下列规定：

1）将一个 16 字节长度的主密钥 MK，对分散因子进行处理，推导出一个 16 字节长度的子密钥 DK。

2）推导 DK 左半部分的方法应符合下列步骤：

——应将分散因子作为输入数据；

——应将 MK 作为加密密钥；

——应使用 MK 对输入数据进行 3DEA 运算。

3）推导 DK 左半部分流程应符合图 P.1.1-1 的规定。

4）推导 DK 右半部分的方法应符合下列步骤：

——应将分散因子求反，作为输入数据；

——应将 MK 作为加密密钥；

——应使用 MK 对输入数据进行 3DEA 运算。

5）推导 DK 右半部分流程应符合图 P.1.1-2 的规定。

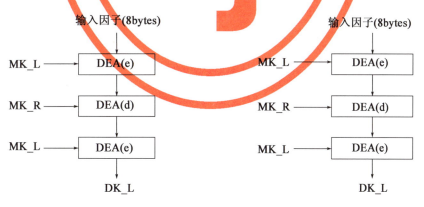

图 P.1.1-1 推导 DK 左半分部流程图　　图 P.1.1-2 推导 DK 右半分部流程图

2 对于数据分组长度为 128 位的加密算法，密钥分散方式应符合下列规定：

1）应将 16 字节主密钥 MK 对分散因子进行处理，推导出一个 16 字节长度的子密钥 DK。

2）推导 DK 的方法应符合下列步骤：

——应将分散因子按位取反，按"分散因子"‖"分散因子的反"的顺序连接在一起，组成16字节输入因子；

——应将 MK 作为加密密钥；

——应使用 MK 对输入数据进行 DEA 加密运算。

3）推导 DK 流程应符合图 P.1.1-3 的规定。

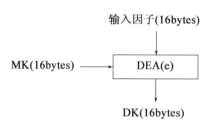

图 P.1.1-3　数据分组长度为 128 位的算法推导 DK

P.2　数据加密的计算方法

P.2.1　对于数据分组长度为 64 位的加密算法，应符合下列规定：

1　第一步：LD（1字节）表示明文数据的长度，应在明文数据前加上 LD 产生新的数据块。

2　第二步：应将该数据块分成 8 字节为单位的数据块，表示为 BLOCK1、BLOCK2、BLOCK3、BLOCK4 等。最后的数据块有可能是 1~8 个字节。

3　第三步：如果最后（或唯一）的数据块的长度是 8 字节的话，应转到第四步；如果不足 8 字节，应在其后加入 0x80，如果达到 8 字节长度，应转到第四步；否则应在其后加入 0x00 直到长度达到 8 字节。

4　第四步：使用指定密钥对每一个数据块进行加密应符合图 P.2.1 的规定。

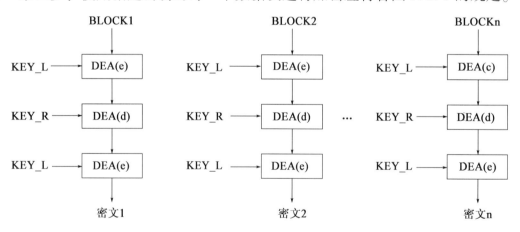

图 P.2.1　数据分组长度为 64 位的 DEA 数据加密算法

5　第五步：计算结束后，所有加密后的数据块应按原顺序连接在一起。

P.2.2　对于数据分组长度为 128 位的加密算法，应符合下列规定：

1 第一步:LD(1字节)表示明文数据的长度,应在明文数据前加上 LD 产生新的数据块。

2 第二步:应将该数据块分成 16 字节为单位的数据块,表示为 BLOCK1、BLOCK2、BLOCK3、BLOCK4 等。最后的数据块有可能是 1~16 个字节。

3 第三步:如果最后(或唯一)的数据块的长度是 16 字节的话,应转到第四步;如果不足 16 字节,应在其后加入 0x80,如果达到 16 字节长度,应转到第四步;否则应在其后加入 0x00 直到长度达到 16 字节。

4 第四步:使用指定密钥对每一个数据块进行加密应符合图 P.2.2 的规定。

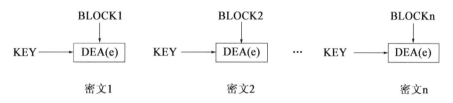

图 P.2.2 数据分组长度为 128 位的 DEA 数据加密算法

5 第五步:计算结束后,所有加密后的数据块应依照原顺序连接在一起。

P.3 过程密钥的计算方法

P.3.1 对于数据分组长度为 64 位的加密算法,应符合图 P.3.1 的规定。

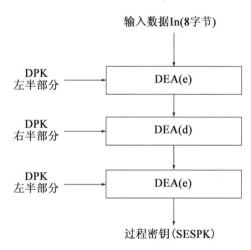

图 P.3.1 数据分组长度为 64 位的算法的过程密钥产生

P.3.2 对于数据分组长度为 128 位的加密算法,应符合图 P.3.2 的规定。

1 第一步:应将输入数据 In 按位取反得到 (~In),即 (~In) = In ⊕ (0xFF ‖ 0xFF ‖ 0xFF ‖ 0xFF ‖ 0xFF ‖ 0xFF ‖ 0xFF ‖ 0xFF),按 In ‖ (~In) 的顺序连接在一起,组成 16 字节输入数据;

2 第二步:应将 DPK 作为加密密钥;

3 第三步:应使用 DPK 对 In ‖ (~In) 进行 DEA 加密运算得到过程密钥。

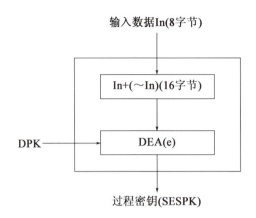

图 P.3.2 数据分组长度为 128 位的算法的过程密钥产生

P.4 安全报文的计算方法

P.4.1 命令安全报文中的 MAC 应符合下列规定：

1 对于数据分组长度为 64 位的加密算法，使用 DEA 加密方式产生 MAC 应符合下列规定：

1）第一步：终端应通过向 IC 卡发 GET CHALLENGE 命令获得一个 4 字节随机数，后补 4 字节 0x00 作为初始值。

2）第二步：应将 5 字节命令头（CLA，INS，P1，P2，Lc）和命令数据域中的明文或密文数据连接在一起形成数据块；这里的 Lc 应是数据长度加上将计算出的 MAC 的长度（4 字节）后得到的实际长度。

3）第三步：应将该数据块分成 8 字节为单位的数据块，表示为 BLOCK1、BLOCK2、BLOCK3、BLOCK4 等。最后的数据块有可能是 1~8 个字节。

4）第四步：如果最后的数据块的长度是 8 字节的话，应在该数据块之后再加一个完整的 8 字节数据块 0x8000000000000000，转到第五步；如果最后的数据块的长度不足 8 字节，应在其后加入 0x80，如果达到 8 字节长度，应转到第五步；否则应接着在其后加入 0x00 直到长度达到 8 字节。

5）第五步：使用指定密钥对数据块进行加密来产生 MAC 应符合图 P.4.1-1 的规定。

6）第六步：最终应取计算结果高 4 字节作为 MAC。

2 对于数据分组长度为 128 位的加密算法，使用 DEA 加密方式产生 MAC 应符合下列规定：

1）第一步：终端应通过向 IC 卡发 GET CHALLENGE 命令获得一个 4 字节随机数，后补 12 字节 0x00 作为初始值。

2）第二步：应将 5 字节命令头（CLA，INS，P1，P2，Lc）和命令数据域中的明文或密文数据连接在一起形成数据块。Lc 应是数据长度加上将计算出的 MAC 的长度（4 字节）后得到的实际长度。

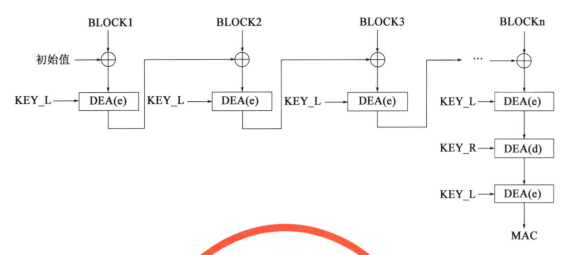

图 P.4.1-1　安全报文中数据分组长度为 64 位的 MAC 算法

3）第三步：应将该数据块分成 16 字节为单位的数据块，表示为 BLOCK1、BLOCK2、BLOCK3、BLOCK4 等。最后的数据块有可能是 1～16 个字节。

4）第四步：如果最后的数据块的长度是 16 字节的话，应在该数据块之后再加一个完整的 16 字节数据块 '0x80000000000000000000000000000000'，转到第五步；如果最后的数据块的长度不足 16 字节，应在其后加入 0x80，如果达到 16 字节长度，应转到第五步；否则应接着在其后加入 0x00 直到长度达到 16 字节。

5）第五步：应使用指定密钥对数据进行加密来产生 MAC 应符合图 P.4.1-2 的规定。

6）第六步：最终应取计算结果高 4 字节作为 MAC。

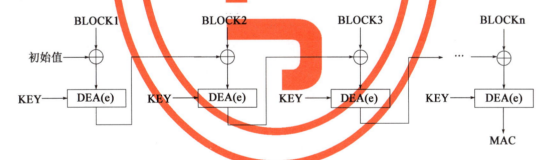

图 P.4.1-2　安全报文中数据分组长度为 128 位的 MAC 算法

P.4.2 交易中的 MAC 应符合下列规定：

1　交易过程中，应先用指定密钥产生过程密钥，再用过程密钥计算 MAC。

2　对于数据分组长度为 64 位的加密算法，使用 DEA 加密方式产生 MAC 应符合下列规定：

1）第一步：应将 8 字节 0x00 设定为初始值。

2）第二步：应将所有输入数据按指定顺序连接成一个数据块。

3）第三步：将该数据块分成 8 字节为单位的数据块，表示为 BLOCK1、BLOCK2、

BLOCK3、BLOCK4等。最后的数据块有可能是1~8个字节。

4）第四步：如果最后的数据块的长度是8字节的话，应在该数据块之后再加一个完整的8字节数据块'0x8000000000000000'，转到第五步；如果最后的数据块的长度不足8字节，应在其后加入0x80，如果达到8字节长度，应转到第五步；否则应在其后加入0x00直到长度达到8字节。

5）第五步：应使用过程密钥（单倍长度）对数据块进行加密来产生MAC应符合图P.4.2-1的规定。

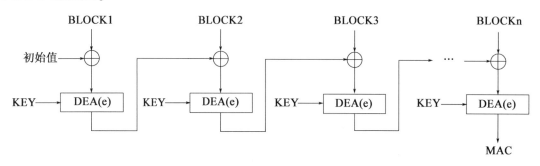

图 P.4.2-1　交易中的 MAC 算法（64 位）

6）第六步：最终应取计算结果高4字节作为MAC。

3　对于数据分组长度为128位的加密算法，使用DEA加密方式产生MAC应符合下列规定：

1）第一步：应将16字节0x00设定为初始值。

2）第二步：应将所有输入数据按指定顺序连接成一个数据块。

3）第三步：应将该数据块分成16字节为单位的数据块，表示为BLOCK1、BLOCK2、BLOCK3、BLOCK4等。最后的数据块有可能是1~16个字节。

4）第四步：如果最后的数据块的长度是16字节的话，应在该数据块之后再加一个完整的16字节数据块'0x80000000000000000000000000000000'，转到第五步；如果最后的数据块的长度不足16字节，应在其后加入0x80，如果达到16字节长度，应转到第五步；否则应在其后加入0x00直到长度达到16字节。

5）第五步：应使用过程密钥对数据块进行加密来产生MAC应符合图P.4.2-2的规定。

6）第六步：最终应取计算结果（高4字节）作为MAC。

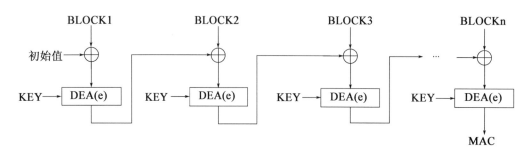

图 P.4.2-2　交易中的 MAC 算法（128 位）

P.4.3 TAC 计算方法应符合下列规定：

1 TAC 的计算不应采用过程密钥方式。

2 对于数据分组长度为 64 位的加密算法，应先将 TAC 密钥左右 8 字节异或运算后的结果作为密钥，再按交易中的 MAC 描述的机制计算 TAC。

3 对于数据分组长度为 128 位的加密算法，应直接使用 TAC 密钥按交易中的 MAC 描述的机制计算 TAC。

P.4.4 双片式 OBE-SAM 及多逻辑通道 OBE-SAM 双向认证中的鉴别码应符合下列规定：

1 应将文件数据进行 CRC 计算（多项式 $X^{16} + X^{12} + X^5 + 1$，起始 0xFFFF），产生两字节 CRC0 和 CRC1。

2 应将送入的随机数（8bytes）最低两字节分别更换为 CRC1、CRC0，形成 8 字节临时数据。

3 对于 3DES 算法，应使用计算密钥对 8 字节数据进行加密计算：MAC = TDES（KEY_ MAC, CRC0 ‖ CRC1 ‖ Rand（高 6 字节）），长度为 8 字节。

4 对于 SM4 算法，应使用计算密钥对 16 字节数据（8 字节数据后补 8 字节 0x00 后组成的 16 字节数据）进行加密计算：MAC = SM4（KEY_ MAC, CRC0 ‖ CRC1 ‖ Rand（高 6 字节）‖ 0x0000000000000000），长度为 16 字节。

P.4.5 单片式 OBE-SAM 鉴别码 authenticator 的计算过程应符合下列规定：

1 应将输入数据进行 CRC 计算（多项式 $X^{16} + X^{12} + X^5 + 1$，起始 0xFFFF），产生两字节 CRC0 和 CRC1。

2 应将送入的随机数（8bytes）最低两字节分别更换为 CRC1、CRC0，形成 8 字节临时数据。

3 应使用指定交易密钥对 16 字节数据（8 字节数据后补 8 字节 0x00 后组成的 16 字节数据）进行加密计算：Enc = SM4（LTK, CRC0 ‖ CRC1 ‖ Rand（高 6 字节）‖ 0x0000000000000000），authenticator = 16 字节密文 Enc 前后 8 字节进行异或的结果，长度为 8 字节。

P.5 外部认证命令中认证数据的计算方法

P.5.1 接口设备提供的认证数据应按下列规则产生：

1 应使用 GET CHALLENGE 命令向 OBE-SAM（或 ETC 用户卡/PSAM/PCI 密码卡）申请一组随机数。

2 对于数据分组长度为 64 位的加密算法，应使用指定密钥对随机数（随机数长度不足 8 字节时，后面填充 0x00 至 8 字节）做加密运算，获得 8 字节密文，作为认证数据。

3 对于数据分组长度为 128 位的加密算法，应使用指定密钥对随机数（随机数长度不足 16 字节时，随机数后面填充 0x00 至 16 字节）做加密运算，获得 16 字节密文，将 16 字节密文前后 8 字节进行异或，获得长度为 8 字节的认证数据。

P.6 认可的加密算法

P.6.1 DES/3DES 算法应符合现行《中国金融集成电路（IC）卡规范 第 7 部分：借记贷记应用安全规范》（JR/T 0025.7）的有关规定。

P.6.2 SM4 算法应符合现行《SM4 分组密码算法》（GM/T 0002）的规定。

P.7 算法选择

P.7.1 卡片应根据密钥的算法标识属性来决定采用的算法。

P.7.2 ETC 用户卡和 PSAM/PCI 密码卡算法选择应符合下列规定：
1 算法标识为'00'应使用 3DES 算法。
2 算法标识为'04'应使用 SM4 算法。
3 算法标识为其他值保留。

P.7.3 OBE-SAM 算法选择应符合下列规定：
1 算法标识为'0'应使用 3DES 算法。
2 算法标识为'4'应使用 SM4 算法。
3 算法标识为其他值保留。

本标准用词用语说明

1 本标准执行严格程度的用词,采用下列写法:

1)表示很严格,非这样做不可的用词,正面词采用"必须",反面词采用"严禁";

2)表示严格,在正常情况下均应这样做的用词,正面词采用"应",反面词采用"不应"或"不得";

3)表示允许稍有选择,在条件许可时首先应这样做的用词,正面词采用"宜",反面词采用"不宜";

4)表示有选择,在一定条件下可以这样做的用词,采用"可"。

2 引用标准的用语采用下列写法:

1)在标准总则中表述与相关标准的关系时,采用"除应符合本标准的规定外,尚应符合国家和行业现行有关标准的规定"。

2)在标准条文及其他规定中,当引用的标准为国家标准和行业标准时,表述为"应符合《××××××》(×××)的有关规定"。

3)当引用本标准中的其他规定时,表述为"应符合本标准第×章的有关规定"、"应符合本标准第×.×节的有关规定"、"应符合本标准第×.×.×条的有关规定"或"应按本标准第×.×.×条的有关规定执行"。

附件

《收费公路联网收费技术标准》

(JTG 6310—2022)

条文说明

1 总则

1.0.1 自21世纪初,我国开始推动高速公路实施联网收费以来,结合不同阶段的联网工程需要,先后出台了一系列联网收费相关行业技术标准和工程技术文件,尤其随着全国取消高速公路省界收费站任务的完成,联网收费系统架构和模式发生了较大变化,为适应新的发展需求,同时做好标准间的界面划分和有效衔接,避免标准间的重复、交叉和内容冲突以及碎片化,制定本标准。

4 总体架构

4.1 系统框架

4.1.1 收费公路联网收费系统架构示意如图 4-1 所示。

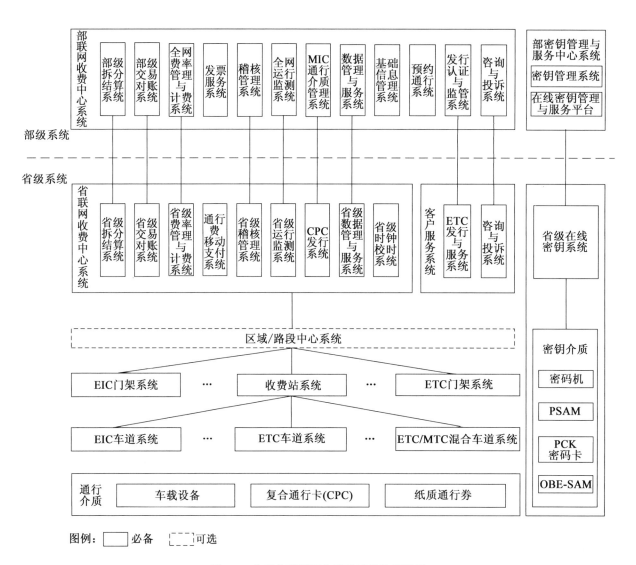

图 4-1 收费公路联网收费系统架构示意图

4.1.4 收费公路联网收费系统间的业务关系示意如图 4-2 所示。

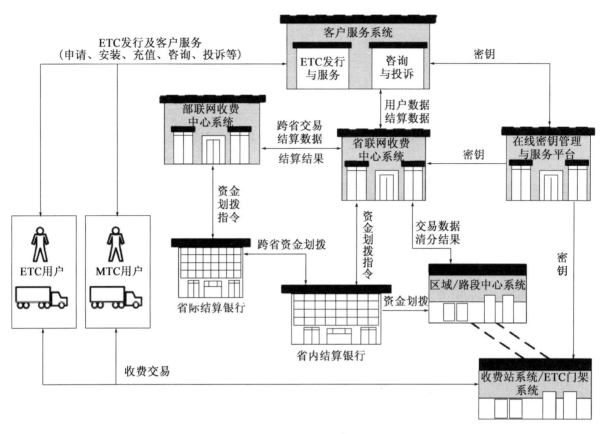

图 4-2　收费公路联网收费系统业务关系图

4.3　拆分结算

4.3.2　省际 ETC 通行费拆分结算流程示意如图 4-3 所示；省（区、市）内 ETC 通行费拆分结算流程示意如图 4-4 所示；省际 MTC 通行费拆分结算流程示意如图 4-5 所示；省（区、市）内 MTC 通行费拆分结算流程示意如图 4-6 所示。

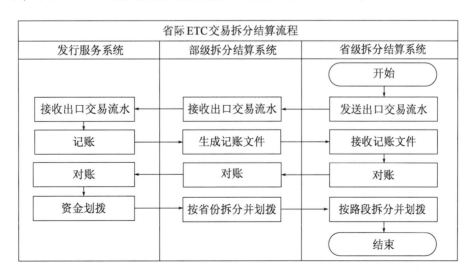

图 4-3　省际 ETC 通行费拆分结算流程示意图

图 4-4 省（区、市）内 ETC 通行费拆分结算流程示意图

图 4-5 省际 MTC 通行费拆分结算流程示意图

4.3.3 2 省（区、市）内 ETC 交易流水是指本省（区、市）ETC 用户仅在本省（区、市）内通行产生的 ETC 交易流水；省际 ETC 交易流水是指除省（区、市）内 ETC 交易流水之外的 ETC 交易流水；省（区、市）内 MTC 交易流水是指车辆在单个省（区、市）内通行产生的 MTC 交易流水；省际 MTC 交易流水是指除省（区、市）内 MTC 交易流水之外的 MTC 交易流水。

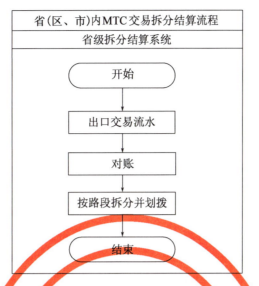

图 4-6 省（区、市）内 MTC 通行费拆分结算流程示意图

4.4 网络系统

4.4.2 联网收费系统组网示意如图 4-7 所示。

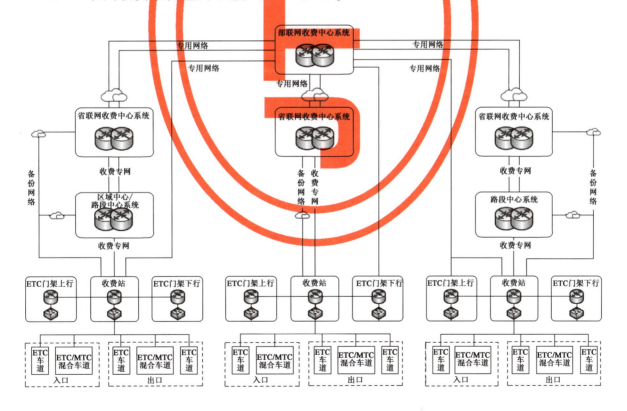

图 4-7 联网收费系统组网示意图

2 联网收费系统使用的第三方提供的专用链路分为有线专用链路和移动通信专用

网络两类，有线专用链路包括 SDH、MSTP、PTN 数据专线和 MPLS VPN 虚拟专网等；移动通信专用网络主要为 VPDN，是采用专用的网络加密和通信协议在移动通信 3G、4G、5G 等分组数据网上建立的虚拟专用网络。

4 联网收费通信专用网络是指为联网收费业务提供专用通信服务的网络。

5 部联网收费中心系统

5.2 系统功能

5.2.1 省际交易数据包括省际 ETC 交易数据、省际 MTC 交易数据、退费补交数据、交易对账数据、预约通行数据、ETC 拓展交易数据等。其中省际 ETC 交易数据指 ETC 车辆在其车载设备发行方所在省（区、市）之外的省（区、市）通行或 ETC 车辆通行两个及两个以上省（区、市）所产生的 ETC 交易流水；省际 MTC 交易数据指 MTC 车辆通行两个及两个以上省（区、市）的现金支付、手机支付等交易数据。

省际交易数据查询指对各参与方提供数据查询服务，实现省际 ETC 交易清分拆分数据、省际 MTC 交易拆分数据、省际 ETC 拓展服务交易清分数据、省际退费补交清分数据、省际轧差结算数据、门架汇总记录数据等的明细查询及统计查询功能。

5.2.3 费率基线一般指在一个特定时间段内有效地与费率计算相关的全部基础数据、费率参数、费率模块及相关计算结果的所有独立项的版本组合，代表特定时期的费率计算和能力输出环境，实现整体可追溯性。

计费信息包括路网节点、收费单元、连通关系、费用种类、费用标准、计费方式等。

5.2.5 内部稽核通常是通过数据分析、事后核查对行业内部参与单位、业务人员的操作规范性、执行合规性等进行稽核分析，排查是否存在因行业内部人为原因造成的通行费差错等问题。

外部稽核通常是各参与方通过特情流水复核，异常通行数据校验、现场查实、专项数据分析、接收举报等方式分析发现并核验车辆是否存在因客户原因形成通行费差错等问题。

现场稽核处置指现场稽核、现场车辆档案查询、现场稽核特情登记、现场车辆路径复核、现场欠费核算、现场通行费补缴、补缴发票数据生成等。

全网通行车辆档案包含车辆基本信息、ETC 发行信息、历史通行信息等。

5.2.7 数据安全治理通常是对关键敏感数据进行脱敏处理，传输过程进行数据和链路加密处理。

5.2.9 2 集装箱车辆预约包含绑定运输企业、预约运输行程、运输行程查询、挂车登记、确认开始运输行程、确认结束运输行程等。

集装箱运输企业服务功能包含解绑集装箱运输车辆、集装箱运输车辆查询、集装箱运输车辆绑定审核、预约运输行程、挂车登记、运输行程查询等。

集装箱车辆管理功能包含运输企业查询、集装箱运输车辆查询、预约信息查询、冻结预约权限、解冻预约权限、统计分析等。

6 省联网收费中心系统

6.1 系统构成

6.1.1 省联网收费中心系统的各子系统功能划分和实现方式一般可以根据各省（区、市）实际情况在涵盖全部功能的前提下进行适应性调整。

6.2 系统功能

6.2.1 3 省级拆分结算系统向收费公路经营管理单位提供交易数据及相关结算报表。交易数据一般包括 ETC 交易流水、ETC 特情交易数据、MTC 交易数据、退费补交数据、交易对账数据等。
5 向结算银行发送的指令通常可以通过接口的形式实现银企直联，或通过网银、电话、信函等双方约定的形式实现银行账户的资金操作。

6.2.3 4 费率模块是实现省（区、市）内各收费单元的费额计算及输出的动态库，可根据应用需要部署在 ETC 门架系统、收费车道系统或其他需要计费能力支撑的应用系统。费率模块需要版本化管理，一个版本隶属于一个特定的费率基线。
6 省（区、市）内通行车辆计费功能由本系统实现，跨省通行车辆的在线计费业务调用全网费率管理与计费系统接口完成。

6.2.4 1 第三方支付平台和手机终端 App 作为外部系统，不属于联网收费系统范畴。
2 当省级通行费手机支付系统独立于联网收费省级拆分结算系统建设时，联网收费省级拆分结算系统与省级通行费手机支付系统之间完成对账，而与第三方支付平台间的对账则由省级通行费手机支付系统完成；当省级通行费手机支付是联网收费省级拆分结算系统的一个功能模块时，联网收费省级拆分结算系统直接与第三方支付平台完成手机支付交易的对账、结算。

6.2.5 3 稽核数据查询内容一般包括基础参数、通行流水、抓拍图像、车辆发行信息、通行费、稽核证据等。稽核数据分析功能一般包括：对本省（区、市）ETC 发行、联网收费行为的分析管理；对本省（区、市）通行车辆的行驶行为进行分析、挖掘功能，甄别改变车型、改变车种、假冒优免等疑似漏缴费车辆，可以通过多种方式筛选并鉴别因客户原因造成少交、未交、拒交通行费的情况，并确定其漏缴费类型和责任主体。

  4 省级稽核管理系统接收部稽核管理系统下发的数据一般包括重点关注名单、追缴名单、预追缴名单、漏缴费车辆信息、稽核路径信息、稽核证据、补费结果、拆分明细、付款明细、清分结算等；向部稽核管理系统上传的数据一般包括补费结果、稽核结论、重点关注名单、图像/视频结构化等。

  5 省级稽核管理系统向区域/路段中心稽核系统下发的数据一般包括重点关注名单、追缴名单、拆分明细、付款明细数据等；接收区域/路段中心稽核系统上传的数据一般包括稽核结论、重点关注名单、图像/视频结构化数据等。

6.2.6 2 监测数据通常包括系统软硬件的状态、版本、指标等。

6.2.7 8 脱敏数据是指对某些敏感信息通过脱敏规则进行变形的数据，实现敏感隐私数据的可靠保护。

7 区域/路段中心系统

7.2 系统功能

7.2.5 收费视频监控系统通常采用集中式监控，一般设置分中心级监控，可以不设置站级监控，传输设备、监控存储设备、UPS等与监控设施共用。

8 ETC 门架系统

8.2 布设原则

8.2.1 1 若车辆从收费站 1 和 2 驶入高速的收费金额相同，则收费站 1 和收费站 2 间可不设置 ETC 门架；若车辆从收费站 2 和 1 驶出高速的收费金额相同，则收费站 2 和收费站 1 间可以不设置 ETC 门架，如图 8-1 所示。

图 8-1 交通流发生变化但不布设 ETC 门架情况示意图

3 不具备条件的路段可调整 ETC 门架设置位置，确实不具备设置条件的可以通过相邻区间 ETC 门架系统或收费站代收。

6 ETC 门架系统布局示意如图 8-2、图 8-3 所示。

图 8-2 ETC 门架系统布局示意图

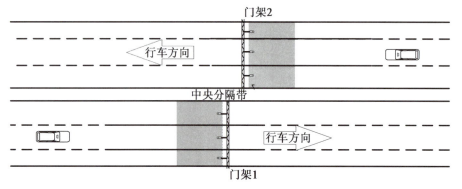

图 8-3 ETC 门架系统布局示意图（俯视）

7 省界 ETC 门架系统布局示意如图 8-4、图 8-5 所示。

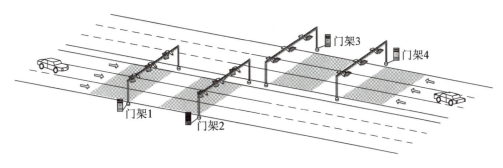

图 8-4　省界 ETC 门架系统布局示意图

图 8-5　省界 ETC 门架系统布局示意图（俯视）

8.3　系统功能

8.3.1　1　ETC 门架系统支持的交易处理流程相关加解密运算要符合国家密码管理的有关要求。并发交易处理指同一时间支持多个 OBU、CPC 交易。

4　ETC 门架系统形成的数据记录一般保存在门架服务器或站级服务器。

5　去重机制是指在同一 ETC 门架系统中同一车辆连续生成 ETC 交易流水、ETC 通行记录、MTC 通行记录或图像流水记录能去除重复的流水和记录。

6　当前 ETC 门架系统通过读取 OBU 和 ETC 用户卡内的入口信息、上一个门架信息并结合当前 ETC 门架信息和拓扑结构，判断车辆在前序 ETC 门架是否有遗漏计费情况，从而将前序 ETC 门架遗漏的通行费与本 ETC 门架通行费累计，在当前 ETC 门架进行合并计费交易。

9　ETC 门架系统及设备状态信息主要包括但不限于：车道控制器 CPU、内存、硬盘的占用率，关键设备（RSU、车牌图像识别设备）在线状态及工作状态（如 RSU 发射、接收工作状态），机柜温度、湿度、防盗，供电和通信网络工作状态等。

8.4　系统性能

8.4.1　2　单片式 OBU 交易成功率：在车速为 0～120km/h 的条件下的统计分子为获

— 283 —

取到交易凭证的安装单片式 OBU 的 ETC 车辆数量，分母为实际通行的安装单片式 OBU 的 ETC 车辆总数，除以下因素：OBU 拆卸、OBU 超出有效期、领取 CPC 的 ETC 车辆等；车辆信息获取成功率的统计分子为获取到车辆信息的安装单片式 OBU 的 ETC 车辆数量，分母为实际通行的安装单片式 OBU 的 ETC 车辆总数。

3 双片式 OBU 交易成功率：在车速为 0～120km/h 的条件下的统计分子为扣费成功的安装双片式 OBU 的 ETC 车辆数量，分母为实际通行的安装双片式 OBU 的 ETC 车辆总数，除以下因素：未插卡、非有效卡、OBU 拆卸、OBU 超出有效期等；车辆信息获取成功率的统计分子为获取到车辆信息的安装双片式 OBU 的 ETC 车辆数量，分母为实际通行的安装双片式 OBU 的 ETC 车辆总数。

4 CPC 计费成功率：在车速为 0～120km/h 的条件下的统计分子为准确计费的携带 CPC 车辆数量，分母为实际通行的携带 CPC 车辆总数。

5 车牌图像识别内容包括车牌号码和车牌颜色。车牌图像识别正确率：在车速为 0～120km/h 的条件下的统计分子为正确识别车牌的数量，分母为实际通行车辆总数，车牌缺失、污损、遮挡等人眼不能准确识别除外。

8.6 ETC 门架结构及安装

8.6.2 2 通信区域纵向距离指在行车方向距水平地面 1m 高处，OBU 能被 RSU 唤醒的最远点与 RSU 垂直投影点间的水平距离。

8.9 其他要求

8.9.2 误交易控制可从系统角度整体考虑采取多种措施。如采用在本方向行车道与对向行车道或相邻道路之间设置信号隔离设施，或读取 OBU 内入口信息判断车辆是否行驶在高速公路再确定是否计费等措施。

9 收费站系统

9.2 系统功能

9.2.1 1 系统参数通常包括收费公路信息、收费路段信息、ETC门架系统信息、收费站信息、收费广场信息、收费车道信息、收费公路经营管理单位信息、收费单元信息、最小费额、费率参数、费率模块、状态名单、稽核名单（重点关注名单、追缴名单、预追缴名单）、绿通预约信息等。

3 数据通常包括本站产生的原始交易数据、车辆抓拍图片、视频图像、心跳信息、班次报表、日报表、旬报表、月报表、年报表等。

9.2.2 1 系统监测的关键设备通常包括车道系统RSU、高清车牌图像识别设备、车道控制器等。

9.2.3 特情包括特殊车辆和特殊情况。特情管理系统是收费业务系统的辅助系统，主要针对通行费征收发生的特情进行管理，包括特情请求接收、特情请求响应和特情处理，特情处理一般由收费车道和区域/路段中心执行。

10 收费车道系统

10.2 ETC入口专用收费车道系统

10.2.1 3 自动栏杆岛内布局ETC入口专用车道示意如图10-1所示。

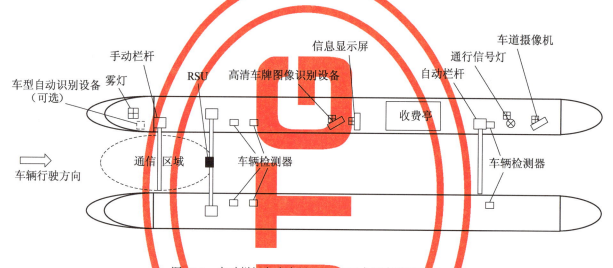

图10-1 自动栏杆岛内布局ETC入口专用车道示意图

10.2.2 4 ETC车载设备有效性包括设备有效期、发行服务机构是否为联网机构、OBU激活状态、双片式OBU是否插入ETC用户卡、OBU和ETC用户卡车牌是否一致等；ETC业务有效性包括设备状态名单、追缴名单车辆、储值卡余额不足等。

10.3 ETC出口专用收费车道系统

10.3.1 3 ETC出口专用车道布局示意如图10-2所示。

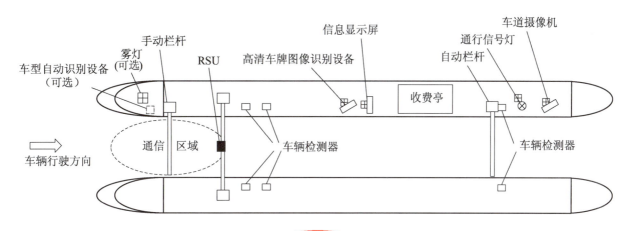

图 10-2 自动栏杆岛内布局 ETC 出口车道示意图

10.4 ETC/MTC 混合入口收费车道系统

10.4.1 3 ETC/MTC 混合入口车道布局示意如图 10-3 所示。

图 10-3 ETC/MTC 混合入口收费车道布局示意图

10.4.4 1 MTC 车辆通行能力是基于高速公路入口车道收费业务处理而计算的，对于车道可能附加的入口称重、治超、检疫等业务，则不纳入此项指标的考虑范围内。

10.5 ETC/MTC 混合出口收费车道系统

10.5.1 3 ETC/MTC 混合出口车道布局示意如图 10-4 所示。

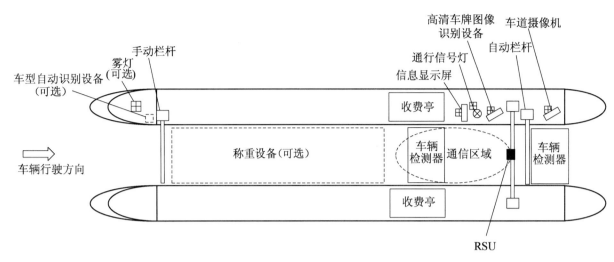

图 10-4 ETC/MTC 混合出口车道布局示意图

10.5.5 1 MTC 车辆通行能力指基于高速公路出口车道收费业务处理而推算出的通行能力，对于车道可能附加的出口复称、检疫等业务，则不纳入此项指标的考虑范围内。

11 客户服务系统

11.1 一般规定

11.1.2 线上服务方式通常包括热线电话、App、网站等。线下服务方式通常包括客服营业厅、客服代理、自助服务设备等。

11.2 咨询与投诉

11.2.5 特色知识通常包括阶段性优惠活动、ETC拓展应用等内容。

11.3 ETC发行与服务

11.3.2 1 一次发行功能一般通过省级在线密钥系统调用部在线密钥管理与服务平台接口，或在取得省级密钥管理单位授权的条件下直接接入部在线密钥管理与服务平台，或通过调用省级ETC一次发行加密机实现。
2 当OBU采用多逻辑通道OBE-SAM时，包含OBE-IC通道的一次发行。

11.3.4 2 二次发行一般通过省级在线密钥系统调用部在线密钥管理与服务平台接口，或在取得省级密钥管理单位授权的条件下直接接入部在线密钥管理与服务平台实现。此处二次发行不包括原有采用3DES算法的ETC发行系统。

11.3.7 3 省级在线密钥系统TAC校验功能实现方式一般有两种：连接至部在线密钥管理与服务平台或采用本地TAC校验加密机。

12 密钥系统

12.1 一般规定

12.1.1 联网收费密钥是交通运输行业密钥体系的一部分，从密钥安全性考虑，为避免单点泄露对全网造成影响，整体上采用逐级分散机制。联网收费密钥体系采用部、省两级分散机制，将联网收费部级主密钥按省（区、市）分散后获得省级密钥，省级密钥再按规则经卡号等信息分散后，获得设备子密钥。在该密钥体系下，即使某一省级密钥出现泄露，也不会影响到其他省（区、市）。

12.3 省级在线密钥系统

12.3.1 8 密钥使用位置包括 PSAM/PCI 密码卡安装使用位置信息，以及调用部在线密钥管理与服务平台服务的发行网点信息等。系统运行状态是指省级在线密钥系统运行状态，如心跳信息等。

13 编码与数据传输

13.1 关键信息编码

13.1.5 纸质通行券样式示例如图 13-1 所示。

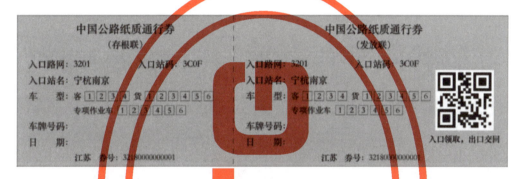

图 13-1 纸质通行券样式示例

13.2 数据传输

13.2.1 部联网收费中心系统与省联网收费中心系统、ETC 门架系统、收费站系统的数据传输会根据业务及运营需求进行适时调整，具体协议、格式、内容等由相关机构以技术指南方式发布、更新，并做好版本管理。技术指南可以根据实际使用需求发布给适用对象，方便及时指导业务实施。

13.2.2 部在线密钥管理与服务平台与省级在线密钥系统的数据传输会根据业务及运营需求进行适时调整，具体协议、格式、内容等由相关机构以技术指南方式发布、更新，并做好版本管理。技术指南可以根据实际使用需求发布给适用对象，方便及时指导业务实施。

14 网络安全要求

14.1 一般规定

14.1.3 外部网络是指不受控的专线网络、互联网等。重要数据包括但不限于鉴别数据、重要业务数据、重要配置数据和重要个人信息、车辆信息等。

现行公路工程行业标准一览表

(2022 年 9 月)

序号	板块	模块	现行编号	名　称	定价(元)
1	总体		JTG 1001—2017	公路工程标准体系(14300)	20.00
2			JTG A02—2013	公路工程行业标准制修订管理导则(10544)	15.00
3			JTG A04—2013	公路工程标准编写导则(10538)	20.00
4	通用	基础	JTG B01—2014	公路工程技术标准(活页夹版,11814)	98.00
				公路工程技术标准(平装版,11829)	68.00
5			JTG 2111—2019	小交通量农村公路工程技术标准(15327)	50.00
6			JTG 2112—2021	城镇化地区公路工程技术标准(17752)	50.00
7			JTJ 002—87	公路工程名词术语(0346)	22.00
8			JTJ 003—86	公路自然区划标准(0348)	16.00
9			JTG 2120—2020	公路工程结构可靠性设计统一标准(16532)	50.00
10			建标[2011]124 号	公路工程项目建设用地指标(09402)	36.00
11			JTG F80/1—2017	公路工程质量检验评定标准　第一册　土建工程(14472)	90.00
12			JTG 2182—2020	公路工程质量检验评定标准　第二册　机电工程(16987)	60.00
13		安全	JTG B05—2015	公路项目安全性评价规范(12806)	45.00
14			JTG B05-01—2013	公路护栏安全性能评价标准(10992)	30.00
15			JTG B02—2013	公路工程抗震规范(11120)	45.00
16			JTG/T 2231-01—2020	公路桥梁抗震设计规范(16483)	80.00
17			JTG/T 2231-02—2021	公路桥梁抗震性能评价细则(16433)	40.00
18			JTG 2232—2019	公路隧道抗震设计规范(16131)	60.00
19			JTG F90—2015	公路工程施工安全技术规范(12138)	68.00
20		绿色	JTG B03—2006	公路建设项目环境影响评价规范(13373)	40.00
21			JTG B04—2010	公路环境保护设计规范(08473)	28.00
22			JTG/T 2321—2021	公路工程利用建筑垃圾技术规范(17536)	40.00
23			JTG/T 2340—2020	公路工程节能规范(16115)	30.00
24		智慧	JTG/T 2420—2021	公路工程信息模型应用统一标准(17181)	50.00
25			JTG/T 2421—2021	公路工程设计信息模型应用标准(17179)	80.00
26			JTG/T 2422—2021	公路工程施工信息模型应用标准(17180)	70.00
27	建设	勘测	JTG C10—2007	公路勘测规范(06570)	40.00
28			JTG/T C10—2007	公路勘测细则(06572)	42.00
29			JTG C20—2011	公路工程地质勘察规范(09507)	65.00
30			JTG/T C21-01—2005	公路工程地质遥感勘察规范(0839)	17.00
31			JTG/T C21-02—2014	公路工程卫星图像测绘技术规程(11540)	25.00
32			JTG/T 3221-04—2022	公路跨海通道工程地质勘察规程(18076)	70.00
33			JTG/T 3222—2021	公路工程物探规程(16831)	60.00
34			JTG 3223—2021	公路工程地质原位测试规程(17325)	100.00
35		设计	JTG C30—2015	公路工程水文勘测设计规范(12063)	70.00
36			JTG/T 3310—2019	公路工程混凝土结构耐久性设计规范(15635)	50.00
37			JTG/T 3311—2021	小交通量农村公路工程设计规范(17487)	60.00
38			JTG D20—2017	公路路线设计规范(14301)	80.00
39			JTG/T D21—2014	公路立体交叉设计细则(11761)	60.00
40			JTG D30—2015	公路路基设计规范(12147)	98.00
41			JTG/T D31—2008	沙漠地区公路设计与施工指南(1206)	32.00
42			JTG/T D31-02—2013	公路软土地基路堤设计与施工技术细则(10449)	40.00
43			JTG/T D31-03—2011	采空区公路设计与施工技术细则(09181)	40.00
44			JTG/T D31-04—2012	多年冻土地区公路设计与施工技术细则(10260)	40.00
45			JTG/T D31-05—2017	黄土地区公路路基设计与施工技术规范(13994)	50.00
46			JTG/T D31-06—2017	季节性冻土地区公路设计与施工技术规范(13981)	45.00
47			JTG/T D32—2012	公路土工合成材料应用技术规范(09908)	50.00
48			JTG/T D33—2012	公路排水设计规范(10337)	40.00
49			JTG/T 3334—2018	公路滑坡防治设计规范(15178)	55.00
50			JTG D40—2011	公路水泥混凝土路面设计规范(09463)	40.00
51			JTG D50—2017	公路沥青路面设计规范(13760)	50.00
52			JTG/T 3350-03—2020	排水沥青路面设计与施工技术规范(16651)	50.00
53			JTG D60—2015	公路桥涵设计通用规范(12506)	40.00
54			JTG/T 3360-01—2018	公路桥梁抗风设计规范(15231)	75.00
55			JTG/T 3360-02—2020	公路桥梁抗撞设计规范(16435)	40.00
56			JTG/T 3360-03—2018	公路桥梁景观设计规范(14540)	40.00
57			JTG D61—2005	公路圬工桥涵设计规范(13355)	30.00
58			JTG 3362—2018	公路钢筋混凝土及预应力混凝土桥涵设计规范(14951)	90.00
59			JTG 3363—2019	公路桥涵地基与基础设计规范(16223)	90.00
60			JTG D64—2015	公路钢结构桥梁设计规范(12507)	80.00
61			JTG/T D64-01—2015	公路钢混组合桥梁设计与施工规范(12682)	45.00
62			JTG/T 3364-02—2019	公路钢桥面铺装设计与施工技术规范(15637)	50.00
63			JTG/T 3365-01—2020	公路斜拉桥设计规范(16365)	50.00
64			JTG/T 3365-02—2020	公路涵洞设计规范(16583)	50.00
65			JTG/T D65-05—2015	公路悬索桥设计规范(12674)	55.00
66			JTG/T D65-06—2015	公路钢管混凝土拱桥设计规范(12514)	40.00
67			JTG/T 3365-05—2022	公路装配式混凝土桥梁设计规范(17885)	60.00
68			JTG 3370.1—2018	公路隧道设计规范　第一册　土建工程(14639)	110.00
69			JTG D70/2—2014	公路隧道设计规范　第二册　交通工程与附属设施(11543)	50.00

序号	板块	模块	现行编号	名　　　称	定价(元)
70	建设	设计	JTG/T D70—2010	公路隧道设计细则(08478)	66.00
71			JTG/T D70/2-01—2014	公路隧道照明设计细则(11541)	35.00
72			JTG/T D70/2-02—2014	公路隧道通风设计细则(11546)	70.00
73			JTG/T 3371—2022	公路水下隧道设计规范(17889)	120.00
74			JTG/T 3371-01—2022	公路沉管隧道设计规范(18063)	70.00
75			JTG/T 3374—2020	公路瓦斯隧道设计与施工技术规范(16141)	60.00
76			JTG D80—2006	高速公路交通工程及沿线设施设计通用规范(0998)	25.00
77			JTG D81—2017	公路交通安全设施设计规范(14395)	60.00
78			JTG/T D81—2017	公路交通安全设施设计细则(14396)	90.00
79			JTG/T 3381-02—2020	公路限速标志设计规范(16696)	40.00
80			JTG D82—2009	公路交通标志和标线设置规范(07947)	116.00
81			JTG/T 3383-01—2020	公路通信及电力管道设计规范(16686)	40.00
82			JTG/T L11—2014	高速公路改扩建设计细则(11998)	45.00
83			JTG/T L80—2014	高速公路改扩建交通工程与沿线设施设计细则(11999)	30.00
84			JTG/T 3392—2022	高速公路改扩建交通组织设计规范(17883)	50.00
85		通用图	JTG/T 3911—2021	装配化工字组合梁钢桥通用图(17771)	3000.00
86		试验	JTG E20—2011	公路工程沥青及沥青混合料试验规程(09468)	106.00
87			JTG 3420—2020	公路工程水泥及水泥混凝土试验规程(16989)	100.00
88			JTG 3430—2020	公路土工试验规程(16828)	120.00
89			JTG E41—2005	公路工程岩石试验规程(13351)	30.00
90			JTG E42—2005	公路工程集料试验规程(13353)	50.00
91			JTG E50—2006	公路工程土工合成材料试验规程(13398)	40.00
92			JTG E51—2009	公路工程无机结合料稳定材料试验规程(08046)	60.00
93			JTG 3450—2019	公路路基路面现场测试规程(15830)	90.00
94		检测	JTG/T 3512—2020	公路工程基桩检测技术规程(16482)	60.00
95			JTG/T 3520—2021	公路机电工程测试规程(17414)	60.00
96		施工	JTG/T 3610—2019	公路路基施工技术规范(15769)	80.00
97			JTG/T F20—2015	公路路面基层施工技术细则(12367)	45.00
98			JTG/T F30—2014	公路水泥混凝土路面施工技术细则(11244)	60.00
99			JTG F40—2004	公路沥青路面施工技术规范(05328)	50.00
100			JTG/T 3650—2020	公路桥涵施工技术规范(16434)	125.00
101			JTG/T 3650-02—2019	特大跨径公路桥梁施工测量规范(15634)	80.00
102			JTG/T 3651—2022	公路钢结构桥梁制造和安装施工规范(17884)	80.00
103			JTG/T 3652—2022	跨海钢箱梁桥大节段施工技术规程(18075)	30.00
104			JTG/T 3660—2020	公路隧道施工技术规范(16488)	100.00
105			JTG/T 3671—2021	公路交通安全设施施工技术规范(17000)	50.00
106			JTG/T F72—2011	公路隧道交通工程与附属设施施工技术规范(09509)	35.00
107		监理	JTG G10—2016	公路工程施工监理规范(13275)	40.00
108		造价	JTG 3810—2017	公路工程建设项目造价文件管理导则(14473)	50.00
109			JTG/T 3811—2020	公路工程施工定额测定与编制规程(16083)	60.00
110			JTG/T 3812—2020	公路工程建设项目造价数据标准(16836)	100.00
111			JTG 3820—2018	公路工程建设项目投资估算编制办法(14362)	60.00
112			JTG/T 3821—2018	公路工程估算指标(14363)	120.00
113			JTG 3830—2018	公路工程建设项目概算预算编制办法(14364)	60.00
114			JTG/T 3831—2018	公路工程概算定额(14365)	270.00
115			JTG/T 3832—2018	公路工程预算定额(14366)	300.00
116			JTG/T 3832-01—2022	公路桥梁钢结构工程预算定额(18182)	40.00
117			JTG/T 3833—2018	公路工程机械台班费用定额(14367)	50.00
118	养护	综合	JTG H10—2009	公路养护技术规范(08071)	60.00
119			JTG 5120—2021	公路桥涵养护规范(17160)	60.00
120			JTG/T 5122—2021	公路缆索结构体系桥梁养护技术规范(17764)	60.00
121			JTG/T 5124—2022	公路跨海桥梁养护技术规范(18092)	50.00
122			JTG H12—2015	公路隧道养护技术规范(12062)	60.00
123			JTJ 073.1—2001	公路水泥混凝土路面养护技术规范(13658)	20.00
124			JTG 5142—2019	公路沥青路面养护技术规范(15612)	60.00
125			JTG/T 5142-01—2021	公路沥青路面预防养护技术规范(17578)	50.00
126			JTG 5150—2020	公路路基养护技术规范(16596)	40.00
127			JTG/T 5190—2019	农村公路养护技术规范(15430)	30.00
128		检测评价	JTG 5210—2018	公路技术状况评定标准(15202)	40.00
129			JTG/T E61—2014	公路路面技术状况自动化检测规程(11830)	25.00
130			JTG/T H21—2011	公路桥梁技术状况评定标准(09324)	46.00
131			JTG/T J21—2011	公路桥梁承载能力检测评定规程(09480)	20.00
132			JTG/T J21-01—2015	公路桥梁荷载试验规程(12751)	40.00
133			JTG/T 5214—2022	在用公路桥梁现场检测技术规程(18168)	50.00
134			JTG 5220—2020	公路养护工程质量检验评定标准　第一册　土建工程(16795)	80.00
135		养护设计	JTG 5421—2018	公路沥青路面养护设计规范(15201)	40.00
136			JTG/T J22—2008	公路桥梁加固设计规范(07380)	52.00
137			JTG/T 5440—2018	公路隧道加固技术规范(15402)	70.00
138		养护施工	JTG/T F31—2014	公路水泥混凝土路面再生利用技术细则(11360)	30.00
139			JTG/T 5521—2019	公路沥青路面再生技术规范(15839)	60.00
140			JTG/T J23—2008	公路桥梁加固施工技术规范(07378)	40.00
141			JTG H30—2015	公路养护安全作业规程(12234)	90.00
142		造价	JTG 5610—2020	公路养护预算编制导则(16733)	50.00
143			JTG/T M72-01—2017	公路隧道养护工程预算定额(14189)	40.00
144			JTG/T 5612—2020	公路桥梁养护工程预算定额(16855)	50.00
145			JTG/T 5640—2020	农村公路养护预算编制办法(16302)	70.00
146	运营	收费服务	JTG 6310—2022	收费公路联网收费技术标准	110.00
147			JTG 6303.1—2017	收费公路移动支付技术规范　第一册　停车移动支付(14380)	20.00
148			JTG B10-01—2014	公路电子不停车收费联网运营和服务规范(11566)	30.00

注：JTG——公路工程行业标准；JTG/T——公路工程行业推荐性标准。销售电话：010-85285659；业务咨询电话：010-85285922/30。